A MEMÓRIA DO FUTURO

Universidade Estadual de Campinas

Reitor
Antonio José de Almeida Meirelles

Coordenadora Geral da Universidade
Maria Luiza Moretti

Conselho Editorial

Presidente
Edwiges Maria Morato

Carlos Raul Etulain – Cicero Romão Resende de Araujo
Frederico Augusto Garcia Fernandes – Iara Beleli
Marco Aurélio Cremasco – Maria Tereza Duarte Paes
Pedro Cunha de Holanda – Sávio Machado Cavalcante
Verónica Andrea González-López

Pierre Dardot

A memória do futuro

(Chile 2019-2022)

Tradução
Clarissa Penna

FICHA CATALOGRÁFICA ELABORADA PELO
SISTEMA DE BIBLIOTECAS DA UNICAMP
DIVISÃO DE TRATAMENTO DA INFORMAÇÃO
BIBLIOTECÁRIA: MARIA LÚCIA NERY DUTRA DE CASTRO – CRB-8ª / 1724

D246m   Dardot, Pierre
         A memória do futuro : Chile 2019-2022 / Pierre Dardot ; tradução: Clarissa Penna. – Campinas, SP : Editora da Unicamp, 2023.

         Título original: *La mémoire du futur*

         1. Boric, Gabriel, 1986-   2. Chile – Política e governo.   3. Chile – Condições sociais.   4. Poder constituinte – Chile.   I. Penna, Clarissa. II. Título.

                                                          CDD – 320.983
                                                             – 303.40983
                                                             – 328.83

ISBN 978-85-268-1624-4

Copyright © Pierre Dardot

Copyright © 2023 by Editora da Unicamp

As opiniões, hipóteses, conclusões e recomendações expressas neste livro são de responsabilidade do autor e não necessariamente refletem a visão da Editora da Unicamp.

Direitos reservados e protegidos pela lei 9.610 de 19.2.1998.
É proibida a reprodução total ou parcial sem autorização, por escrito, dos detentores dos direitos.

Foi feito o depósito legal.

Direitos reservados a

Editora da Unicamp
Rua Sérgio Buarque de Holanda, 421 – 3º andar
Campus Unicamp
CEP 13083-859 – Campinas – SP – Brasil
Tel.: (19) 3521-7718 / 7728
www.editoraunicamp.com.br – vendas@editora.unicamp.br

SÉRIE
Discutindo o Brasil e o mundo

Esta Série pretende alinhavar, por meio de um conjunto de obras nacionais e traduzidas, discussões recentes em torno da crise da democracia no Brasil e os impactos da ascensão do fascismo no mundo, cujo centenário se rememorou em 2022. As obras versam sobre o avanço da direita autoritária, a crise do neoliberalismo e os rumos do capitalismo na era digital, o conflito na Ucrânia e o embaralhamento da política internacional.

Produtos de reflexões e pesquisas rigorosas e abrangentes, os títulos reunidos procuram, por meio de uma linguagem acessível, contribuir com a revitalização do debate em torno de temas de grande interesse contemporâneo e de alternativas que se colocam no âmbito das políticas públicas, sociais e educacionais.

Com a Série Discutindo o Brasil e o Mundo, a Editora da Unicamp reafirma seu compromisso com a dinamização da agenda científica, política e cultural do século XXI, cujos desafios passam pelo aumento da circulação do conhecimento e da informação qualificada, contribuindo, assim, com o debate sobre os rumos do Brasil e do mundo a partir da análise de situações políticas e socioculturais concretas.

AGRADECIMENTOS

A Pablo Antonio Pinto Muñoz, com quem discuti determinados capítulos e sem o qual eu jamais teria conseguido reunir os artigos, documentos e informações que me permitiram escrever este livro.

A Matilde Ciolli, cujo conhecimento sobre o feminismo chileno e argentino me foi inestimável.

A María Eugenia Rodríguez Palop e Luis Lloredo Alix, que me forneceram muitas informações sobre o novo constitucionalismo chileno.

A Esteban Radiszcz, Alejandro Bilbao, Juan Manuel Aragües e Guillaume Boccara, que, de uma forma ou de outra, contribuíram para o meu trabalho de pesquisa.

A Anne, que participou ativamente deste trabalho.

SUMÁRIO

Lista de siglas e acrônimos 13

Introdução – Uma revolução contra o neoliberalismo 15
    A responsabilização neoliberal do indivíduo 15
    "¡No son 30 pesos, son 30 años!" 17
    O isolamento do governo 19
    A atitude dos partidos políticos 21
    Uma revolução popular 22

1. Uma "transição" que não acaba 27
    A Concertação e o "concertacionismo" 27
    A formação da Concertação e o pacto com as Forças Armadas 32
    A ideologia da "governabilidade" 33
    "Democracia de consenso" *versus* "democracia majoritária" 36
    A questão dos direitos humanos e da justiça 39
    A continuidade da política neoliberal: a Lei de Pensões 43
    A reforma universitária de 1981 45
    A Lei de 2005, do Crédito con aval del Estado 46

2. Os movimentos sociais 53
    A politização das lutas sociais diante do obstáculo neoliberal 53
    O movimento mapuche e a questão do Estado chileno 56
    A formação da identidade mapuche e a "pacificação da Araucanía" ... 57
    O sistema de *reducciones* 59
    A geopolítica de Pinochet e sua política de erradicação 61
    O decreto-lei de 1979 e a liquidação de terras comunitárias 62
    A política da Concertação: multiculturalismo e etnogovernamentalidade ... 65
    O lugar do movimento mapuche na revolta de outubro 69

Do movimento das mulheres contra a ditadura à greve geral feminista 70
O movimento de mulheres durante a ditadura 71
A emergência de uma consciência de gênero 74
A eclosão da "greve geral feminista" 76
O feminismo contra a precarização da vida 79
O movimento estudantil por uma "educação pública, gratuita e de qualidade" 84
O início de um processo de politização (2001-2006) 85
A "Revolución de los Pingüinos" (2006) 86
Em que consiste a novidade do movimento de 2006? 88
O movimento universitário de 2011 89
Confronto com o governo 91
A noite insurreta de 4 de agosto e a greve nacional de 9 de agosto 93
A greve geral de 24 e 25 de agosto: a adesão dos trabalhadores 94
Uma admirável inventividade nos estilos de manifestação 96
A emergência de "novos empreendedores políticos" (2012-2017) 98

3. Uma Constituinte eleita contra o acordo dos partidos 107
   Qual "órgão constituinte" para a nova Constituição? 108
   O Acordo para a Paz Social e a Nova Constituição 110
   O que é um poder constituinte? 113
   A legitimidade do acordo posta em dúvida 116
   A continuidade da mobilização, apesar do acordo e da pandemia 117
   O rito institucional 120

4. A Constituinte como refundação em ato 127
   Diversidade política e "plurirrepresentatividade" 128
   Os presos políticos e a questão dos poderes da Constituinte 130
   Uma campanha implacável de deslegitimação da Constituinte 132
   Poder constituinte e soberania 134
   O poder constituinte deve ser absoluto? 136
   A participação direta dos cidadãos no processo constituinte 139
   A aprendizagem da deliberação coletiva 142
   A intervenção dos movimentos sociais dentro e fora da Constituinte 145

5. A proposta de nova Constituição 153
   A unicidade do povo e a questão da plurinacionalidade 154
   Os direitos como o único fundamento do Estado 157
   Estado social *versus* Estado subsidiário 160
   Uma proposta constitucional que ousa ser feminista 162

A conquista de um "constitucionalismo ecológico" 167
Uma Constituição com "duas almas"? 170
Presidencialismo ou democracia... 173
A alternativa do constitucionalismo deliberativo 175

Conclusão – Imaginação política ou a memória do futuro 183
A grande heterogeneidade do *Rechazo* 183
Quarenta anos de experiência neoliberal 185
A responsabilidade do governo.. 186
Um novo processo constituinte dirigido pelo Congresso e por um comitê
de especialistas? 187
A verdadeira democracia é deliberativa e conflituosa 190
Um "exercício de imaginação política" 192

LISTA DE SIGLAS E ACRÔNIMOS

Aces – Asamblea Coordinadora de Estudiantes Secundarios (Assembleia de Coordenação dos Estudantes Secundaristas)

AD – Apruebo Dignidad (Aprovo a Dignidade)

AFP – Administradoras de fondos de pensiones de Chile (Administradoras de Fundos de Pensão do Chile)

CAE – Crédito con Aval del Estado (Crédito com Aval do Estado)

CF8M – Coordinadora Feminista 8 de Marzo (Coordenação Feminista 8 de Março)

Ciper – Centro de Investigación Periodística (Centro de Investigação Jornalística)

Conadi – Corporación Nacional de Desarrollo Indígena (Sociedade Nacional para o Desenvolvimento Indígena)

Confech – Confederación de Estudiantes de Chile (Confederação dos Estudantes do Chile)

CS – Convergencia Social (Convergência Social)

CTT – Concejo de Todas las Tierras (Conselho de Todas as Terras)

CUT – Central Única de Trabajadores de Chile (Central Única dos Trabalhadores)

DC – Partido Demócrata Cristiano (Partido Democrata Cristão)

Dina – Dirección de Inteligencia Nacional (Direção de Inteligência Nacional)

FA – Frente Amplio (Frente Ampla)

Fech – Federación de Estudiantes de la Universidad de Chile (Federação de Estudantes da Universidade do Chile)

Feses – Federación de Estudiantes Secundarios de Santiago (Federação dos Estudantes Secundaristas de Santiago)

Gane – Gran Acuerdo Nacional de la Educación (Grande Acordo Nacional da Educação)

IA – Izquierda Autonoma (Esquerda Autônoma)

LdP – Lista del Pueblo (Lista do Povo)

Loce – Ley Orgánica Constitucional de Enseñanza (Lei Orgânica Constitucional de Educação)

MIR – Movimiento de la Izquierda Revolucionaria (Movimento da Esquerda Revolucionária)

PSU – Prueba de Selección Universitaria (Teste de Seleção Universitária)

RD – Revolución Democrática (Revolução Democrática)

UDI – Unión Demócrata Independiente (União Democrata Independente)

INTRODUÇÃO
Uma revolução contra o neoliberalismo

Segunda-feira, 7 de outubro de 2019, cerca de 18 horas: entrevistado pela CNN Chile, o ministro da Economia, Juan Andrés Fontaine, anuncia que o preço do bilhete de metrô de Santiago aumentará 30 pesos, minimizando, ao mesmo tempo, o impacto da medida na vida cotidiana dos usuários do metrô. Na verdade, desde 6 de outubro, véspera do anúncio, a nova alta dos preços já estava em vigor no serviço do metrô nas horas de pico. Para bem dimensionar esse aumento, o terceiro do ano, é preciso levar em conta que dois bilhetes por dia custam 1.790 pesos, o que, na escala de um mês, equivale a 35.600 pesos, ou seja, cerca de 12% do salário mínimo.[1] É preciso levar em conta também que o aumento anunciado só se aplica aos horários de pico, quando muitíssimos trabalhadores pegam o metrô para ir trabalhar e voltar do trabalho. A tarifa de metrô é definida com base em três horários: *bajo*, *valle* e *punta*. Só estudantes e idosos pagam uma tarifa fixa (230 pesos, em outubro de 2019). O *bajo* corresponde ao intervalo entre 6h00 e 6h59 e entre 20h45 e 23h00; o *valle* se aplica de 9h00 a 17h59 e de 20h00 a 20h44; o *punta*, entre 7h00 e 8h59 e entre 18h00 e 19h59. O ministro previa o aumento do preço dos horários *valle* e *punta* e, proporcionalmente, a diminuição do preço do horário *bajo*.

A responsabilização neoliberal do indivíduo

Essa modulação diferenciada das tarifas em função dos horários permite ao ministro argumentar que a medida não visa de forma alguma aos mais pobres. Por três vezes na mesma entrevista, o ministro martela a mesma ideia, formulada de maneiras diferentes: "Quem acorda cedo pode se beneficiar de uma tarifa reduzida", "Quem sai mais cedo e pega o metrô às 7h00 da manhã tem a possibilidade de pagar uma tarifa mais baixa", "Um espaço foi aberto para ajudar a quem madruga a pagar uma tarifa inferior". Para além de seu caráter provocador, essas respostas às questões de uma jornalista são perfeitamente reveladoras do espírito neoliberal que anima com grande frequência a política dos governantes do Chile há décadas. Com esses elementos de linguagem, diz-se tudo: é preciso incentivar financeiramente o trabalhador a acordar mais cedo.[2] É uma cantilena ao pé do ouvido de cada um: "Se você acorda tarde demais, a responsabilidade é toda sua, o culpado é você". Em outras palavras, trata-se de imputar a cada indivíduo a responsabilidade pela penalidade financeira que ele pode sofrer e de fazer crer que tudo depende, no fim das contas, da conduta que ele escolher adotar pessoalmente. Esse é um traço característico do neoliberalismo que vai muito além das fronteiras da experiência chilena, embora, desde o início, tenha encontrado nessa experiência uma expressão muito típica: o neoliberalismo não se reduz de forma alguma a uma doutrina acadêmica importada da Escola de Chicago, ou mesmo a uma política econômica inspirada nessa doutrina; ele é uma forma de vida singular, definida por uma exigência de se escolher a si mesmo em condições que estão além de qualquer escolha.

Em 7 de outubro, por volta das 14h00, os estudantes conduzem a primeira ação de recusa de pagamento, invadindo a estação da Universidade do Chile, fazendo dessa recusa, nas suas próprias palavras, "uma outra forma de lutar". De 7 a 18 de outubro, manifestações pontuais de estudantes ocupam as estações de metrô, sem dar lugar ainda a uma ação coordenada em escala metropolitana. As coisas mudam em 18 de outubro. O que impressiona o observador nas primeiras horas desse dia não é a efervescência de um tumulto, mas sobretudo a qualidade do silêncio que impera nas ruas, um silêncio estranho e muito raro. Mas, por volta de 16h00, na hora da saída da escola, as primeiras aglomerações se improvisam na entrada das estações de metrô: os estudantes, então, convidam as pessoas a pular as catracas sem pagar, e as aglomerações crescem à medida que as pessoas que saem do trabalho veem o que se passa e decidem se juntar ao movimento. Há nisso uma espontaneidade que desafia todos os cálculos e todas as estimativas. A rua será por fim bloqueada por manifestações de massa que se repetirão a cada sexta-feira. É o início do alastramento da revolta para outras camadas sociais.

É claro que não faltam iniciativas estudantis desde as primeiras manifestações de oposição a Pinochet em 1984. Especialmente as ações de bloqueio das escolas são uma espécie de tradição, de modo que os estudantes estão acostumados a esse tipo de ação e de intervenção que carrega a marca de uma inventividade ligada a uma irrupção política que não é, em si mesma, nova. O secundarista descabelado (*chascón*) há muito tempo faz parte da iconografia das mobilizações sociais. Já houve no passado movimentos estudantis pela gratuidade do transporte, mas seria um erro estabelecer uma relação de causalidade direta entre esses movimentos e a emergência do 18 de outubro de 2019: certamente esses movimentos deixaram marcas duradouras, mas não é a ação subterrânea dessas marcas que explica que a revolta tenha sido desencadeada pelo preço da passagem do metrô. Não é o passado que ressurge constrangendo os atores a dele tirar as reservas de um sentido que faltaria cruelmente ao presente, mas, pelo contrário, é a irrupção do novo que, retrospectivamente, dá sentido ao passado, trazendo à luz a continuidade de uma política.

"¡NO SON 30 PESOS, SON 30 AÑOS!"[3]

Mais exatamente, o que emerge aí é a consciência ativa da estreita relação entre essa medida de um ministro do presidente Piñera e a continuidade da política praticada pelos governos que se sucederam no Chile ao longo de décadas. Um bom exemplo disso é a frase que ecoa em todos os setores sociais que participam do movimento e mesmo além dele: "¡No son 30 pesos, son 30 años!". Os "30 anos" referem-se às três décadas que vão de 1989 a 2019, os anos da Concertação, o sistema multipartidário de governança política, que inclui o Partido Demócrata Cristiano (DC), o Partido Socialista (PS) e o Partido por la Democracia (PPD), criado depois da saída de Pinochet, com o fim de preservar o núcleo do sistema Pinochet de qualquer contestação, sob o pretexto de assegurar uma "transição democrática". Nos dias seguintes ao anúncio do aumento, jornalistas da TV aberta coletam testemunhos de apoiadores do movimento e todos eles seguem a mesma toada: "Não aguentamos mais! Já faz 30 anos!". Tal consciência exclui a dissociação escolástica entre causa ocasional (os 30 pesos) e causa profunda (a gestão da Concertação): é num *imediatismo brutal* que os 30 pesos revelam o sistema implacável que se perpetua sem interrupção desde 1989.

O "Despertar de Outubro", expressão popular que é bem mais que uma simples metáfora, pode ser entendido no sentido de fim de um longo pesadelo, não como uma súbita tomada de consciência do caráter neoliberal do sistema, adquirida muito tempo antes e amplamente compartilhada, mas como resposta havia muito adiada a uma promessa quebrada pela Concertação: no referendo de 1989, o *slogan* em forma de refrão pelo qual a Concertação convocava a dizer "não" a Pinochet era *"La alegría ya viene"* ("A alegria está chegando"). Ora, a *alegría* prometida nunca chegou, e o Despertar de Outubro é, antes e sobretudo, uma resposta a essa promessa feita pela Concertação durante 30 anos. O Despertar dos chilenos se consuma pela ação coletiva.

Ao contrário do que se diz muito frequentemente, não somente a espontaneidade não exclui, de nenhuma forma, a consciência política, como ela anda de mãos dadas com um certo planejamento. Não havia um plano político fomentado por um grupo ou uma organização, mas havia, sem dúvida, um planejamento das ações. Os alvos escolhidos nos primeiros dias do movimento revelam uma seleção totalmente deliberada. As instituições atacadas são, além das 164 estações de metrô de Santiago, os grandes centros comerciais, os supermercados e os bancos (uma sucursal do Banco do Chile foi a primeira visada), que vendiam, todas elas, sonhos de realização pessoal por meio do crédito. O alvo aí é nada menos que o coração do sistema neoliberal implantado pela ditadura, que transformou profundamente a vida de milhões de chilenos. Ainda aí, o que chama atenção é a que ponto esse sistema, longe de se restringir à "superestrutura" política, se tornou ao longo do tempo parte integrante da experiência cotidiana dos chilenos.

Nesse sentido, é possível falar não só de uma experiência chilena *do neoliberalismo*, mas também de uma *experiência neoliberal* vivida em massa pelos chilenos. Em outras palavras, no caso do Chile, o neoliberalismo não é apenas um objeto de experiência que pode ser mantido a distância para ser analisado de todos os ângulos; ele também penetrou nas camadas da experiência e moldou-a de forma persistente, gerando aquilo a que se poderia chamar cansaço existencial, aliado a um sentimento de frustração, alimentado por uma persistente precariedade. É isso o que explica que, mesmo a tarifa fixa protegendo-os do aumento do preço da passagem, os estudantes estejam na vanguarda do movimento e recebam o apoio imediato e maciço da população. Na referência aos "30 anos", é a *subjetividade da revolta* que encontra expressão. É como se os manifestantes dissessem: "Vocês nos enganaram durante 30 anos, nunca cumpriram suas promessas, e hoje estamos na rua para dizer chega!".

Desse ponto de vista, o governo de Piñera limita-se a se acomodar a um sistema posto em prática por seus antecessores. De modo algum, entretanto, é poupado de responsabilidade. Pelo contrário, é apontado como responsável pela perpetuação desse sistema. A referência aos "30 anos" associa diretamente o sofrimento vivido no cotidiano à gestão política dos diferentes governos, inclusive o de Piñera. No dia 8 de outubro, num programa popular de grande audiência, Piñera afirmou:

> No meio de uma América Latina em convulsão, o nosso país é um verdadeiro oásis. [...]. Temos uma democracia estável, o país está crescendo, estamos criando 176 mil empregos por ano, os salários estão aumentando. [...]. Quanto mais crises vejo, mais temos que apreciar o nosso país.

No mesmo dia, numa entrevista à CNN Chile, o ministro Felipe Larraín Bascuñán não hesitou em elogiar a estabilidade do índice de preços ao consumidor, convidando os "românticos" a aproveitar a queda do preço das flores, como se essa queda pudesse compensar o aumento do preço do bilhete de metrô. Para a maioria dos chilenos, toda essa ladainha é insuportável. É por isso que, desde o início, a reivindicação que dominou as palavras de ordem não foi o *impeachment*, mas a renúncia de Piñera. Há uma diferença abismal entre ambos: o *impeachment* colocaria o destino do presidente nas mãos do Congresso, enquanto a renúncia é uma exigência política incondicional, que prescinde dos procedimentos legais previstos na Constituição de 1980, aquela mesma que Pinochet impôs sob o regime ditatorial que se seguiu ao golpe de Estado de 1973.

O ISOLAMENTO DO GOVERNO

Desde o início, o governo procura criminalizar as ações dos estudantes secundaristas e universitários. Em 16 de outubro, a ministra dos Transportes, Gloria Hutt, ameaça publicamente os estudantes que participam dessas ações de suspender os benefícios decorrentes de seus cartões nacionais de estudantes. Na noite de 16 para 17 de outubro, o diretor do metrô,[4] Clemente Pérez, um perfeito representante da Concertação, já tinha manifestado sua arrogância e seu desprezo ao dirigir-se aos estudantes manifestantes nestes termos, numa entrevista em rede nacional: "O que vocês estão fazendo", disse, "não funcionou". Ou, mais vulgarmente: "*Cabros, esto no prendió*" (literalmente: "Gente, isso não pegou", no sentido em que um fósforo "pega" fogo).[5] Mas, como mostra a aceleração dos acontecimentos, o fósforo, ao contrário, pegou fogo muito rapidamente. A frase foi muitas vezes ridicularizada durante as manifestações.

Em 19 de outubro, Piñera decreta estado de emergência e nomeia um general de divisão como chefe da Defesa Nacional. Em 20 de outubro, à medida que se multiplicavam os confrontos entre os manifestantes e as forças de repressão, ele declara a nação em guerra contra "um inimigo poderoso e implacável que não respeita nada nem ninguém" e que está "disposto a usar a violência e a delinquência sem limites". Convém determo-nos um pouco nessa construção discursiva do inimigo, que não é propriamente uma novidade na história do neoliberalismo, mas que assume aqui um significado particular. Desde sua formação nos anos 1930, o neoliberalismo qualificou seus inimigos – o socialismo, o Estado de bem-estar social e o sindicalismo – como inimigos "civilizacionais".[6] Há aí uma clara diferença em relação ao conceito de inimigo desenvolvido por Carl Schmitt em 1932, segundo o qual é uma decisão absolutamente primitiva, irredutível a qualquer norma civilizacional, que constitui o inimigo enquanto tal, a ponto de o conceito de guerra subordinar-se ao de inimigo.[7] Já para os doutrinários do neoliberalismo, trata-se de uma relação de antagonismo com a "civilização ocidental", entendida na sua suposta permanência como tradição, conjunto de valores (incluindo a concorrência de mercado) e religião, por oposição ao igualitarismo.

Isso não impede que o neoliberalismo sinta necessidade de encarnar esse inimigo em diversas figuras, adaptadas a cada situação. Trata-se de uma *segunda* identificação que opera o que se poderia chamar de *instanciação* (ou exemplificação) da primeira identificação pela oposição à civilização (hoje, por exemplo, vemos a inimização de minorias de gênero e raciais). No caso do Chile do início dos anos 1970, a junta militar identificou o "marxismo" ou o "comunismo" como um inimigo mortal da nação que devia ser combatido sem piedade, não sem um interesse puramente político pelo conteúdo da "doutrina".[8] Essa segunda identificação, longe de ser secundária, é essencial para a construção discursiva do inimigo. O seu fracasso compromete a primeira identificação. E quanto ao momento em que a revolta irrompe em 2019?

A declaração de estado de guerra interna em 20 de outubro, até mesmo em seus termos e além da circunstancial dramatização retórica, é significativamente constrangedora: se estamos em guerra contra "um inimigo poderoso e perigoso", como diz o presidente, que rosto tem esse inimigo que está por trás dos tumultos de 18 de outubro? Podemos equiparar os jovens de 15 a 18 anos que bloquearam o metrô e atacaram bancos e lojas de departamento com o inimigo de sempre, o "marxismo" e o "comunismo"? Devemos culpar uma conspiração arquitetada no exterior? A pedido do governo, e com base em um exame das redes sociais, uma agência privada conclui que o movimento foi organizado por "mapuches treinados por Cuba e Maduro". A direita chega a ponto de recorrer ao termo "Chilezuela" para denunciar o risco de um regime autoritário no estilo venezuelano. As palavras de Piñera, entretanto, são escolhidas de forma a sugerir que esse inimigo é fundamentalmente sempre o mesmo: aquele que ataca a propriedade privada e o Estado. Mas essa retórica do governo é vazia e sem qualquer credibilidade, precisamente porque não consegue dar um rosto ao inimigo, ou seja, instanciar o inimigo civilizacional em uma figura concreta, tangível a todos. O que se segue mostra até que ponto essa incapacidade é sintomática do completo isolamento político de Piñera.

A atitude dos partidos políticos

A maioria dos partidos políticos, inclusive os da esquerda tradicional, adota uma atitude conservadora, manifesta no lema de "apelo à ordem". Os partidos da Concertação – PS, DC e PPD –, assim como o Partido Radical (PR), condenam as ações de bloqueio do metrô. Sua mensagem para os jovens amotinados é invariável e pode ser resumida da seguinte forma: "Deixem-nos cuidar disso, nós que somos políticos profissionais". As coisas começam a mudar com a grande manifestação de 25 de outubro, que reúne um milhão de pessoas em Santiago. Desse dia em diante, até mesmo a direita passa a se juntar ao movimento, incluindo a Unión Demócrata Independiente (UDI), partido fundado em 1987 por Jaime Guzmán, o pai da Constituição de 1980.

Qual é a atitude das outras formações à esquerda das forças da Concertação? Elas são essencialmente o Partido Comunista (PC) e o Frente Amplio (FA). Na pessoa de Camila Vallejo, porta-voz do movimento estudantil em 2011 e deputada desde 2014, o PC apoia o movimento desde o início e se organiza para tentar aprovar leis a favor do trabalhador, contra o capital (em particular, aumentos salariais, redução da jornada de trabalho para 40 horas e fortalecimento do papel dos sindicatos).

O FA não é um partido político em sentido estrito. É uma formação recente (fundada em 2016) que reúne vários pequenos partidos em uma coalizão.[9] Surpreso com a amplitude da mobilização, ele a apoia, mas é em seguida cindido por um debate interno sobre a legitimidade da violência: o uso de violência física pelos jovens que compõem a linha de frente é justificável, ou deve ser condenado, descolando-se, ao mesmo tempo, da atitude conservadora dos partidos da Concertação? O fato de o debate se concentrar nessa questão da legitimidade da violência, enquanto a repressão dos *carabineros* se abatia brutalmente sobre o movimento,[10] diz muito sobre a hesitação e a debilidade das posições do FA nos primeiros dias do levante.

Aos olhos de alguns ativistas da Izquierda Autonoma (IA),[11] não há tarefa mais urgente do que instalar a revolta a longo prazo estabelecendo um ponto de confronto político com o governo. Eles publicam uma série de textos sobre o movimento, inclusive, em 8 de novembro, um documento de orientação intitulado "Pondo fim à Constituição de 1980, o desafio de superar a revolta". Nesse título, a superação da revolta deve ser entendida como uma superação da ilusão de uma retomada permanente e indefinida da mobilização, ao ritmo de uma sexta-feira por semana, uma retomada intermitente que condenaria à exaustão e à derrota.

Uma revolução popular

Para entender essa percepção da situação, é preciso considerar um dado da história nacional que assombra a memória de centenas de milhares de chilenos: a repressão do movimento operário e popular pelo Exército não começou em setembro de 1973, já tinha se abatido sobre os camponeses que foram trabalhar nas minas do norte do país, em Antofagasta e Iquique, a partir do final do século XIX. Em 1890 e em 1898-1903, as greves nas minas de salitre de Iquique foram duramente reprimidas pelo Exército e pela Marinha, e assim foi novamente em 1906 e 1907, quando as greves se multiplicaram por todo o país, estendendo-se até a região de Iquique. O massacre de Santa María foi o cúmulo: os mineiros e suas famílias, entre mil e três mil pessoas, foram mortos pelo Exército na escola e nas ruas de um vilarejo.[12] Assim, quando Piñera decide enviar veículos blindados para patrulhar as ruas e assustar os manifestantes, ele desperta velhos traumas, e não apenas os da geração dos anos 1970, que vivenciou o golpe de Estado de Pinochet. O que está em jogo é a *historicidade* do trauma como o "traço psíquico de um evento trágico",[13] o que está muito longe de uma suposta constância insensível às variações da história. Esse traço volta a assombrar o presente em outubro de 2019, mas não causa uma paralisia da ação coletiva, muito pelo contrário.

De nada adianta: com o passar dos dias, o "turbilhão do Outubro Chileno" atinge setores cada vez mais amplos da sociedade. Desde os primeiros dias, as feministas desempenham um papel decisivo, situando-se como protagonistas. Em 25 de outubro, na Plaza de la Dignidad, em Santiago, uma enorme manifestação reúne um milhão de pessoas. É nessa mesma praça que a bandeira mapuche é hasteada no topo da estátua do general Baquedano, um símbolo imortalizado em uma foto que instantaneamente entrou para a história: esse general se destacara na guerra contra os mapuches no final do século XIX. Nesse fenômeno, destaca-se o papel dos *cabildos*, que surgem em função do movimento e de sua expansão. A instituição do *cabildo*, responsável pela administração urbana e herdada da Castela medieval, é muito antiga no Chile. Em situações de crise, essa assembleia é aberta a todas as pessoas notáveis.[14] Mas o Outubro Chileno lhe confere outro significado, radicalmente democrático: o de uma assembleia autoconvocada e aberta a todos os cidadãos de um bairro ou localidade, na qual prevalece a prática da deliberação coletiva. A composição social dessas assembleias indica também algo significativo: elas incluem agentes comunitários, feministas, ativistas dos direitos dos animais, ativistas dos direitos das crianças, trabalhadores da educação e trabalhadores têxteis. Aí, mais uma vez, verifica-se até que ponto o renascimento de uma forma antiga, longe de condená-la à repetição, pode significar uma reapropriação inventiva que lhe dá um novo conteúdo.

Sem dúvida, por tudo isso, em poucos dias, o movimento do Outubro Chileno assume o caráter de uma revolução. Não queremos dizer, com esse termo, tomada do poder do Estado por um partido à frente de uma insurreição armada. Por mais clássico que seja, esse significado exagera a centralidade do Estado e, por essa razão, deixa escapar o essencial: a capacidade da sociedade de se transformar por si mesma. Como Castoriadis escreve, "revolução não é somente uma tentativa explícita de reinstituir a sociedade. A revolução *é* essa reinstituição por meio da atividade coletiva e autônoma do povo ou de uma grande parte da sociedade".[15]

Em outras palavras, "revolução" é, antes de tudo, um movimento de autoinstituição da sociedade. No exemplo chileno, essa contestação da sociedade instituída foi feita em nome de um imaginário instituinte que bebe em grande medida nas fontes da democracia. A centralidade rapidamente adquirida pela demanda por uma nova Constituição e, portanto, pela revogação da Constituição de 1980 é um testemunho da vitalidade desse imaginário coletivo. O fato de essa contestação ter levado apenas à criação de uma nova instituição efêmera, a Assembleia Constituinte (julho de 2021 a julho de 2022), e de um ciclo político ter se encerrado com a vitória da rejeição da proposta de uma nova Constituição (o *Rechazo*), em 4 de setembro de 2022, não justifica o abandono do termo "revolução". O sentido mais amplo que extraímos da definição de Castoriadis ("movimento de re-instituição da sociedade") não é um sentido historiográfico, mas um sentido político, que define um processo não em termos de seu resultado, mas em termos de seu significado.[16]

O primeiro objetivo deste livro é inscrever essa revolução na história chilena, não para delimitar seu alcance ou reduzi-la a uma falsa continuidade, mas, ao contrário, para compreender melhor sua dimensão de ruptura, constitutiva de qualquer revolução digna desse nome.

Ao mesmo tempo, este livro tem outro objetivo. É claro que não se trata de transpor as lições do Outubro Chileno para outras situações nacionais. Evitaremos, portanto, a tentação de considerar esse movimento como um modelo a ser seguido (por exemplo, aplicando irrefletidamente a exigência de uma Assembleia Constituinte a situações nacionais muito diferentes).[17] Entretanto, independentemente da diversidade de situações nacionais, a esquerda enfrenta hoje múltiplos desafios, alguns deles, não menos importantes, de natureza *estratégica*. A esse respeito, o exemplo do Chile é singular, pois oferece um valioso campo de reflexão. A ilusão do "pós-neoliberalismo" (rótulo confuso usado para descrever Chávez, Lula, Morales e Kirchner, entre outros) na América Latina deve dar lugar a uma visão mais lúcida: o populismo autoritário (do qual Maduro é uma versão ditatorial) e a "democracia hegemônica",[18] encarnada por Andrés Manuel López Obrador, longe de serem alternativas genuínas ao neoliberalismo, como alguns na Europa ainda gostam de pensar, tendem, ao contrário, a reforçá-lo. A situação na América do Norte e na Europa enseja um diagnóstico semelhante: globalistas e nacionalistas parecem ser duas versões complementares do neoliberalismo. A singularidade do Chile que se inventou na revolta consiste em seu anseio por experimentar uma ruptura com o neoliberalismo globalista e o populismo autoritário em nome da democracia. Só por isso, merece toda a nossa atenção.

Notas

[1] Em outubro de 2019, o salário mínimo real, aquele de mais ou menos metade da população ativa, era de 301 mil pesos. Insistimos no fato de que se trata aqui do valor de dois bilhetes de metrô por dia, uma ida e volta entre a casa e o local de trabalho, e não de uma tarifa mensal.

[2] Trata-se claramente de uma aplicação da política do "empurrãozinho" (*nudge*) elaborada pelos partidários do "paternalismo libertário".

[3] Não são 30 pesos, são 30 anos!

[4] O metrô de Santiago é uma empresa estatal.

[5] Na mesma entrevista, essa figura afirma, de forma leviana: "As pessoas são diferentes, os chilenos são muito civilizados, e a única coisa que tenho visto é uma grande rejeição a esse tipo de atitude. [...] As pessoas têm bom senso, esse protesto não teve a adesão da população".

[6] Ver Pierre Dardot *et al. Le choix de la guerre civile. Une autre histoire du néolibéralisme*. Montreal, Lux, 2021, cap. 5 (Série Futur Proche).

[7] Ver Carl Schmitt. *La notion de politique. Théorie du partisan*. Paris, Flammarion, 1992 [1927] (Coleção Champs Essa).

[8] Em *Nocturne du Chili*, Roberto Bolaño (Paris, Christian Bourgois, 2002 [2000], pp. 112-116) descreve um encontro entre generais da junta e o padre Ibacache, membro do Opus Dei encarregado de lhes "dar algumas lições de marxismo". Mas o marxismo que obceca os generais é menos o de Marx do que o de Marta Harnecker, chilena ligada ao regime castrista e autora de um livro intitulado *Conceitos elementares do materialismo histórico* (1969), ou seja, o marxismo adaptado à situação latino-americana pós-1968. Por outro lado, sabemos que Pinochet estava mais interessado em personalidades históricas como Franco ou Napoleão do que em obras teóricas.

[9] Entre eles, Revolución Democrática (RD), Convergencia Social (CS), Comunes, Partido Humanista, Partido Liberal (PL).

[10] Em dezembro de 2019, o escritório chileno do Alto Comissariado das Nações Unidas para os Direitos Humanos constatou que, em dois meses, os *carabineros* haviam sido responsáveis por pelo menos 113 casos de tortura, 24 casos de violência sexual e 11 casos de "privação arbitrária da vida e outras mortes ilegais envolvendo agentes do Estado". Além disso, 350 pessoas sofreram ferimentos faciais graves, o que prova que "armas não letais foram usadas de maneira inadequada e indiscriminada, violando os princípios internacionais" (Escritório do Alto Comissariado das Nações Unidas para os Direitos Humanos. "Informe de la Oficina de Derechos Humanos de la ONU sobre la crisis en Chile describe múltiples violaciones de derechos humanos de Carabineros y hace un llamado a reformas", 13 de dezembro de 2019). E trata-se de um número subestimado.

[11] Em 8 de novembro, esse grupo estaria integrado ao partido Comunes. O termo "autonomia" deve ser entendido aqui não no sentido da autonomia do movimento italiano de 1973-1977, mas no sentido de autonomia política em relação ao sistema da Concertação.

[12] A memória dessa terrível repressão é preservada em uma obra musical famosa na interpretação do grupo Quilapayún, a cantata "Santa María de Iquique".

[13] Hervé Mazurel. *L'inconscient ou l'oubli de l'histoire. Profondeurs, métamorphoses et révolutions de la vie affective*. Paris, La Découverte, 2021, p. 447 (Coleção Écritures de l'Histoire).

[14] Assim, é um *cabildo abierto*, uma assembleia aberta a todos os notáveis, que se reúne em 18 de setembro de 1810, proclama a liberdade de comércio do Chile com todos os países do mundo e convoca o primeiro Congresso Nacional. E é o povo de Santiago, reunido em um *cabildo abierto*, que nomeia O'Higgins "Diretor Supremo da Nação" em 1817.

[15] Cornelius Castoriadis. *Les carrefours du labyrinthe*, t. 3: *Le monde morcelé*. Paris, Seuil, 2000 [1990], p. 202 (Coleção Points Essais).

[16] A principal falha nas definições historiográficas é caracterizar um processo pelo resultado que ele alcançou: Sergio Grez considera, portanto, que o movimento que surgiu em 18 de outubro não foi uma revolução política, que implicaria uma "mudança fundamental na estrutura do poder", nem uma revolução social, que implicaria uma "profunda transformação das relações sociais" (entrevista com Sergio Grez conduzida por Pablo Parry, "Chile. 'A rebelião popular deve aproveitar esses meses para avançar em direção a uma base mais sólida de unidade política'", *À l'encontre*, 15 de abril de 2020). Do ponto de vista de seu significado, contudo, esse movimento foi inegavelmente uma revolução.

[17] No caso do Chile, é preciso lembrar que essa demanda surgiu do próprio movimento social, não tendo nada a ver com uma palavra de ordem artificialmente engendrada por dirigentes de um partido.

[18] A expressão designa uma democracia que pretende modificar a estrutura do Estado em um sentido autoritário. Ver Alain Rouquié. *Le siècle de Perón. Essai sur les démocraties hégémoniques*. Paris, Seuil, 2016. (O autor agradece a Guillaume Boccara por fornecer essa referência.)

1
UMA "TRANSIÇÃO" QUE NÃO ACABA

> *É bom que nos demos conta de que vivemos em uma democracia frágil, sob tutela talvez. É ruim o esforço do governo da Concertação para livrar Pinochet.*
>
> Roberto Bolaño.[1]

Em 5 de outubro de 1988, de acordo com as disposições transitórias promulgadas em agosto de 1980 e com a nova Constituição, realizou-se um referendo sobre a permanência do general Pinochet como presidente da República. As disposições de 1980 conferiam o poder à junta e ao general Pinochet até 11 de março de 1989: alguns meses antes dessa data, um novo presidente da República deveria ser proposto pelos comandantes-chefes das Forças Armadas e pelos *carabineros*, e essa nomeação deveria ser ratificada por referendo. No final de agosto de 1988, o general Pinochet foi anunciado como o candidato, não sem alguma discórdia dentro das Forças Armadas. Mas, em 5 de outubro de 1988, o veredicto do povo chileno foi claro: 56% dos votos (ou seja, 3.967.569 votos) penderam para o "não" e 44%, para o "sim". O general Pinochet, portanto, foi forçado a renunciar em 11 de março de 1989. Na verdade, ele não deixou o poder até 11 de março de 1990, quando Patricio Aylwin, o novo presidente eleito em 14 de dezembro de 1989, assumiu o cargo.

A Concertação e o "concertacionismo"

Começou nessa data aquilo que o calendário oficial da Concertação chamou de "transição para a democracia". É certo que esse é o fim de 17 anos de ditadura, mas como compreender o termo "transição"? *Stricto sensu*, ele se refere à passagem de uma coisa a outra, neste caso, de um regime ditatorial a um regime democrático. A passagem pode ser mais ou menos gradual, mas, ainda assim, deve levar a outro regime para merecer esse nome. Mas o que acontece se o resultado anunciado é sempre adiado? Simplesmente, o antigo estado de coisas é mantido, salvo por algumas mudanças superficiais, de modo que a transição dura indefinidamente. Mas uma transição eterna não é mais uma transição de fato. Para alguns observadores da época, a transição correspondeu ao período entre o plebiscito de 5 de outubro de 1988 e a posse de Aylwin em 11 de março de 1990. Falar, a exemplo de muitos políticos chilenos, de um "governo de transição" no caso do governo Aylwin revela uma confusão entre governo e regime: se o governo é um "governo de transição", é importante ter em mente que a transição não se encerra com ele. Ela só será concluída de fato quando um regime eleito democraticamente for estabelecido, rompendo definitivamente com o legado da ditadura e impedindo qualquer regressão autoritária.[2]

A transição chilena pode ser comparada, até certo ponto, com a chamada "transição democrática espanhola". As duas foram tuteladas por quadros do regime anterior – em ambos os casos, esses quadros vinham das Forças Armadas. As duas foram inesperadas, no sentido de que não foram motivadas ou apoiadas por um movimento social de grande escala que as teria anunciado: uma ocorreu devido à morte de Franco; a outra, devido à vitória do "não" no referendo de 1988. As duas constituições, a de 1978[3] e a de 1980, são muito rígidas, na medida em que dão muito peso às chamadas leis "orgânicas", que exigem um quórum alto para sua aprovação, o que dificulta muito qualquer reforma fundamental. No caso do Chile, as 18 leis orgânicas que completam o texto da Constituição e cuja reforma requer a aprovação de quatro sétimos do Congresso dizem respeito, entre outras coisas, ao funcionamento do Tribunal Constitucional, às concessões de mineração, aos estados de exceção e à Lei Geral de Educação.[4] No caso da Espanha, e isso faz diferença, as matérias reservadas às leis orgânicas são a Coroa (para evitar uma república) e o desenvolvimento dos direitos fundamentais (para protegê-los).

Podemos ir ainda mais longe e falar, em ambos os casos, de uma "transição que não passa". Entretanto, essa expressão assume um significado diferente na Espanha e no Chile. Enquanto a transição foi muito curta na Espanha (de 1975 até a promulgação da Constituição em 1978), ela foi interminável no Chile, onde a Constituição de 1980 ainda não foi revogada. Na Espanha, embora vendida internacionalmente como "exemplar", a transição é em grande parte um mito: para além da mudança de Constituição, ela levou à permanência do que se deve chamar de "regime de 1978", ou seja, a ordem social e política nascida da transição que perpetua de forma perturbadora vários elementos-chave do imaginário e do regime de Franco.[5] No Chile, ainda que sujeita a alguns ajustes, a transição manteve em vigor a Constituição do regime de Pinochet. Essa é uma diferença considerável: enquanto na Espanha a Constituição resulta da transição, no Chile a Constituição precede a transição, e a estrutura juridicamente.

A partir de 1990, o Congresso Nacional (composto pela Câmara dos Deputados e pelo Senado) assume suas funções, e, em seguida, os presidentes são eleitos em intervalos regulares: Patricio Aylwin (DC), presidente de 1990 a 1994, é sucedido por Eduardo Frei Ruiz-Tagle (DC) de 1994 a 2000; que é sucedido por Ricardo Lagos (PPD) de 2000 a 2006;[6] Ricardo Lagos é sucedido por Michelle Bachelet (PS) de 2006 a 2010, que anteriormente havia sido ministra da Saúde e depois ministra da Defesa no governo de Ricardo Lagos. A Concertação está perdendo força, como mostra a primeira descontinuidade de presidentes da coalizão multipartidária (DC, PPD, PS): em 2010, o presidente eleito é Sebastián Piñera (da Renovación Nacional, RN). Em 2014, Michelle Bachelet é eleita para um segundo mandato, mas a Concertação deixa de existir formalmente em 2013. Em 2018, Piñera vence as eleições e permanece no cargo até 2022. Em dezembro de 2021, Gabriel Boric, do partido Convergencia Social (CS), é eleito presidente contra o candidato pinochetista José Antonio Kast e assume o cargo em março de 2022. A Concertação como coalizão política durou ao todo 25 anos, desde sua criação em 1988, até seu fim em 2013, mas será que seu fim como *coalizão de partidos* significa o fim do "concertacionismo" como *sistema*? Não. Na verdade, é fundamental compreender que *o concertacionismo sobreviveu à Concertação*.

Como definir o "concertacionismo"? Nada além de um nome? Trata-se simplesmente de uma ideologia difusa e sem consistência? Para examiná-lo, é preciso voltar às condições em que a junta militar toma o poder por meio de um golpe de Estado em 11 de setembro de 1973. De acordo com a Constituição de 1925, esse *putsch* era absolutamente ilegal. Mas, exatamente por esse motivo, a junta tenta rapidamente conferir a si mesma legitimidade institucional. Para tanto, decreta estado de exceção, conforme previsto na Constituição, decreto que a seguir ela renovará de forma ininterrupta. Os militares também recorrem a decretos-lei que lhes concedem plenos poderes a partir de 11 de setembro de 1973. Em junho de 1974, as disposições transitórias da junta declaram que seu presidente tem os poderes do presidente da República e, em dezembro de 1974, que o presidente da junta é o presidente da República. Em janeiro de 1978, o general Pinochet propõe um primeiro referendo, inaugurando uma série de plebiscitos organizados pela ditadura. A primeira "pergunta" era formulada da seguinte forma: "Diante da ofensiva internacional contra o governo de nosso país, apoio o general Pinochet em sua defesa da dignidade do Chile e reafirmo a legitimidade do governo da República para conduzir soberanamente o processo de institucionalização do país?". Dois terços dos eleitores responderam "sim"; 20,4%, "não".[7] É sobretudo essa necessidade de autolegitimação que leva a junta a confiar a elaboração de uma nova Constituição a uma comissão de especialistas chefiada por Jaime Guzmán, um constitucionalista e discípulo de Friedrich Hayek. O texto é promulgado em setembro de 1980, e essa mesma Constituição, com algumas modificações, é submetida a um referendo em 30 de julho de 1989 e aprovada por 92% dos votos, ganhando, assim, uma legitimidade democrática que antes não tinha.

O concertacionismo se funda na aceitação da Constituição de 1980 pelos partidos do centro. Mas essa aceitação vai muito além da letra da lei, porque a Constituição está longe de ser uma forma jurídica desprovida de conteúdo político e social. O mesmo pode ser dito de qualquer constituição, mas é particularmente verdadeiro para *essa*. Jaime Guzmán explicitou claramente o objetivo de seus redatores: impor as regras do jogo (principalmente a primazia do mercado sobre o Estado) a fim de evitar que qualquer alternância eleitoral se tornasse uma alternativa política.[8]

De fato, trata-se de remover as principais orientações políticas do escopo do debate público, de modo a impedir qualquer retorno à situação anterior ao golpe de Estado de 1973, e de interditar toda e qualquer invenção democrática que rompa com as novas orientações fundamentais. Aí reside um traço muito característico do neoliberalismo, ou seja, a constitucionalização da ordem do mercado.[9] A aceitação da Constituição de 1980 significa *ipso facto* a aceitação do neoliberalismo, uma vez que essa Constituição é, pelo menos em sua parte essencial, a consagração legal dessa ideologia.

A recusa de questionar essa estrutura constitucional é uma característica do que podemos chamar de "*éthos* concertacionista". Eis um exemplo esclarecedor a esse respeito. Durante seu segundo mandato, em resposta a demandas dos movimentos sociais, Michelle Bachelet tentou organizar uma consulta sobre as reformas a serem introduzidas na Constituição de 1980, que já havia sido alterada em 1989 e 2005. A pedido dos cidadãos, foram distribuídos questionários. Os *cabildos*[10] promovidos pelo governo nessa ocasião reuniram mais de 200 mil cidadãos, mas não tinham poder deliberativo, apenas uma função consultiva, portanto os cidadãos não tiveram voz no conteúdo das reformas constitucionais. Além disso, o processo previsto por Bachelet estava sujeito a quóruns de maioria absoluta inatingíveis em ambas as casas (Câmara e Senado). A manobra política consistiu em confiar à direita, que tinha maioria no Parlamento, toda a operação, para que ela pudesse então lamentar a ausência das maiorias parlamentares necessárias para implementar a mudança e, mais uma vez, pedir votos para os candidatos do PS. Prova disso é que a minuta da nova Constituição, preparada pelos assessores de Bachelet, foi enviada ao Parlamento menos de uma semana antes de a presidente deixar o cargo em março de 2018.[11]

O concertacionismo como tipo de conduta política revela então sua verdadeira missão: ele favorece acordos entre partidos (o que é chamado no Chile de "política de acordos") para evitar a intervenção direta dos cidadãos no debate político. Esse comportamento vai muito além dos limites da coalizão DC-PPD-PS. Nesse sentido mais amplo, pode-se dizer que Joaquín Lavín, líder do partido conservador UDI, faz parte do concertacionismo: em 2007, durante a primeira presidência de Bachelet, quando era membro da Alianza por Chile, que reunia a RN e a UDI, ele criticou sua própria coalizão por permanecer apegada aos "códigos da velha política" e não hesitou em se dizer "bacheletista".[12] O concertacionismo é precisamente esse espírito ou *éthos*, muito difundido entre os políticos, que adota o discurso da profissionalização da política e que, por esse motivo, pressiona para resolver os conflitos políticos por meio de acordos negociados entre partidos.

O Despertar de Outubro estilhaça não a Concertação como uma coalizão de partidos políticos (como já visto, ela já estava morta havia muitos anos), mas todo o "pacto de transição" selado pela aceitação da Constituição de 1980; em uma palavra, o concertacionismo. O que esse movimento diz em alto e bom som é que a democracia é incompatível com a manutenção dessa Constituição porque é incompatível com a manutenção do neoliberalismo nela consagrado. Esse ponto é crucial para a compreensão da experiência política chilena. Convém insistir nele, portanto.

A formação da Concertação e o pacto com as Forças Armadas

Em março de 1987, o regime de Pinochet abre as listas eleitorais e legaliza os partidos políticos: uma nova lei (chamada Lei Orgânica Constitucional dos Partidos Políticos) promulgada pela ditadura permite a existência de partidos de oposição. Em 2 de fevereiro de 1988, uma coalizão de 15 partidos, que não incluía o Movimiento de la Izquierda Revolucionaria (MIR) ou o PC, foi oficialmente constituída em oposição à ditadura, com vistas às eleições presidenciais de 1989. No plebiscito de 1989, esses partidos formam o Movimento pelo "Não", que, após a vitória, recebe o nome de Concertación de Partidos por la Democracia, ou Concertación, para abreviar.

Patricio Aylwin, o primeiro presidente da "transição", assim justifica, retrospectivamente, a reorientação que levou à formação da Concertación: "No final de 1986, a oposição fracassou", disse ele, "porque estava subordinada às ações de seu setor mais radicalizado", e, "para se recuperar, a oposição democrática teve que se distanciar explicitamente do Movimento Democrático Popular [uma aliança política de comunistas e uma fração do PS] e buscar uma saída política negociada com as Forças Armadas".[13] Essa referência ao fracasso da oposição em 1986 diz muito sobre a reflexão política que presidiu a formação da Concertación.

É preciso lembrar que o período de 1983 a 1986 foi marcado por mobilizações sociais de grande escala: as Jornadas de Protesta Nacional (Dias de Protesto Nacional). Em 1983, as centrais sindicais, reunidas no Comando Nacional de Trabajadores, convocam uma primeira *protesta* em 11 de maio, seguida de mais duas, em 14 de junho e 12 de julho. Os partidos políticos da oposição aderem nesse terceiro dia, quando a repressão não poupa líderes sindicais, nem o líder do DC. Os partidos, contudo, não usam as *protestas* para tentar impor à junta militar uma alternativa democrática à transição prevista na Constituição de 1980; desde 1986, eles se contentam em se preparar para a próxima corrida eleitoral sem contestar uma vírgula sequer da Constituição. O "fracasso" da oposição[14] se deve, na verdade, à vontade de *não* romper com a estrutura institucional estabelecida pela ditadura.

O movimento que mais tarde receberá o nome de Concertación se dobra, assim, de saída, a duas condições a ele impostas para jogar segundo as regras do regime. Em primeiro lugar, o bloco político de oposição a Pinochet se forma com base na exclusão da esquerda comunista, cuja presença teria sido proibitiva para os militares. Em segundo lugar, como vimos, ele aceita a Constituição de 1980 como um "fato".

Essa dupla condição é antecipada por Edgardo Boeninger em uma carta enviada ao DC em outubro de 1986. Nela, o ideólogo da transição chilena elenca as condições a serem atendidas para que as Forças Armadas aceitem transferir o poder: "o isolamento político do PC (não sua exclusão legal) e a aceitação factual da Constituição de 1980, sujeita à introdução de reformas substanciais, porque, para as Forças Armadas, desqualificá-la como ilegítima e substituí-la em sua totalidade [seria] uma ofensa à honra militar". Além disso, Boeninger considera imperativo criar "a percepção ou a certeza de que o regime militar será sucedido por uma democracia estável e ordeira que não reproduza *a polarização dos períodos anteriores*" e definir "uma forma de lidar com o problema dos direitos humanos e a correspondente administração da justiça que seja palatável de um ponto de vista institucional".[15]

Nos anos seguintes, o desejo de criar a certeza de que somente uma "democracia estável e ordeira" era capaz de romper com a "polarização dos períodos anteriores" transforma-se em pura e simples obsessão política. Mas de que releitura do passado surge esse desejo? Seriam forças políticas específicas e identificáveis responsáveis por essa polarização? E, em caso afirmativo, quais seriam elas?

A ideologia da "governabilidade"

É justamente essa questão que Boeninger aborda em seu livro *Democracia en Chile*, apoiando-a em outra mais fundamental sobre "governabilidade". De acordo com sua tese, foi a "polarização de períodos anteriores" que tornou a sociedade chilena ingovernável. Com "governabilidade", ele se refere à "capacidade de uma sociedade de governar a si mesma, de alcançar condições de estabilidade política, progresso econômico e paz social",[16] dando a entender que esses três elementos, que se repetem constantemente em sua análise, são interdependentes.

O que imediatamente chama atenção aí é que esses conceitos são indiferentes aos regimes políticos: os três objetivos são definidos "independentemente do fato de se realizarem pela democracia ou pelo autoritarismo". Assim, a estabilidade política seria um "conceito não exclusivo", porque "adaptado a uma análise histórica e comparativa" de regimes tanto democráticos como autoritários, enquanto o progresso econômico seria o mesmo que "crescimento econômico". E essa indiferença em relação aos regimes políticos se aplica igualmente ao terceiro objetivo – a paz social –, que se refere a

> [...] uma situação em que a cooperação predomina sobre o confronto, em que os conflitos são resolvidos de acordo com certas regras e procedimentos geralmente aceitos e em que a mesa de negociações substitui a pressão das massas ou as ameaças militares, assim excluindo a agitação de rua, a força armada ou qualquer forma de violência como forma de contestar as instituições.[17]

A aversão a toda forma de "violência", que na verdade é um "horror ao conflito",[18] leva à equiparação de "agitação de rua" *a* "força armada", *a* "pressão das massas", *a* "ameaças militares". Embora admita que nenhuma sociedade pode passar sem conflito, Boeninger considera necessário chegar a acordos básicos sem pressão das massas, agitação de rua *ou* intervenção de força armada. Assim, ele finge ignorar que os conflitos são não somente inevitáveis em *qualquer* sociedade, mas também que são politicamente produtivos e indispensáveis para a vitalidade de uma *democracia*.

Analisando a história recente do Chile, ele enumera seis fatores que, em sua opinião, explicariam a crise da democracia em 1973. Os três primeiros se aplicam a todas as formações políticas, inclusive ao próprio DC: "a radicalização ideológica dos partidos políticos", "a formulação de projetos globais de exclusão ou de planejamento global" e uma disputa entre esses projetos globais que se enquadrava em um confronto entre "o Bem e o Mal". Os outros três fatores, no entanto, responsabilizam exclusivamente a estratégia da Unidade Popular (UP): novamente de acordo com Boeninger, a UP teria "tentado impor à sociedade uma mudança radical sem dispor de uma maioria política ou social", teria feito isso usando a pressão de setores sociais dependentes para forçar seus oponentes a se renderem e teria usado os poderes administrativos do Executivo para evitar qualquer negociação com a maioria do país.[19] A ingovernabilidade do país seria, portanto, "uma consequência da impossibilidade de se chegar a acordos políticos" devido essencialmente à "radicalização ideológica dos partidos políticos".[20] Aos olhos de Boeninger, não foi a "mobilização social descontrolada" que excedeu os partidos, mas sim os próprios partidos que teriam exercido controle sobre esses movimentos, por meio das organizações sociais controladas ou influenciadas por eles, estimulando sua radicalização.[21]

Ainda segundo o autor de *Democracia en Chile*, em contraste com essa crise, a transferência de poder "pacífica e ordenada" da junta para o presidente Aylwin foi possível graças a uma combinação de vários fatores. O primeiro foi a "reconstrução do consenso de base" em três níveis – político, social e econômico –, possibilitada por uma "convergência ideológica": a Concertação aceitou explicitamente a Constituição de 1980 modificada em 1989, o que teria permitido uma "aproximação mínima suficiente entre o projeto político do regime militar e a proposta democrática da Concertação, ambos despojados de seus elementos mais radicais".[22] O segundo foi "o restabelecimento da legitimidade do processo democrático": para ele, a oposição acabou por adotar o plebiscito, incorporado à Constituição de 1980, mudando sua estratégia política "da mobilização social para a via político-eleitoral". O terceiro foi a reversão da influência decisiva exercida pela polarização ideológica dos partidos. O quarto foi "a evolução da economia", ou seja, o proclamado crescimento da economia chilena a partir de 1986. Por fim, o último elemento que permitiu a transferência ordenada do poder, segundo Boeninger, foi a reorientação da política externa dos EUA após o fim da Guerra Fria, bem como da "onda autoritária" na América Latina.

O que essa análise diz sobre a duração da "transição para a democracia"? Boeninger discorda daqueles que acreditam, como mencionado anteriormente, que a transição terminaria com a transferência do poder para o presidente Aylwin e a instalação do Congresso Nacional. Em sua opinião, a transição não tinha terminado após sete anos de governo da Concertação (em 1997, quando seu livro foi publicado) e só terminaria com a conclusão da "transferência total do poder à soberania popular". Mas, algumas linhas depois, ele acrescenta que a transição só terminará com a eliminação dos "enclaves autoritários" e o desaparecimento de "qualquer risco de regressão autoritária". Devemos entender que essa eliminação e esse desaparecimento coincidem com a afirmação do poder total da soberania popular? Boeninger não chega a afirmar isso, mas ele conclui que é forçoso reconhecer que o Chile ainda tem "longos anos de transição pela frente".[23]

"Democracia de consenso" *versus* "democracia majoritária"

Na verdade, a duração da transição depende da natureza da democracia para a qual se caminha. Ela varia de acordo com o sentido da transição, se para uma democracia consensual ou uma democracia majoritária. O principal defensor da democracia consensual é, sem dúvida, o cientista político holandês Arend Lijphart, especialista na comparação de sistemas políticos.[24] Elevada ao nível de um modelo, essa ideia implica a organização do voto das minorias e promove um sistema de governo semipresidencial e parlamentar por meio de grandes coalizões, ao contrário das chamadas democracias "majoritárias". Lijphart desenvolveu seu modelo de "democracia consociativa" a partir do estudo de sociedades altamente fragmentadas do ponto de vista religioso, cultural, linguístico e nacional, como a Bélgica, nas quais é inimaginável que uma cultura majoritária possa tornar a sociedade homogênea. A partilha do poder parece ser a única maneira de essas sociedades superarem suas divisões. Em uma entrevista publicada pela revista *Négociations* em 2014, ele diz que a diferença entre os dois tipos de democracia pode ser descrita esquematicamente "como a diferença entre a concentração de poder nas mãos de uma pequena maioria, de um lado, em oposição a partilha, dispersão e limitação, de outro", ou ainda, em termos muito semelhantes, como a diferença entre o sistema de democracia majoritária, que é "exclusivo, competitivo e conflituoso", e o sistema de democracia de consenso, "caracterizado pela inclusão, pela negociação e pelo compromisso".[25] Embora o cientista político acredite que as democracias de consenso, ou ainda "de negociação", sejam superiores às democracias majoritárias, ele observa que, no caso da Bélgica, a estrutura "consociativa" (ou federativa) adotada por esse país em 1993 não lhe permitiu superar a divisão linguística. Na mesma entrevista, ele reconhece que as duas condições mais propícias para o sucesso de uma democracia de consenso – a ausência de uma comunidade majoritária e uma ampla igualdade socioeconômica entre as comunidades – não existem no caso da Bélgica (há uma maioria flamenga, e Flandres é muito mais rica que a Valônia).[26]

É essa ideia de democracia de consenso que os ideólogos da Concertação no Chile na década de 1980 recuperam, mas à custa de uma descontextualização inescrupulosa. Em sua interpretação de Lijphart, eles transformaram as divisões linguísticas e culturais, das quais a Bélgica oferece o exemplo típico, em "grandes conflitos" ou "intensos conflitos", uma extensão retórica que lhes convinha porque autorizava uma comparação com o caso chileno de 1970-1973. Herdeiro desses ideólogos, Harald Beyer, ex-ministro da Educação do governo Piñera, escreveu um artigo nas colunas do *Mercurio* em 2013 intitulado "El fín de la democracia de consenso?".

> Em seu livro *Paradigmas da democracia*, o cientista político Arend Lijphart distingue dois tipos de democracias: as democracias majoritárias e as democracias de consenso. Estas últimas buscam especificamente acordos e projetam suas instituições políticas para promovê-los. [...]. De forma original, [...] Lijphart postula que as democracias de consenso são indispensáveis aos países *que passam por grandes conflitos*. Suas pesquisas posteriores mostraram que seus resultados, de acordo com diversos indicadores, são superiores aos das democracias majoritárias. [...]. Pode-se argumentar que nesses consensos de transição há qualquer coisa de artificial. Afinal de contas, temos regras contramajoritárias, um sistema eleitoral e, por muito tempo, senadores nomeados [e não eleitos], o que não se dá em outras democracias. [...]. Grande parte das mudanças pelas quais o país passou corresponde a um interesse genuíno de promover uma democracia de consenso. [...]. Não há dúvida de que isso foi fortemente influenciado por um histórico de discordância e grandes conflitos que levou nossos líderes políticos a acreditar que esse era o melhor caminho a seguir. A verdade é que, se essa forma de governo foi mantida, [foi] porque os resultados, inclusive os resultados eleitorais das principais coalizões por trás dos acordos, foram satisfatórios.[27]

É importante observar que esse conceito de democracia "contramajoritária" não se restringe à esfera política; ele se estende explicitamente à esfera das relações sociais. Eis, assim, algumas linhas escritas por Boeninger: "[A Concertação constitui] uma tendência na democracia contemporânea, [...] um estilo de relações políticas e sociais em que a negociação e a busca de acordos predominam sobre o confronto". Nas relações entre os atores sociais, esse estilo implica a garantia de que "os acordos sejam alcançados por unanimidade entre os níveis participantes". O consenso "contramajoritário" assume então a forma de uma *condição de unanimidade*. Segundo Boeninger, isso é particularmente importante porque esse método "é atraente para os empreendedores, que, por definição, são minoria, porque esse método os protege de decisões políticas de maiorias que os podem afetar negativamente".[28]

De um ponto de vista mais diretamente político, Alejandro Foxley, nomeado por Patricio Aylwin para o primeiro gabinete ministerial chileno após o fim da ditadura, insiste na exigência de estabilidade que só o consenso pode satisfazer. Em 1983, ele argumenta que, para garantir essa estabilidade, é necessário "fortalecer os mecanismos de concertação social, que vão muito além do esquema tradicional e insuficiente de alianças eleitorais". No caso da Áustria, que usa como modelo, ele diz que "as diferentes correntes ideológicas buscam reduzir a ameaça ou o risco que cada uma representa para as outras. Elas preferem governos que super-representam as minorias em vez de uma completa alternância de poder com governos de maiorias que excluem as minorias".[29] Propor o caso austríaco como um modelo democrático estável para a transição chilena é, no entanto, um tremendo disparate: no início dos anos 1980, enquanto Foxley escreve isso, os governos de coalizão são desafiados pelo populismo de extrema-direita de Jörg Haider.

De modo mais geral, como Carlos Ruiz Schneider corretamente observa, esse modelo consensual não apenas se choca com as concepções tradicionais chilenas de democracia majoritária, mas, acima de tudo, leva à super-representação de grupos que, embora minoritários, concentram grande parte do "poder de fato": aqueles que estão à frente das empresas mais importantes, da mídia, das universidades privadas e das redes com os militares e as congregações eclesiásticas – um poder que é apenas parcialmente contrabalançado pelo poder das maiorias eleitorais.

Além disso, todas essas concepções consensuais da democracia e da política visam construir grandes coalizões multipartidárias de governo nas quais as identidades e os projetos políticos são relegados a segundo plano, na medida em que são percebidos como fatores de "polarização" e "divisão", para usar os termos de Boeninger. Sua implementação gera, então, um poderoso mecanismo que produz apatia, desmobilização e despolitização, porque faz da mudança uma muito longínqua possibilidade.[30] A ideia de consenso cria a ilusão de que as principais orientações são debatidas coletivamente, quando, na verdade, não o são: direitos humanos, ordem constitucional, organização das regiões, autodeterminação do povo mapuche, relações de gênero, modelo econômico e social, nada disso jamais foi debatido ou realmente "consentido".[31] Revela-se então a verdadeira função do "consenso": em detrimento da deliberação coletiva a respeito de valores e objetivos compartilhados, ele privilegia um arranjo técnico entre especialistas, bem ao estilo das recomendações do neoliberalismo.[32] Na verdade, a democracia exaltada pela ideologia da Concertação acaba sendo não apenas uma democracia "contramajoritária", mas também uma democracia "contraigualitária": o que está na mira, por trás do reconhecimento do poder das maiorias eleitorais, é o princípio da igualdade entre os cidadãos e seu corolário – a igualdade entre governantes e governados –, que exclui qualquer superioridade de pretensos especialistas políticos e reconhece o direito do "primeiro a chegar", como dizem os gregos, de participar do debate público.

A questão dos direitos humanos e da justiça

A ditadura militar fez 3.227 vítimas, das quais 2.125 mortas e 1.102 desaparecidas, e 31.686 chilenos foram torturados, de acordo com os números fornecidos pela Comissão Valech.[33] Vários assassinatos foram orquestrados pela Dirección de Inteligencia Nacional (Dina),[34] incluindo o do general Carlos Prats, chefe do Exército chileno de 1970 a 1973, na Argentina, em 30 de setembro de 1974, e o de Orlando Letelier, ex-ministro das Relações Exteriores de Allende e embaixador do Chile nos Estados Unidos, em Washington, em 21 de setembro de 1976.[35]

O fato de este último crime ter sido cometido em solo norte-americano por um agente norte-americano da Dina foi um importante precedente de exceção ao tratamento judicial reservado a outros crimes. Roberto Bolaño evoca esse acontecimento nas páginas finais de *Noturno do Chile*, em uma cena em que um convidado, por ocasião de uma noite literária na casa da escritora Maria Canales, depara com o porão usado como câmara de tortura pelo marido da anfitriã:

> Depois veio a democracia, e chegou o momento em que todos nós, chilenos, tivemos que nos reconciliar entre nós, e então se soube que Jimmy Thompson tinha sido um dos principais agentes da Dina e que tinha usado sua casa como centro de

interrogatório. [...]. Soubemos que Jimmy havia viajado para Washington e matado um ex-ministro de Allende e, incidentalmente, uma mulher norte-americana.

Não sem ironia, no texto de Bolaño, o narrador defende o esquecimento:

> Qual o sentido de exumar o que o tempo caridosamente enterrou? Mais tarde, Jimmy foi preso nos Estados Unidos. Ele falou. Suas declarações implicaram vários generais chilenos. Ele foi libertado e colocado em um programa especial de proteção a testemunhas. Como se os generais do Chile fossem padrinhos da máfia![36]

Além do verdadeiro papel desempenhado pela junta militar, Bolaño evidencia a relação direta entre a implementação da "transição democrática" sob a égide da Concertación e o discurso de reconciliação nacional em relação aos crimes da ditadura militar: de acordo com os ideólogos da transição, como veremos agora, a transição para a democracia deveria ser feita à custa de uma renúncia à justiça em relação a esses crimes. Para tanto, era conveniente isolar os crimes cometidos por determinados serviços da lógica geral do regime militar. A leitura de certas passagens do relatório da Comissão da Verdade e Reconciliação (também conhecida como Comissão Rettig), criada em 1990, mostra que o artifício retórico empregado para dissociar a Dina da lógica operacional do regime militar serviu para transformar o que era um "componente essencial e orgânico" do regime em um "caso acidental e isolado" e, dessa forma, poupar as instituições militares e as mais altas autoridades de sua óbvia responsabilidade por esses crimes.[37]

Considerando o que escreve Boeninger em seu livro *Democracia en Chile*, a primeira grande decisão do novo governo democrático em relação aos direitos humanos foi não mexer nas leis de anistia concedidas pela ditadura para acobertar os mais graves e terríveis crimes cometidos pelos militares. O governo da Concertação não tentou revogar ou anular a Lei de Anistia de 1978, ainda que essa proposta fizesse parte do programa da Concertação, o que equivale a concordar que os responsáveis por crimes cometidos antes de sua promulgação não fossem punidos. Não sem algum maquiavelismo, o próprio Boeninger admite que escolher uma política de conciliação significava reconhecer que o programa da Concertação só poderia ser aplicado em parte:

A escolha a favor de uma política de conciliação implicava, de saída, admitir que o programa da Concertação só poderia ser parcialmente aplicado. Diante dos partidos e do "povo concertacionista", o caminho mais fácil teria sido culpar a oposição da maioria do Senado de não respeitar o programa. No entanto, isso teria obrigado o governo a formular propostas políticas de confronto, como a revogação da Lei de Anistia de 1978, a obter sua aprovação na Câmara dos Deputados pelos votos da Concertação e a forçar uma votação correspondente na Câmara dos Deputados. Sem dúvida, tal curso de ação teria acarretado reações hostis das Forças Armadas e impossibilitado os acordos de Renovação Nacional em outras áreas, sabotando a estratégia que havia sido planejada.[38]

O novo governo, portanto, teve que compensar moral e politicamente a ausência de sanções criminais para os culpados de violações de direitos humanos com outras medidas, que acabaram assumindo a forma de reparações oferecidas às vítimas. Essa é a origem da Comissão da Verdade e Reconciliação. Seu significado é definido na declaração do presidente Aylwin de 21 de maio de 1990:

> [Com relação às] violações dos direitos humanos, como consequência de minha reiterada afirmação de que a consciência moral da nação exige que a verdade seja esclarecida, que a justiça seja feita *na medida do possível* – conciliando a virtude da justiça com a virtude da prudência – e que em seguida chegará o momento do perdão, constituí a Comissão da Verdade e Reconciliação para avançar em direção a esses objetivos de forma séria, pacífica e com as garantias necessárias.[39]

A composição da Comissão reflete perfeitamente essa orientação para o "consenso" baseado em exclusões: entre os que fazem parte dela estão dois ex-ministros de Pinochet e outras figuras políticas ligadas à direita e à ditadura, mas nenhum representante das famílias das vítimas diretas ou dos partidos políticos mais afetados pela repressão. Outro elemento que diz muito sobre as limitações da Comissão é que a definição de "violação dos direitos humanos" que ela adota inclui ações terroristas perpetradas contra a ditadura, o que indica sua tendência de equiparação dos crimes do Estado militar com os atos de resistência violenta ao regime militar. Isso dá a impressão de que todos os chilenos são, de uma forma ou de outra, culpados de violações de direitos humanos. Estas poucas linhas do relatório da Comissão ilustram essa lógica de argumentação:

> Se reconstruir a verdade foi – como se sabe – uma tarefa árdua para esta Comissão, alcançar a reconciliação nacional é um dever delicado e fundamental para *todos* os chilenos. Como podemos tirar partido da verdade que sistematizamos em nossa pesquisa e tornamos conhecida em nosso relatório? Acreditamos firmemente que nós, chilenos, devemos tirar dessa verdade o que nos torna responsáveis por todos e cada um de nós: a violência repressiva e a violência extremista têm aspectos que não devem pesar apenas na consciência dos autores diretos dos crimes. Pretender o contrário seria restringir a visão que devemos ter do significado do que aconteceu.[40]

Quanto à questão da justiça, o relatório parte do princípio de que a Lei de Anistia de 1978 não será revogada. Para o restante dos casos, o documento recomenda a via da justiça comum, a dos tribunais. Essa, entretanto, é uma via difícil de ser seguida porque as vítimas desapareceram ou "foram desaparecidas" por agentes do Estado, e a maioria dos juízes não fez nada para acelerar a ação da justiça durante a ditadura, quando não a obstruiu completamente.

O relatório subordina explicitamente a busca da verdade ao ideal de reconciliação, como pode ser visto neste trecho do parágrafo significativamente intitulado "Uma verdade para a reconciliação": "[A] Comissão entendeu desde o início que a verdade a ser estabelecida serve a um propósito preciso e determinado: colaborar para a reconciliação de todos os chilenos".[41] A concepção do vínculo entre direitos humanos e democracia definida nessas poucas linhas procede em grande parte da noção, já descrita, de democracia consensual, que é, com efeito, hostil a uma política de justiça rigorosa em relação às violações mais graves e mais sistemáticas dos direitos humanos. Isso ocorre porque o tão cobiçado consenso tende a incluir os autores dessas violações, bem como os grupos políticos cúmplices desses autores nos acordos de transição. Voltamos, pois, à mesma questão de fundo: longe de ser a única alternativa possível, a saída negociada foi resultado de uma escolha da oposição a Pinochet a favor de um acordo com os militares a fim de evitar uma alternativa mais radical, que envolvesse uma aliança com os comunistas e outros grupos mais radicais.[42]

A CONTINUIDADE DA POLÍTICA
NEOLIBERAL: A LEI DE PENSÕES

A orientação descrita acima influenciou o conteúdo da política econômica e social de todos os governos da Concertação. Seguir o rumo neoliberal era a condição *sine qua non* do acordo negociado com as Forças Armadas. Na véspera das eleições de 1989, a Concertación e a principal organização patronal, a Confederación de la Producción y del Comercio (CPC), chegam a um acordo. Os partidos da Concertação aderem abertamente ao modelo neoliberal e rivalizam com a direita. O mesmo se aplica à esfera social: "A política da Concertação tem por objetivo também nessa esfera aprofundar e desenvolver as orientações das políticas sociais anteriores, em vez de questioná-las".[43] Isso pode ser constatado pelo exame das emendas feitas à lei sobre aposentadoria de 1980 e à lei sobre crédito estudantil de 2005.

O sistema de pensões implementado pela ditadura[44] permaneceu inalterado até o início dos anos 2000. Nesse sistema, baseado na capitalização individual, o valor da aposentadoria depende dos "esforços" feitos pelo indivíduo ao longo de sua carreira. As contribuições mensais e obrigatórias depositadas em uma conta-poupança individual de aposentadoria geram uma grande massa de capital gerenciada por empresas privadas, as "Administradoras de Fondos de Pensiones de Chile" (AFP). Essas empresas podem investir esse capital adquirindo ações e títulos cotados na bolsa de valores, e os trabalhadores contribuintes são livres para mudar de AFP durante sua vida profissional. O sistema assim definido baseia-se em três pilares: 1) um componente de solidariedade pago pelo Estado, que corresponde ao que a Constituição de 1980 chama de "subsidiariedade do Estado", e que diz respeito a pensões mínimas e pensões de assistência para deficientes e idosos carentes; 2) um componente contributivo, composto de contribuições obrigatórias, gerenciado pelas AFP e pelas seguradoras; e 3) um componente voluntário, que depende da poupança dos trabalhadores.

O problema das AFP, assim como de todas as administradoras de fundos de pensão, é que elas servem a seus próprios interesses, ditados por sua própria racionalidade econômica, que não coincidem de forma alguma com o objetivo dos aposentados, que é levar uma vida digna.

Com o aumento do tamanho dos fundos, a legislação que rege o mercado de pensões se tornou cada vez mais sofisticada, e as margens de investimento autorizadas se ampliaram, especialmente com relação aos investimentos estrangeiros. Assim, após a criação, no início dos anos 2000, do sistema de cinco "multifundos",[45] agrupamentos de fundos diferenciados de acordo com sua exposição a riscos financeiros, a reforma de 2008 implementada pelo Estado[46] aumentou a margem de investimento estrangeiro para 80% do total, permitindo a compra de ações de sociedades anônimas e o investimento em novos instrumentos financeiros com níveis mais altos de risco. De fato, duas grandes tendências se confirmaram nos últimos 30 anos. A primeira concerne à implementação de fundos de investimento diferenciados de acordo com a exposição ao risco dos investimentos em ações. A segunda relaciona-se à crescente liberalização dos limites de investimento estrangeiro. Essa combinação de segmentação crescente do sistema e desnacionalização progressiva dos fundos de pensão permitiu que grandes grupos econômicos se apropriassem desses fundos e financiassem investimentos de grande escala.

De acordo com José Piñera, o autor da reforma, a privatização do sistema de aposentadoria levaria a um tipo de "capitalismo popular", permitindo um alto nível de concorrência entre os administradores, desconcentrando a propriedade dos fundos de pensão e permitindo a "participação" de cada trabalhador contribuinte.[47] Mas a trajetória histórica do sistema contrariou essa pretensão ao concentrar o capital nas mãos de um pequeno número de empresários.

As mudanças feitas no sistema pelos sucessivos governos da Concertação – aumento do valor das contribuições, introdução da competitividade por meio de uma AFP estatal, aumento da contribuição pública para o sistema privado ou aumento da idade de aposentadoria – não afetaram sua essência e protegeram o grupo social que se beneficiava do sistema de previdência privada de qualquer deliberação pública.[48] É claro que as "externalidades sociais negativas" foram mais uma vez assumidas pelo Estado, ou seja, por todos os chilenos. A função do Estado era facilitar a concorrência entre as AFP.

Em suma, a privatização do sistema de aposentadoria ensejou a criação de um mercado altamente concentrado (de 12 AFP em 1980 para 21 em 1994 e, depois, para 6 a partir de 2004) que distribui pensões insuficientes e desiguais. Esse sistema não conseguiu resolver os problemas da baixa cobertura das AFP, enquanto os trabalhadores continuam a pagar impostos altos; tampouco conseguiu estimular a produção nacional; pelo contrário, ele aumentou a volatilidade da economia financeira.

A REFORMA UNIVERSITÁRIA DE 1981

Essa reforma, imposta pela ditadura, abriu caminho para estabelecimentos privados, sob o pretexto de defender a "liberdade de ensino", e estabeleceu uma hierarquia nos estudos de graduação, criando dois novos tipos de estabelecimentos não universitários: os institutos profissionais e os centros de formação técnica, que são instituições privadas com fins lucrativos, ao contrário das instituições universitárias.

Essas mudanças aniquilaram o princípio do direito à educação pública e gratuita, transferindo a responsabilidade pela educação a entidades privadas. Do ponto de vista jurídico, por outro lado, não se tratava de alterar a legislação anterior à Constituição de 1980 (o direito de abrir universidades privadas já existia), mas de adotar medidas para garantir que a expansão privada ocorresse com a aprovação do Estado. Dessa forma, conforme o princípio da subsidiariedade,[49] a redução do papel do Estado significa que ele se limita a regular e coordenar um sistema e a fornecer subsídios àqueles que não podem pagar pelo serviço de que necessitam. Essa reforma do ensino superior é, portanto, uma primeira tentativa de abrir o mercado da educação. Entretanto, ela foi prejudicada pelo envolvimento do regime militar com universidades pertencentes à Igreja católica e pela resistência das universidades públicas. De fato, estas últimas continuaram a receber a maior parte do financiamento público e das matrículas até o início da década de 1990.

Desde o início da década de 1990, os governos, principalmente os da Concertação, comprometeram-se a respeitar os fundamentos institucionais da reforma implementada durante a ditadura, restringindo de antemão as propostas de reforma destinadas a melhorar a qualidade do ensino superior e a aumentar seu financiamento, sem questionar os princípios da reforma autoritária.

No início dos anos 2000, um segundo ciclo de reformas, liderado pelo governo de Ricardo Lagos (2000-2006), incentivou a concorrência entre as instituições privadas que surgiram após 1981 e outras universidades para a obtenção de recursos públicos. A partir de um diagnóstico de estagnação do sistema em sua lógica de abertura ao capital privado (como alternativa ao financiamento exclusivamente público), em nome da promoção da inovação (como conhecimento rapidamente rentável) e da capacidade de formar capital humano adaptável a um mercado de trabalho flexível, a nova política de ensino superior foi lançada com o objetivo de reduzir as disparidades entre as instituições privadas e públicas. Assim, a reforma concentra-se no financiamento dos estabelecimentos, o financiamento é orientado pela demanda, e uma garantia de qualidade é proposta. Esses três elementos têm em comum a promoção de instrumentos políticos destinados a fazer com que a diferença entre serviços públicos e privados pareça ser meramente técnica, com base no credenciamento de estabelecimentos.[50]

A Lei de 2005, do Crédito con aval del Estado

Em 2005, o novo Crédito con Aval del Estado (CAE) foi proposto como alternativa ao crédito do Fundo de Solidariedade (por meio do qual o Estado emprestava uma quantia que o estudante deveria reembolsar, o que evitava a intervenção dos bancos) e aos empréstimos privados: com o CAE, o Estado oferece um conjunto de carteiras de empréstimo a estudantes de pós-graduação, atuando como *avalista* dessas dívidas (daí o nome). O CAE tem um impacto decisivo na garantia da qualidade, uma vez que estabelece a certificação como medida da qualidade dos estabelecimentos de ensino superior.

Para persuadir os bancos a participar de um programa de crédito como o CAE, que, à primeira vista, é arriscado, o Estado fixou uma taxa de juros alta o suficiente para que fosse atraente e estabeleceu o valor da "sobretaxa", que dá às instituições financeiras o poder de aplicar a garantia do Estado unilateralmente. A isso se soma uma série de prerrogativas em favor dos bancos e do Estado para impor a recuperação dos empréstimos, tanto por meio da obrigação de deduzir os impostos relativos ao ensino dos salários dos graduados, como por meio da cobrança de juros sobre os atrasos e do estabelecimento da imprescritibilidade das dívidas.[51]

No caso específico do CAE, a maior parte da dívida total acumulada desde sua implementação em 2006 está concentrada nos setores sociais mais pobres, exatamente o público-alvo da maioria das organizações privadas com fins lucrativos. Em 2018, de acordo com a Comisión Ingresa, responsável pela gestão do crédito, dos 9,5 bilhões de dólares de dívida total acumulada em 2018, 52% correspondem a pessoas que pertencem aos 40% da população com as rendas mais baixas. Em geral, esse endividamento em função do financiamento estudantil manteve-se por meio de práticas abusivas, associadas a um alto custo financeiro para as famílias: a imposição de apólices de seguro vinculadas para insolvência e invalidez, de termos em branco de reconhecimento de dívida para o valor total devido, de retenção pela Tesouraria Geral da República, a inclusão de pessoas que acumularam várias dívidas em listas de "devedores inadimplentes", a extensão de práticas que incentivam deliberadamente a inadimplência, a imposição de taxas administrativas etc.

Assim, se a proposta de implementação dessa política pública objetivava aumentar a cobertura do ensino superior e reduzir os gastos das famílias, deve-se reconhecer, nem que seja pelo segundo objetivo, que ela falhou miseravelmente. Pelo contrário, os gastos familiares foram mantidos, enquanto os gastos públicos aumentaram drasticamente, em níveis claramente prejudiciais ao Estado. Esses recursos, baseados em métodos de rentabilidade empresarial, acumularam-se nos cofres de grandes consórcios, cujos estabelecimentos atraem estudantes de camadas sociais de baixa renda não por sua qualidade, mas porque eles não ingressam nas universidades tradicionais, que estão saturadas e cujos requisitos meritocráticos e culturais de ingresso são mais difíceis de atender.

A lei de 2016 sobre a gratuidade do ensino, que data do segundo mandato de Bachelet, não foi suficiente para conter essa enorme transferência de recursos públicos para o mercado de ensino superior: quanto mais alunos uma instituição atrai, maior é sua participação na contribuição do Estado para a gratuidade do ensino. O resultado é uma nova competição entre as instituições públicas e privadas para capturar, como no caso do CAE, o público-alvo desse programa, disputa que, na maioria das vezes, é vencida pelas instituições privadas. A dinâmica de acumulação empresarial na educação não foi questionada. As instituições privadas aumentaram a oferta de cursos/programas e seus preços, ao mesmo tempo que afrouxaram os requisitos de entrada para os alunos mais vulneráveis, a fim de captar cada vez mais recursos. Essa operação lhes permitiu aumentar seus lucros, graças à desregulamentação e à segregação social.

A função do Estado permanece fundamentalmente a mesma que no sistema de pensões: *estruturar um mercado* – neste caso, o mercado da educação; naquele, o mercado das AFP –, organizando as condições de concorrência. E é justamente essa função, atribuída ao Estado pelo neoliberalismo, que foi diretamente desafiada pelo movimento que surgiu a partir do Despertar de Outubro.

Assim, entre os muitos coletivos que participam ativamente do levante de 2019, os coletivos No Más AFP (Chega de AFP) ocupam um lugar especial: eles nascem em 2016 por iniciativa de ativistas sindicais do setor bancário e de outros sindicatos do serviço público e abrem um espaço social descentralizado (assembleias, fóruns, panfletos, dias de ação[52] etc.) no qual se expressa a demanda pela abolição do sistema de fundos de pensão. Mais uma vez, a reivindicação entoada pelos estudantes e ecoada pelo movimento de outubro de 2019 foi a demanda por "educação gratuita e de qualidade", o que significava a eliminação da dívida e do crédito, isto é, uma mudança de sistema, e não simplesmente o congelamento das mensalidades.

Em março de 2013, o artista e ativista chileno Francisco Tapia Salinas, conhecido como "Papas Fritas", organizou uma ação coletiva que consistia em queimar os termos de reconhecimento de dívida dos alunos da instituição privada Universidad del Mar. Posteriormente, o artista compareceu aos tribunais chilenos e confessou ter destruído quase 500 milhões de dólares em termos de reconhecimento de dívida para proteger esses estudantes dos tribunais. Posteriormente, um coletivo anônimo de profissionais que trabalhavam com o artista gravou um vídeo de denúncia nas redes sociais, que circulou ao mesmo tempo que ocorria a inauguração de uma instalação artística no Centro Cultural Gabriela Mistral em que as cinzas dos documentos foram exibidas. Seis anos depois, a revolta popular elevou a demanda pelo cancelamento da dívida estudantil ao nível de uma demanda da sociedade.[53]

Notas

[1] Roberto Bolaño. "El ex-dictador y Crusoe". *Página 12*, 16 de janeiro de 2000.
[2] Manuel Antonio Garretón. "Límites de la democracia". *In*: Roberto Aceituno Morales & René Valenzuela (org.). *Golpe 1973-2013*, vol. 2. Santiago, Ocho Libros, 2015, p. 44
[3] Nenhuma constituição formal foi promulgada durante o governo de Franco.

[4] Cristian Fuentes. "Los candados a la democracia de la Constitución de 1980". Universidad de Chile, 14 de novembro de 2019. (O autor agradece a Luis Lloredo Alix por fornecer essa referência.)

[5] Juan Manuel Aragües. "Repensar España. A propósito de la cuestión catalana". In: Émilie Guyard & Nadia Mékouar Hertzberg (org.). *Frontières entre le monde ibérique et ibéro-américain/Fronteras en el mundo ibérico e iberoamericano. Une approche pluriel/Un enfoque plural*. Lausanne, Peter Lang, 2022, pp. 156-159 (série "Liminaire – Passages interculturels").

[6] Nesse meio-tempo, o mandato presidencial foi estendido de quatro para seis anos.

[7] Sobre todos esses pontos, ver Marie-Noëlle Sarget. *Histoire du Chili de la conquête à nos jours*. Paris, L'Harmattan, 1996, pp. 260-261 (Col. Horizons Amérique Latine).

[8] Ver Jaime Guzmán. "El camino político". *Realidad*, vol. 1, n. 7, 1979.

[9] As mudanças constitucionais feitas em 2005, graças a um acordo entre a Concertação e a oposição de direita, mantiveram totalmente a autonomia do Banco Central em questões de política econômica.

[10] Esses "conselhos" são muito diferentes daqueles que surgiriam mais tarde com a revolta de outubro de 2019.

[11] Entrevista com Sergio Grez conduzida por Pablo Parry, "Chile. 'A rebelião popular deve aproveitar esses meses para avançar em direção a uma base mais sólida de unidade política'". *À l'encontre*, 15 de abril de 2020.

[12] "El 'bacheletista aliancista' Lavín llamó a la derecha a no encontrar todo malo". *Cooperativa. cl*, 15 de outubro de 2007.

[13] Patricio Aylwin Azócar. *El reencuentro de los demócratas: del golpe al triunfo del no*. Santiago, Ediciones B, 1998, pp. 317-318.

[14] Na verdade, foi um fracasso acordado pelos partidos da futura Concertação, como bem observa Marie-Christine Doran: "[Depois] que parte da oposição a Pinochet decidiu negociar com o regime militar uma saída pactuada, as *protestas* continuaram em grande escala, particularmente nas *poblaciones*, e assim foi até 1989, quando o poder se transfere ao governo de transição de Patricio Aylwin" ("Les effets politiques des luttes contre l'impunité au Chili: de la revitalisation de l'action collective à la démocratisation". *International Journal of Comparative Politics*, vol. 17, n. 2, outubro de 2010, p. 1).

[15] Edgardo Boeninger. *Democracia en Chile: lecciones para la gobernabilidad*. Santiago, Andrés Bello, 1997, p. 330. Grifo nosso.

[16] *Idem*, p. 33

[17] *Idem*, p. 89.

[18] Como ele mesmo admite quando interpreta a "aspiração à paz" como um "horror ao conflito" (*idem*, p. 112).

[19] *Idem*, pp. 98-100. Boeninger insiste no quinto fator: nele, revelar-se-ia uma "intenção intimidadora" que marcaria "o fim do consenso social de base que prevalecia no país" e que tinha sustentado o "Estado de compromisso" estabelecido a partir de 1932.

[20] *Idem*, p. 108.

[21] *Idem*, p. 104.

[22] *Idem*, p. 113

[23] *Idem*, p. 115.

[24] Professor da Universidade de San Diego, autor de *Democracies: Patterns of Majoritarian and Consensus Government in Twenty-One Countries*. New Haven, Yale University Press, 1984.

[25] Arend Lijphart. "Negotiation in majoritarian and consensus democracies". *Negotiations*, n. 21, 2014.

[26] *Idem.*

[27] Harald Beyer. "El fín de la democracia de consenso?". *El Mercurio*, 16 de agosto de 2013.

[28] Edgardo Boeninger. *Problemas y perspectivas de la concertación social en Chile*. Santiago, CED, 1986, p. 13 (Col. Materiales de Discusión), *apud* Carlos Ruiz Schneider. "La democracia en la transición chilena y los limites de las políticas de derechos humaños". *In*: Roberto Aceituno Morales & René Valenzuela (org.). *Golpe 1973-2013*, vol. 1. Santiago, Ocho Libros, 2015, p. 107.

[29] Alejandro Foxley. "Algunas condiciones para una democratización estable. El caso de Chile". *Colección Estudios Cieplan*, n. 9, dezembro de 1982, pp. 139-169.

[30] *Idem, ibidem*. É exatamente isso que faz com que a "transição para a democracia", incapaz de levar a um regime verdadeiramente democrático, seja inerentemente condenada à incompletude.

[31] Manuel Antonio Garretón. "Límites de la democracia". *In*: Roberto Aceituno Morales & René Valenzuela (org.). *Golpe 1973-2013*, vol. 2. Santiago, Ocho Libros, 2015, p. 44.

[32] Pierre Dardot & Christian Laval. *Ce cauchemar qui n'en finit pas. Comment le néolibéralisme défait la démocratie*. Paris, La Découverte, 2016, p. 129 (Col. Petits Cahiers Libres).

[33] A Comissão Valech sobre violações de direitos humanos cometidas durante a ditadura de Pinochet entre 1973 e 1990 publicou seu relatório intitulado *Informe de la Comisión Nacional sobre Prisión Política y Tortura* em 2004-2005.

[34] A Dina era a polícia política de Pinochet, criada em novembro de 1973 e composta de devotos à pessoa do ditador.

[35] Orlando Letelier, ex-ministro das Relações Exteriores de Allende e embaixador do Chile nos Estados Unidos, foi assassinado por agentes da Dina em Washington, em 21 de setembro de 1976, no escopo da Operação Condor.

[36] Roberto Bolaño. *Nocturne du Chili*. Paris, Christian Bourgois, 2002 [2000], pp. 144-146. (Nesse texto, Jimmy Thompson é o pseudônimo de Michael Townley, e Maria Canales, o de Mariana Callejas.)

[37] Carlos Ruiz Schneider. "La democracia en la transición chilena y los limites de las políticas de derechos humaños". *In*: Roberto Aceituno Morales & René Valenzuela (org.). *Golpe 1973--2013*, vol. 2. Santiago, Ocho Libros, 2015, p. 112.

[38] Edgardo Boeninger. *Democracia en Chile: lecciones para la gobernabilidad*. Santiago, Andrés Bello, 1997, p. 396.

[39] Mensagem Presidencial, 21 de maio de 1990, *apud* Carlos Ruiz Schneider. "La democracia en la transición chilena y los limites de las políticas de derechos humaños". *In*: Roberto Aceituno Morales & René Valenzuela (org.). *Golpe 1973-2013*, vol. 1. Santiago, Ocho Libros, 2015, p. 111. Grifo nosso.

[40] *Informe de la Comisión Nacional de Verdad y Reconciliación*, *apud* Carlos Ruiz Schneider. "La democracia en la transición chilena y los limites de las políticas de derechos humaños". *In*: Roberto Aceituno Morales & René Valenzuela (org.). *Golpe 1973-2013*, vol. 1. Santiago, Ocho Libros, 2015, p. 112.

[41] *Idem*, p. 113.

[42] *Idem, ibidem*.

[43] Marie-Noëlle Sarget. *Histoire du Chili de la conquête à nos jours*. Paris, L'Harmattan, 1996, p. 274 (Col. Horizons Amérique Latine).

[44] A lei, aprovada em 4 de novembro de 1980, só entrou em vigor em 1º de maio de 1981: a data foi escolhida para que os trabalhadores comemorassem o 1º de Maio não como um "dia de luta de classes", mas como o dia em que, pela primeira vez, eles eram livres para escolher seu próprio sistema de aposentadoria (ver José Piñera. "Comment on réalisé la réforme du système de retraite au Chili?". *Contrepoints*, 7 de abril de 2015).

[45] Lei n. 19.795, de 28 de fevereiro de 2002.

[46] Lei n. 20.255, de 1º de julho de 2008.

[47] No artigo já citado da *Contrepoints*, José Piñera argumenta que, com esse sistema, as pensões deixaram de ser uma questão governamental: "Assim despolitiza-se um enorme setor da economia e oferece-se às pessoas mais controle sobre suas vidas".

[48] Esse é o verdadeiro significado da "despolitização" apregoada por José Piñera.

[49] De acordo com esse princípio, o mercado tem primazia sobre o Estado, a menos que este demonstre que pode fazer tão bem ou melhor do que o mercado.

[50] O credenciamento, ou certificação, dos estabelecimentos é realizado pelo Estado em função de uma lista de elementos (infraestrutura e equipamentos, pesquisa, gestão institucional, ensino, estabelecimentos habilitados a oferecer doutorado e relação com o meio ambiente) que condicionam o acesso ao CAE.

[51] Até 2005, o Fundo de Solidariedade, concedido pelas universidades do Consejo de Rectores de las Universidades Chilenas (Conselho de Reitores das Universidades Chilenas) graças a fundos públicos, era o meio predominante de financiamento estudantil. No caso das instituições não afiliadas a essa corporação, o único meio de financiar a demanda era o crédito Corfo (um órgão estatal multisetorial responsável por promover a produção), com elevadas taxas de juros. No entanto, o Fundo de Solidariedade foi amplamente criticado por sua cobertura insuficiente, bem como por sua permanente crise financeira, decorrente das altas taxas de inadimplência por parte dos graduados.

[52] De acordo com a coordenação dos coletivos No Más AFP, a jornada de 26 de março de 2017 reuniu 800 mil pessoas em Santiago e 2 milhões de manifestantes em todo o país.

[53] Luis Thielemann Hernández. "Notas para la historia de un desencuentro en la revuelta. Sobre alianzas sociales, izquierdas y una década de luchas sociales. Chile, 2011-2020". *Némesis*, n. 16, 2020, p. 113: "Em abril de 2019, uma carta assinada por lideranças estudantis ativas de 2005 até aquele ano exigia o fim do sistema e a anulação da dívida. [...] Em outubro de 2019, essa foi uma das reivindicações mais difundidas nas barricadas da revolta".

2
Os movimentos sociais

> *Se vocês não nos representam, não é porque não acreditamos na política. Muito pelo contrário. É porque estamos forjando, entre milhões de nós, nossa própria liderança política.*
>
> Francisco Figueroa.[1]

A POLITIZAÇÃO DAS LUTAS SOCIAIS DIANTE DO OBSTÁCULO NEOLIBERAL

É inegável que a continuidade e o aprofundamento das políticas econômicas e sociais da ditadura pelos governos da Concertação contribuíram para a criação e a manutenção do que chamamos anteriormente de "experiência neoliberal", mas falar de tal "experiência", ou mesmo de uma "condição" neoliberal, não significa atribuir à dimensão econômica o poder de engendrar por si mesma o conflito político e social por meio de uma unificação que ela promoveria entre todas as camadas sociais. Tal raciocínio toma emprestada da vulgata marxista uma premissa altamente discutível: em virtude de sua lógica imanente, o capitalismo, considerado aqui em sua forma neoliberal, unificaria seus oponentes e criaria, por si mesmo, as condições para uma tomada de consciência emancipatória. Acontece que o neoliberalismo foi, ele mesmo, forjado por políticas, e a condição neoliberal não é, de forma alguma, homogênea, mas, ao contrário, altamente heterogênea. Desse ponto de vista, a bela formulação de Luis Thielemann sobre o movimento estudantil de 2011, "a dívida se tornou uma linguagem nacional que conseguiu unir diferentes grupos sociais em uma trincheira comum",[2] não significa, de jeito nenhum, que a economia tenha sido a operadora subterrânea da unificação política. A unificação discursiva por meio da linguagem da dívida certamente possibilitou a identificação do inimigo comum e a formação de uma aliança contra ele, mas não fez com que a diversidade dos grupos sociais desaparecesse: "Como toda unidade, ela continha diferenças, eventualmente suturadas pela luta, principalmente entre os diferentes grupos sociais que compunham o movimento estudantil".[3] Formou-se então uma aliança social entre jovens estudantes das classes populares, aos quais estava sendo negada a mobilidade social prometida pelo ensino superior, e estudantes das classes médias, cujo lugar no funcionalismo público estava ameaçado. Essa experiência se propaga em seguida para além das universidades:

> [...] enormes setores aprenderam a lutar a partir da base, [...] graduados se tornaram jovens sindicalistas do trabalho precário, enquanto outros incrementaram lutas socioambientais em todo o país [e] uma enorme quantidade de mulheres educadas e formadas nas lutas começou a politizar sua própria existência dentro e fora do *campus*, escrevendo as primeiras páginas do que viria a ser o novo movimento feminista do século XXI.[4]

Isso não apaga, de modo algum, os profundos e duradouros efeitos subjetivos de décadas de dominação neoliberal. Em particular, não podemos negligenciar o fato de que as leis sobre as pensões (AFP) e crédito estudantil (CAE) reforçaram esses efeitos. É por isso que uma mudança de governo, ou mesmo de política governamental, não é suficiente para romper com o neoliberalismo. Isso não significa, entretanto, que cada um de nós internalizou totalmente a norma da concorrência. Muito pelo contrário, como os movimentos sociais vêm demonstrando há décadas, as lutas e experiências que eles têm alimentado geraram várias formas de *subjetivação coletiva* que desafiam não apenas os governos neoliberais, mas também, de forma mais ampla, o modo neoliberal de governar o comportamento, característico do concertacionismo. Esta parte do livro dedica-se a explorar essas diversas formas de subjetivação coletiva, tal como foram construídas nas lutas travadas a partir da base pelos movimentos mapuche, feminista e estudantil.

No início dos anos 2000, a ação coletiva experimentou uma revitalização que alguns analistas chamaram de "despertar chileno".[5] Mas, ao contrário do que esse nome pode sugerir, esse despertar não foi o prenúncio do outubro de 2019. Ele se originou de uma lógica política muito diferente, a demanda por justiça, que estava ligada a um desejo de democratização do regime. Em 2001, por iniciativa da Central Única dos Trabalhadores do Chile (CUT), foi lançada a plataforma política Por un Chile Justo,[6] reunindo sindicatos, partidos e organizações de esquerda, bem como uma ampla gama de organizações culturais e sociais. Muitas dessas organizações foram criadas nessa ocasião, especialmente entre os setores mais jovens das *poblaciones* (bairros pobres das grandes cidades), onde proliferaram associações de bairro e organizações sociais voltadas para a articulação nacional. Foi assim que surgiu a Agrupación Nacional por los Derechos Habitacionales (Associação Nacional pelo Direito a Moradia),[7] que, ao organizar manifestações em massa, cedo se destacou como um importante ator social. Os *pobladores* reapareciam na cena pública protestando contra a política habitacional do governo por meio de ações coletivas de "ocupações de terras" (*tomas*).[8]

O movimento estudantil de 2011 adota uma abordagem completamente diferente: a crítica política radical do neoliberalismo da transição. As lutas desse ano foram produto de

> [...] *una escuela de luchadores sociales* [uma escola de militância social] que se difundiu pelo resto da sociedade, ativando novos processos e revitalizando os que já estavam em curso. A partir de 2011, uma nova atitude foi inaugurada entre milhares de militantes e ativistas das classes médias e trabalhadoras, definida por uma disposição para o confronto permanente, e não contingente, mas estratégico.[9]

Essa nova atitude se disseminou, direta ou indiretamente, entre camadas muito diferentes da sociedade, ajudando a renovar movimentos sociais já existentes ou a dar origem a novos. Três deles particularmente merecem um estudo mais detido, tanto por sua importância intrínseca quanto por sua centralidade no Despertar de Outubro: o movimento mapuche, o movimento feminista e o movimento estudantil, cuja natureza estratégica acabamos de enfatizar. Como veremos, esses três movimentos têm temporalidades muito diferentes, embora interconectadas.

Surpreenderá, sem dúvida, que o movimento trabalhista e sindical não esteja incluído nesta parte dedicada aos movimentos sociais. Essa ausência, perfeitamente justificável, merece uma explicação. Certamente houve grandes greves lideradas por sindicatos combativos, entre eles o Unión Portuaria, o sindicato dos trabalhadores portuários.[10] Mas, como sugere a feminista Karina Nohales, precisamos acabar com o mito persistente de um "sindicalismo muito glorioso" que existia no Chile antes do golpe de Estado de 1973, um mito mantido por uma certa esquerda nostálgica que sonha com um retorno a esse "passado virtuoso".[11] Temos que encarar os fatos: a fraqueza estrutural do sindicalismo no Chile não se deve apenas à repressão sofrida durante a ditadura, mas também a uma "cadeia orgânica absolutamente piramidal que reproduz em grande medida a lógica burocrática".[12] Quanto ao sindicalismo da transição democrática, ele se caracterizou por duas correntes principais: a dos instrumentos sindicais dos partidos da Concertação, entre eles a CUT, "expressão de um sindicalismo muito submisso às políticas administrativas do neoliberalismo"; e a reafirmação de um sindicalismo combativo nos setores que não quiseram formar uma corrente distinta. Um dos sintomas dessa fraqueza do sindicalismo é a ausência de representação dessas correntes na Convenção Constituinte.[13] Desse ponto de vista, o sindicalismo não escapou do "balanço da revolta".[14]

O movimento mapuche e a questão do Estado chileno

> *Quem se sentisse desconfortável na reserva se mudava para outro lugar e se instalava em terras desocupadas, às vezes com a permissão do cacique mais próximo. [...]. Após a independência do Chile, esse benefício acabou, e o que recebemos com a civilização que dizem que nos trouxeram foi viver amontoados como trigo em um saco.*
>
> Lorenzo Kolümañ.[15]

No final da tarde de quarta-feira, 14 de novembro de 2018, no sul do Chile, agentes das forças especiais saem em perseguição de vários indivíduos após o roubo de um carro. Camilo Catrillanca, um jovem camponês de 24 anos e ativista do movimento mapuche, é baleado na nuca enquanto voltava para casa em seu trator depois de trabalhar no campo. Sua família fala em execução sumária.[16] Protestos eclodem espontaneamente em várias cidades do país em reação ao assassinato. Vários incêndios são registrados. Um senador mapuche responsabiliza diretamente o governo de Piñera pela morte. O governo havia ordenado a formação de um grupo militar especial, que foi treinado na Colômbia, um país em guerra civil há mais de 70 anos, antes de ser enviado para uma zona de conflito social, a Araucanía. Essa decisão evidencia a tendência profundamente enraizada das autoridades chilenas a tratar o conflito social de acordo com uma lógica "contraterrorista", nesse caso específico criminalizando o movimento mapuche. Essa atitude por parte dos representantes do Estado não é nova, obviamente, e ainda se perpetua.[17] É por isso que falar em "questão mapuche" hoje significa assumir o ponto de vista do Estado chileno e adotar sua linguagem. Em compensação, é relevante falar da *questão do Estado-nação chileno* à luz da relação que esse Estado manteve ao longo de sua história com os movimentos dos mapuches.[18] Para tanto, é necessário levar em conta uma temporalidade de muitos séculos, dissociando-a de uma suposta invariabilidade essencial e de uma suposta homogeneidade do "movimento mapuche".

A formação da identidade mapuche e a "pacificação da Araucanía"

A primeira pergunta que precisa ser feita é como a identidade mapuche foi formada durante o período da conquista espanhola. Ao lado dos aymaras, quechuas, rapa nui, lickan antai, collas, diaguitas, changos, kawésqar, yagán e selk'nam, entre outros povos, os mapuches são reconhecidos no texto da proposta elaborada pela Constituinte como parte dos "povos e nações indígenas *preexistentes*".[19] A questão é como entender essa preexistência. Não há dúvida de que se trata de uma preexistência em relação ao Estado chileno, que só foi fundado no início do século XIX. Mas será que também se trata de uma preexistência em relação à conquista espanhola?

Vamos nos limitar aqui a dar algumas indicações sobre a trajetória histórica do povo mapuche.[20] Mais conhecido como povo araucano, o mapuche ficou famoso por sua resistência militar à conquista espanhola.[21] Até a chegada dos europeus, os reches (seu verdadeiro nome, ou etnônimo, que significa "ser humano autêntico") habitavam as regiões do centro e do centro-sul do Chile. Os reches do Norte, mais conhecidos como picunches, foram rapidamente derrotados pelos espanhóis no século XVI e incorporados à sociedade colonial. Os reches do Sul, conhecidos como huilliches, situados entre o rio Valdivia e a ilha de Chiloé, nunca foram totalmente subordinados ao poder colonial, devido à fraqueza da presença espanhola nessas áreas, mas tampouco representavam uma ameaça ao funcionamento da sociedade colonial. Diferentemente de seus vizinhos ao Norte e ao Sul, os reches do centro, que povoam a região entre os rios Maule e Toltén, resistiram ferozmente à conquista e à colonização espanholas. Sua sociedade foi reestruturada por meio da unificação política e da concentração de poder, da reorganização de sua economia em torno do comércio fronteiriço, de invasões a grandes fazendas chilenas e argentinas (*estancias*), da criação de gado e da expansão para os pampas argentinos. Assim, entre a segunda metade do século XVI (1545) e o final do século XVIII (por volta de 1780), ocorreu um processo de transformação, conhecido na antropologia como "etnogênese", que levou ao surgimento de uma nova entidade sociopolítica e de uma nova identidade, a dos próprios *mapuches*: um nome derivado de *mapu* – "terra" – e *che* – "pessoa" – que significa "gente indígena" ou "gente da terra" (*gente de la tierra*).[22] Nessa perspectiva, a identidade mapuche aparece não como resultado direto da conquista espanhola, mas sim como um revés das reestruturações provocadas por essa conquista.

Diante da impossibilidade de conquistar os reches pela força, as autoridades coloniais criaram dois mecanismos que contribuíram para a formação de uma zona fronteiriça ao redor do rio Biobío, a saber, uma missão religiosa e um *parlamento*, ou assembleia política. Assim, os hispano--crioulos e os reches lançaram as bases de um *pacto colonial* que duraria até a independência. Quando, porém, o Estado chileno se tornou independente da Coroa espanhola, a relação entre os mapuches, ainda independentes, e a autoridade crioula mudou radicalmente. Após a colonização "espontânea" por migrantes estrangeiros em 1840, o Estado chileno cometeu uma violação jurídica ao criar, por lei, em 1852, a província de Arauco, correspondente a uma grande parte do território mapuche.[23] Em seguida, ele arrematou o trabalho de colonização humana e jurídica por meio da conquista militar:[24] o que é conhecido como a "Pacificação da Araucanía" (1860-1883) foi, na verdade, uma guerra de conquista e extermínio com o puro e simples objetivo de anexar todo o território mapuche ao Estado chileno. Há quase 140 anos, em 1º de dezembro de 1883, Gregorio Urrutía refundou a antiga cidade de Villarica, concluindo formalmente a campanha de conquista do território mapuche pelo Estado chileno.[25] Em 1º de junho do mesmo ano, o presidente Domingo Santa María declarou que o problema da redução territorial da Araucanía estava resolvido: "Hoje, toda a Araucanía está submetida não tanto às forças materiais, mas à força moral e civilizatória da República". Para a jovem etnia mapuche, essa derrota representou um verdadeiro trauma coletivo que afetou toda a sociedade e dividiu sua história coletiva em um "antes" e um "depois". Pois, até 1883, havia um "território araucano" de dez milhões de hectares cuja independência tinha sido ratificada por tratados, o que explica que os mapuches evoquem frequentemente com nostalgia esse "antes" como uma era de liberdade, abundância, riqueza e glória.

Para além da questão da terra, a cultura mapuche como um todo é vista a partir de então como um obstáculo à política do Estado chileno. Foi aprovada uma lei proibindo os cemitérios indígenas e a organização de cerimônias tradicionais. Em 1900, foi criado um "asilo indígena" em um convento na cidade de Temuco, capital da Araucanía. Desde a mais tenra idade, as meninas mapuches eram separadas de suas famílias e internadas em colégios para serem "civilizadas" por meio da aprendizagem do espanhol e da religião católica. Durante várias décadas, as missões criaram verdadeiras "escolas de reféns" para reabilitar os filhos dos caciques mapuches derrotados e humilhados militarmente. Durante todo o século XX, a educação "tinha o objetivo de formar um chileno e, portanto, assimilar e *digerir* os indígenas".[26]

O SISTEMA DE *REDUCCIONES*[27]

Na esteira da derrota, o território indígena foi desmantelado, e a área de suas terras, drasticamente reduzida. Estima-se que, entre 1883 e o final da década de 1920, cerca de três mil reservas indígenas foram criadas no sul do Chile, liberando assim 9,5 milhões de hectares de terras indígenas, que foram rapidamente tomadas pelo Estado e por colonos tanto nacionais quanto estrangeiros. Como explica Fabien Le Bonniec:

> Essas mesmas comunidades criadas pelo Estado entre 1883 e 1929 foram divididas por tribunais especiais a partir de 1930, a fim de facilitar a integração social, cultural e produtiva de seus membros e legalizar a apropriação abusiva de muitas terras indígenas.[28]

Em termos gerais, as *reducciones* criadas pelo Estado chileno entre 1883 e 1930 foram "objeto de legislação específica e exorbitante do direito comum", que visava à divisão das reservas em parcelas individuais de terra, de forma a permitir sua venda e a transferência de qualquer disputa de terra dos tribunais comuns para tribunais indígenas. Essa prática de divisão de terras foi denunciada como uma política de desapropriação pelas primeiras organizações mapuches, fundadas em 1910.[29]

Até o início da década de 1960, todos os governos que se sucederam trabalharam para reduzir a quantidade de terras destinadas a reservas. Como resultado da expansão das grandes propriedades, do uso da força e da falta de recursos para incrementar a produção, as terras comunitárias tornaram-se escassas.[30] Em julho de 1967, o democrata-cristão Eduardo Frei Montalva, eleito presidente em 1964, promulgou a lei n. 16.640, uma lei de reforma agrária cujo objetivo era proteger as terras de reserva da usurpação e conceder mais recursos às comunidades. Em nome da "função social da propriedade", ela permitiu a desapropriação de terras improdutivas, grandes demais ou que não estivessem em conformidade com a legislação. Na verdade, mesmo antes da promulgação da reforma agrária, já havia ações de recuperação de terras usurpadas.[31] E continuaria havendo depois. Em 1967, por exemplo, as comunidades de Lumaco realizaram uma ação de recuperação de terras ocupando a fazenda Moena e, em 1969, voltaram a ocupar centenas de fazendas, onde construíram casas, cultivaram a terra e criaram animais.[32]

A eleição de Salvador Allende gerou muitas expectativas entre as comunidades mapuches. Mesmo antes de sua eleição, em 1970, foi realizada uma assembleia em Temuco, no estádio regional, com a presença de 17 mil mapuches, quando foi firmado um acordo com o então candidato. A Lei Indígena n. 17.729, promulgada em 1972 pelo presidente Allende, reconheceu a existência de culturas e povos distintos no Chile. Mas, de acordo com Anna Pomaro, "a iniciativa mais importante foi a restituição das terras usurpadas durante o processo de criação de reservas", uma iniciativa que foi ainda mais longe do que a política iniciada durante a presidência de Frei. Uma reforma agrária expropriou os grandes latifundiários e permitiu que os habitantes das reservas recuperassem um total de 132.115 hectares de terra.[33]

No entanto, o projeto da Unidade Popular estava longe de ter o apoio unânime do povo mapuche, principalmente por conta da visão da esquerda, que reduzia suas demandas às do campesinato. O governo Allende, embora celebrasse a força da mobilização mapuche, tentou "confiná-la à estrutura dos objetivos políticos do partido".[34] Verifica-se aí uma atitude paternalista da qual a esquerda teve muita dificuldade de se livrar. Em 1971, foi criado pela primeira vez um partido político independente, o Pamachi (Partido Mapuche do Chile), que adotou uma atitude bastante crítica em relação às políticas de Allende e exigiu autonomia em relação a todos os partidos políticos, fossem eles de direita ou de esquerda. Essa iniciativa, como muitas outras, foi bruscamente interrompida pelo golpe de Estado organizado pelo general Pinochet.[35]

A geopolítica de Pinochet e sua política de erradicação

Em 1968, Augusto Pinochet, coronel e professor da Academia de Guerra do Exército, publicou *Geopolítica: leyes que se deducen del estudio de la expansión de los Estados*, no qual aplicou ao contexto chileno os princípios da geopolítica de Friedrich Ratzel, autor de *Politische Geographie* (1896),[36] e de Rudolf Kjellén, que foi o primeiro a usar o termo "geopolítica" em conjunto com "biopolítica".[37] A influência de Ratzel é particularmente evidente em sua concepção evolucionista e determinista da relação entre população e território, claramente alinhada com o darwinismo social: o conceito fundamental de Ratzel é o de "espaço vital" (*Lebensraum*), relacionado aos conceitos de "luta pela vida", "seleção natural" e "sobrevivência do mais apto", e faz parte de um esforço para justificar a expansão dos Estados mais poderosos à custa de seus vizinhos menores e mais fracos.

Pinochet também se refere a Karl Haushofer, para quem o espaço vital não precisa coincidir com o território legalmente delimitado de um Estado, mas com a expansão da cultura e do grupo étnico. Mas seu livro também é influenciado pelo especialista britânico em geopolítica Halford John Mackinder e sua teoria do *Heartland* (ou "região cardinal" ou "área central"), apresentada pela primeira vez em 1904 por ocasião de uma palestra para a Sociedade Geográfica de Londres e incorporada como um apêndice à *Geopolítica* de Pinochet. Em seu livro, o futuro ditador propõe uma espécie de "anatomia do Estado", na qual distingue cinco estruturas morfológicas: as fronteiras, que são como uma camada envolvente; o *Hinterland*, que constitui o espaço de alimentação do núcleo vital; o núcleo vital, ou *Heartland*, que é o núcleo mais poderoso do Estado; as comunicações, que são como nervos; e, finalmente, o ciclo de vida do Estado, do nascimento à morte. Trata-se de transpor o conceito de *Heartland* para o Pacífico Sul com um propósito político muito claro: o núcleo vital dessa área (que inclui a América do Sul, a Oceania e a Antártica) é localizado no Chile continental, o que permite justificar a supremacia do Chile sobre o Pacífico Sul.[38]

Essa geopolítica organicista e determinista encontra uma expressão concentrada na proposição de que o Estado é menos uma criação da lei do que um organismo vivo que possui propriedades semelhantes às de uma ameba, um organismo unicelular conhecido desde o século XVIII por sua forma mutável, sua capacidade de se mover em direção ao alimento e lançar pseudópodes, sua capacidade de expansão e reprodução e, acima de tudo, a função específica de certas organelas (como os vacúolos) que lhes permite capturar nutrientes, mas também digeri-los e assimilá-los ou destruí-los e eliminá-los.[39] Aplicada ao caso do Chile, essa concepção de "Estado-ameba" permitiria, segundo Pinochet, justificar uma certa ideia de fronteira que se aplicava tanto à fronteira norte com o Peru e a Bolívia quanto à fronteira sul com os territórios mapuches. No primeiro *front*, a vitória do Chile sobre seus dois inimigos pôs fim à Guerra do Pacífico (1879-1883). No segundo, a chamada "guerra de pacificação" terminou em 1883 com a ocupação da Araucanía. O Estado chileno submete então o povo mapuche a uma verdadeira aculturação.

O decreto-lei de 1979 e a liquidação de terras comunitárias

Sob o comando de Pinochet, essa tomada fagocitária das terras mapuches foi realizada em duas frentes: militarmente, por meio da repressão e do desmantelamento do movimento indígena pelas Forças Armadas, e juridicamente, por meio da promulgação do decreto-lei n. 2.568 em 1978, que estabeleceu a liquidação das reservas ocupadas pelas comunidades mapuches. Esse decreto, promulgado pelos militares para alterar a lei adotada por Allende em 1972, afetou a vida de três mil comunidades. Ele estabelece que "as terras divididas não serão mais consideradas terras indígenas, e a população que vive nessas terras não será mais considerada indígena",[40] e divide a terra por meio da emissão de títulos de propriedade individuais. Dessa forma, um lote de terra de 100 hectares cultivado por 200 famílias é transformado em 200 lotes de 3,5 hectares para cada família.[41] Tudo isso foi feito em nome da homogeneidade cultural e da superioridade da "civilização" em relação à "barbárie". Nas palavras do então ministro da Agricultura, o novo sistema de posse de terra estabelecido pelo decreto-lei significava que "a partir de agora no Chile não há mais indígenas, somos todos chilenos".[42]

Nesse sentido, é possível comparar a anexação dos territórios mapuches (Wallmapu) às ações conduzidas pelo governo brasileiro nos territórios da Amazônia. O general brasileiro Golbery do Couto e Silva escreve a *Geopolítica do Brasil* (1966), que traz as mesmas influências intelectuais e políticas (Ratzel, Kjellén, Haushofer etc.) que a obra de Pinochet, publicada dois anos depois.[43] O que essa comparação revela é que a "endocolonização"[44] realizada pelas Forças Armadas do Cone Sul não pode ser reduzida ao subdesenvolvimento e à barbárie militar; ela já é uma antecipação do modelo de sociedade a ser imposto. O objetivo da erradicação era, na verdade, alcançar uma espécie de "assepsia territorial", especialmente por meio do deslocamento de populações pobres para novos territórios.

No caso do Chile, a partir de 1975, a ditadura militar inicia uma reforma territorial de longo alcance em escala nacional, conhecida como "regionalização", embora devesse ser mais propriamente chamada de "extermínio".[45] As delimitações geográficas foram organizadas em zonas militares. Mas 1975 também foi o momento da virada neoliberal da ditadura: essa reorganização tinha o objetivo de impor de uma só vez a lógica do mercado em todo o território mapuche. O decreto-lei sobre a divisão das terras indígenas entrou em vigor no final de março de 1979. Em um gesto perfeitamente calculado de provocação simbólica, Pinochet presidiu a cerimônia de entrada em vigor dessa legislação em Villarica, a cidade cuja refundação havia marcado, quase um século antes, a conclusão da conquista militar da Araucanía pelo Estado chileno. Ele aproveitou a oportunidade para exaltar os benefícios que esse decreto traria para a população mapuche, ao permitir que todos aproveitassem a propriedade individual criada pela divisão das terras.

A *reducción* mapuche de Gallardo Tranamil, na província de Cautín, na Araucanía, dá uma ideia bastante precisa de como a lei foi aplicada. O governo militar suspende abruptamente o processo de reforma agrária, anula as recuperações de terras dos anos anteriores, organiza a perseguição política daqueles que tinham participado dessas recuperações e restitui quase 90% das terras expropriadas aos latifundiários. Apenas cerca de 25 mil hectares são transferidos aos mapuches para ser divididos entre eles.

Quando evocam a situação anterior ao decreto-lei, os habitantes de Gallardo Tranamil gostam de se referir à noção de "comum": naquela época, dizem eles, vivíamos de forma mais comum, cultivávamos a terra, não éramos tão atarefados, cuidávamos dos animais, trabalhávamos da mesma forma.[46] Um deles se lembra de uma grande ilha que costumava ser uma "terra comum" onde todos colocavam seus animais sem nenhuma proibição: agora, lamenta, essa terra está dividida, os animais estão trancados em currais e estamos todos espremidos.[47] Na comunidade vizinha de Cristóbal Relmul, um morador atribuiu ao ditador o seguinte discurso: "Pinochet dizia: olha, a comunidade não existe mais. Somos todos *parceleros* e todos podem vender".[48] Em outras palavras, o decreto-lei teve um profundo impacto na vida cotidiana da comunidade: a divisão das comunidades resultante da divisão da terra marca uma ruptura histórica em sua formação, na medida em que ameaça diretamente o valor simbólico que atribuíam a terra. E, resultado da repressão militar, o medo agora impera na reserva. Concomitantemente à aplicação da lei, novos estereótipos, nitidamente coloniais, aparecem, substituindo a imagem do guerreiro destemido herdada do passado por uma apresentação dos mapuches como sujeitos empobrecidos por culpa de governos anteriores e que agora precisam entrar na corrida pelo desenvolvimento e pela produtividade econômica.

Para piorar a situação, ninguém na comunidade Gallardo Tranamil tinha solicitado a divisão da terra comunitária, nem sido informado de que o governo militar havia promulgado o decreto-lei. O trabalho de loteamento foi tardiamente iniciado pelas autoridades do Instituto de Desarrollo Agropecuario (Instituto Nacional de Desenvolvimento Agrícola). A área de terra a ser medida e dividida era de 486,46 hectares. O trabalho de campo começou em julho de 1981, com topógrafos, e foi concluído em 20 de dezembro de 1985. Uma vez esclarecidas as disputas, a comunidade Gallardo Tranamil foi dividida em 275 *hijuelas*,[49] o que significa que cada adjudicatário recebeu uma média de 1,76 hectare.

Nesse contexto, a política educacional do regime militar incorporou explicitamente a lógica assimilacionista que se seguiu à derrota militar de 1883. De acordo com Fabien Le Bonniec, "a loucura assimilacionista da ditadura relegou todas as manifestações culturais do povo mapuche ao folclore, ou seja, a uma relação de subordinação cultural", e foi até mesmo "prolífica" nesse aspecto.[50] Foi, aliás, valendo-se da imagem folclórica dos mapuches criada pela ditadura que as iniciativas de resistência começaram a ser organizadas em reação à destruição das comunidades. Assim, em 1978, foi formado o coletivo dos Centros Culturales Mapuche, inicialmente em Temuco, reunindo todas as tendências políticas contrárias à ditadura. Esses centros conseguiram obter reconhecimento legal quando, em 1981, se tornaram Ad Mapu, uma associação de pequenos agricultores e artesãos mapuches que depois se estendeu a todo o país com o nome de Ad Mapu Metropolitano.[51]

Não se deve deixar de mencionar, entretanto, que alguns setores seguiram um caminho diferente da resistência, às vezes chegando a ponto de "apoiar e participar ativamente das políticas do governo militar". É na Araucanía que o governo cria o Consejo Regional Mapuche, uma instituição dedicada à aplicação de políticas de Estado cujo objetivo era tirar as comunidades da pobreza e "integrá-las ao progresso".[52]

A política da Concertação:
multiculturalismo e etnogovernamentalidade

A pretensa "transição democrática" inicialmente parecia pressagiar novas relações entre o Estado e os povos indígenas. O candidato da Concertação nas eleições presidenciais de 1989, Patricio Aylwin, assinou os Acordos de Nueva Imperial com as organizações indígenas do Chile, incluindo as do movimento mapuche: de um lado, o candidato se comprometeu a atender à reivindicação de reconhecimento desses povos por meio da aprovação de uma nova lei "indígena" pelo Parlamento; de outro, essas organizações apoiariam o candidato. O presidente Aylwin cumpriu sua promessa: em 5 de outubro de 1993, a lei n. 19.253 – Lei Indígena – foi aprovada pelo Parlamento. Ela determinava a proteção e a promoção das culturas e línguas "indígenas", o desenvolvimento de suas populações por meio de um fundo destinado a criar programas de educação, saúde e desenvolvimento e a proteção e a ampliação das terras "indígenas". Uma nova instituição, a Corporación Nacional de Desarrollo Indígena (Conadi), foi incumbida de implementar essas disposições. De 1993 até 1997 mais ou menos, a maior parte do movimento dos povos indígenas apoiou a política do governo chileno, mas as críticas e a oposição começaram a surgir quando seus líderes perceberam que os governos continuavam a favorecer os interesses econômicos em detrimento dos direitos legítimos dos mapuches. A Conadi acabou se revelando um órgão burocrático que endossava as decisões do Estado, negligenciando as demandas indígenas, à custa do esvaziamento da questão fundamental dos direitos políticos e do reconhecimento dos grupos étnicos como povos.[53]

Foi precisamente em torno dessa questão que várias comunidades e organizações mapuches emergiram no cenário público nacional e internacional nos anos 1990-2000. Em um nível simbólico, a contracelebração do 500º aniversário da "descoberta" das Américas por Cristóvão Colombo, em 12 de outubro de 1992, foi "um momento-chave para a emergência do movimento reivindicatório mapuche"[54] pela recuperação de uma memória histórica confiscada. No plano político, o Concejo de Todas las Tierras (CTT), o primeiro grupo a se opor aos acordos e depois à presidência de Aylwin, denunciou a falta de vontade política para restaurar os direitos culturais, fundiários, políticos e econômicos do povo mapuche. Optando por uma estratégia global, política e jurídica, o CTT buscou transformar os mapuches em sujeitos de direitos por meio do recurso a reivindicações socioterritoriais.[55] Para tanto, fez uso inovador dos tratados (*parlamentos*) assinados entre os mapuches e as autoridades coloniais nos séculos XVII e XIX: enquanto as autoridades coloniais haviam criado os *parlamentos* como um mecanismo estatal de regulação e controle, o CTT se aplicou a subverter a ordem político-administrativa imposta pelo Estado-nação chileno, dando um novo significado a essas assembleias políticas destinadas a selar pactos. Assim, a afirmação da soberania sobre os territórios ancestrais foi acompanhada da restauração das "autoridades tradicionais", que deveriam definir a política externa da sociedade mapuche e de ações que visavam à recuperação (*recuperación*) de terras roubadas, em vez da ocupação coletiva da terra (*tomas*), uma distinção que abriu caminho a uma contestação direta da ordem simbólica dominante.

Quaisquer que fossem as limitações de seu discurso sobre a "pureza mapuche", que excluía todos os mapuches que viviam nas cidades, os CTTs abriram um espaço que acabou por abarcar outras associações. No final da década de 1990, esse foi o caso da Asociación Mapuche de Truf-Truf (nome de uma reserva próxima a Temuco), que se opôs à construção de uma rodovia nesse território e cuja luta levou a uma renovação e reinvenção da organização territorial mapuche anterior à derrota militar de 1883. Nesse caso, a reivindicação da territorialidade *tradicional* permitiu contestar a segmentação das terras "indígenas" em milhares de reservas: enquanto as formas territoriais estatais (reservas, municípios, províncias, regiões etc.) se tornaram a regra, as instituições e organizações socioterritoriais começaram a reaparecer e a recuperar sua função política.

Quase ao mesmo tempo, outra territorialidade surgiu do que ficou conhecido como o movimento Identidad Lafkenche (Identidade do Povo Costeiro), abrangendo um imenso território: pela primeira vez desde a derrota, 76 comunidades, que correspondiam a cerca de 110 mil habitantes de reservas costeiras pertencentes a diferentes regiões, proclamaram a legitimidade dessa unidade política macrorregional usando o novo termo *entidad territorial*. A diferença em relação à Asociación Mapuche de Truf-Truf é clara: enquanto esta contestava a segmentação da terra pelo Estado em milhares de reservas, o projeto Identidad Lafkenche buscava minar as demarcações estatais em nome de uma territorialidade que transcendia a divisão da nação em regiões.[56] O fato é que, em ambos os casos, essas associações *redefinem a terra como território*: como Guillaume Boccara aponta, *mapu*, normalmente traduzido como "terra", seria mais bem traduzido como "território", na medida em que "o processo de reterritorialização mapuche é muito mais complexo que uma simples recuperação de terras".[57]

Essa renovação política e sociocultural do movimento mapuche no final da década de 1990 estava fadada a entrar em choque direto com as políticas dos governos da Concertação. É o caso, por exemplo, da longa marcha organizada entre 20 de maio e 17 de junho de 1999: milhares de mapuches percorreram os 637 quilômetros entre Temuco, a capital da Araucanía, e Santiago para protestar contra a ocupação de seus territórios, o deslocamento de suas populações e a deterioração de suas condições de existência e de seu *habitat*. Eles denunciaram as empresas que devastavam florestas e perpetravam atos de violência contra as comunidades indígenas, bem como a empresa do setor elétrico Endesa, subsidiária de capitais espanhóis da Conadi, que construiu uma represa hidrelétrica, criando um lago artificial de 3.467 hectares e 155 metros de profundidade para reter as águas do rio Biobío no alto da cordilheira dos Andes e inundando as terras das comunidades locais. O democrata-cristão Eduardo Frei, então presidente da República, recusou-se a receber o líder do CTT que lhe levava propostas para uma solução do conflito.[58] Os discursos podem variar, mas o teor permanece o mesmo, negar os direitos políticos coletivos: em 2003, Augustín Figueroa, ministro da Agricultura de Patricio Aylwin, sugeriu que os mapuches fossem "reciclados".[59]

De modo geral, os governos do período da Concertação adotaram tendenciosamente o paradigma do "multiculturalismo" e do "interculturalismo" para neutralizar o impacto político das demandas das comunidades indígenas. O neoliberalismo tornou-se multicultural, de modo que as políticas de reconhecimento e os programas interculturais levaram a uma reconfiguração da relação entre o Estado chileno e os povos indígenas. A nova gestão da "diferença" buscou tanto incorporar as minorias "indígenas" ao mercado quanto regular a vida das populações, de modo que se justifica nesse caso falar, de acordo com Boccara, de uma *etnogovernamentalidade* que combina heterogeneidade cultural e unificação sob a égide do mercado: a etnização das comunidades se articula com o incentivo para que se comportem como pequenas empresas capazes de promover seu capital social e cultural.[60] Nesse sentido, observa-se uma clara continuidade entre os governos da Concertação e a primeira presidência de Piñera (2010-2014).

É nesse contexto que as lutas se tornam cada vez mais "transversais" e "transétnicas". No Chile, na primeira metade da década de 2010, as lutas específicas pelo reconhecimento dos direitos coletivos das populações ameríndias tenderam a se universalizar: "Trata-se agora de formar alianças transétnicas, transgeracionais e entre as classes sociais para propor uma alternativa à ordem social, política e econômica do capitalismo neoliberal".[61] O que facilitou essa transversalidade foi a capacidade política demonstrada pelo movimento mapuche, na diversidade de seus componentes, de questionar os fundamentos do Estado-nação, desafiar o imaginário nacional estreito e estadocêntrico de grande parte da esquerda, inventar novas instituições políticas capazes de ampliar a noção de cidadania além das fronteiras da nacionalidade e abrir novos espaços para a democracia.

O LUGAR DO MOVIMENTO MAPUCHE
NA REVOLTA DE OUTUBRO

Como resultado dessa renovação do movimento mapuche, observou-se uma verdadeira "dinâmica de reapropriação da causa mapuche por outros movimentos dentro da sociedade chilena" que se desenvolveu por meio de canais muito diferentes. Para compreendê-la, é preciso considerar que os mapuches urbanos representam mais de 70% da população mapuche total, a ponto de ser possível falar de uma "etnogênese na cidade".[62] A atividade das associações mapuches em áreas urbanas também desempenhou um papel fundamental, na medida em que as associações foram "os órgãos mais aptos para estabelecer relações com o Estado em seus diversos níveis". As gerações mais jovens, por seu turno, privilegiaram novas formas de engajamento, associando-se a círculos militantes, especialmente estudantis, e contribuindo, assim, "para a circulação e o entrelaçamento das demandas mapuches com as de outros movimentos sociais".[63]

Isso foi visto durante o grande movimento estudantil de 2011-2012, quando muitos manifestantes empunharam a *wënufoye*, a bandeira mapuche. Isso se ampliou ainda mais durante a manifestação de outubro de 2019 em Santiago: como Anna Pomaro observa, a penetração de símbolos da luta mapuche no repertório de ação da revolta se evidenciou como nunca antes. Além da bandeira mapuche içada pelos manifestantes sobre a estátua do general Baquedano,[64] um dos atos mais impactantes foi "a projeção do rosto de Camilo Catrillanca [...] em reação à repressão e à violência policial empregada pelo presidente Piñera após as primeiras manifestações". Mas, de forma mais ampla, no decorrer desse movimento, "referências à história mapuche e à luta para recuperar seu território" foram mobilizadas "para ressignificar espaços consagrados à história nacional na capital e para tornar visível sua violência epistêmica e colonial". Exemplo disso foi a intervenção no monumento que homenageia a fundação da cidade de Santiago, no *cerro* Santa Lucía. Nessa pedra de dois metros de altura em que está gravada uma carta de 1545 enviada por Pedro de Valdivia[65] ao rei Carlos V, quatro anos após a fundação da cidade de Santiago, foi inscrito o nome original da colina em mapudungun – *cerro* Huelén –, acompanhado do rosto de Camilo Catrillanca: o ato remetia à "perpetuação da violência colonial do Estado contra o povo mapuche, uma violência doravante experimentada e integrada à história do Chile e ao seu presente".[66] Esses atos ilustram uma espécie de transversalidade, não tanto no sentido de uma retomada coletiva direta pelo movimento mapuche das palavras de ordem de outros movimentos sociais, mas no sentido de uma retomada dos símbolos e da luta mapuches por estudantes e feministas, os quais incluíam muitos mapuches em suas fileiras. O que se depreende dessa retomada é a mesma relação de confronto com o Estado neoliberal e a mesma exigência de ruptura com ele.

Do movimento das mulheres contra a ditadura à greve geral feminista

Para o movimento feminista, a incorporação das mulheres ao mundo será um processo de transformação do mundo. Esse, portanto, é um mundo que ainda está por ser feito e que não pode ser construído sem que se destrua o anterior.

Julieta Kirkwood.[67]

Entre os muitos "afluentes"[68] que alimentaram esse "momento de ruptura" que foi o Outubro Chileno, o movimento feminista é, sem dúvida, um dos mais importantes. Pouco mais de sete meses antes do *estallido* de outubro, em 8 de março de 2019, 400 mil pessoas saíram às ruas no Dia Internacional da Mulher para exigir a "interrupção da normalidade" da ordem neoliberal. Exatamente um ano depois, elas eram dois milhões manifestando a vontade de enterrar o neoliberalismo onde ele nasceu.[69] Ecoando diretamente o *slogan* de 8 de março de 2019, elas proclamavam: "A la normalidad no volveremos porque la normalidad era el problema" (Não voltaremos à normalidade porque a normalidade era o problema) e miravam diretamente o neoliberalismo com este outro *slogan*: "Tiemblan los Chicago Boys, sí, porque las feministas están en alzamiento" (Tremam, sim, Chicago Boys, porque as feministas estão se levantando). Assim, nos primeiros dias de uma pandemia global, o movimento feminista chileno se levantou, reafirmando as demandas do Outubro Chileno de 2019 diante de um governo que estava perdendo tempo e acumulando provocações.

Vale destacar que a manifestação de 8 de março de 2020 foi a maior marcha já vista no Chile desde o fim da ditadura de Pinochet, e foram as mulheres que a organizaram. De onde vem esse movimento e de onde ele tira sua potência?

O movimento de mulheres durante a ditadura

Para responder a isso, é preciso considerar o destino reservado às mulheres chilenas no curso das últimas décadas. Em 1968, em um estudo sociológico sobre "a mulher chilena em uma nova sociedade", os sociólogos franceses Armand e Michèle Mattelart caracterizaram o que acontecia no Chile como um processo incompleto de modernização, descrito por eles como "tradicionalismo moderno".[70] Sua pesquisa mostrou que as mulheres chilenas eram vistas apenas como esposas e mães, características essas que foram promovidas pelo Cema Chile, instituição guarda-chuva dos Centros de Mães, a principal forma de organização de mulheres, promovida pelo Estado, que reunia mulheres de camadas populares de áreas urbanas e rurais.

As primeiras organizações de mulheres, formadas na década de 1970 na luta contra a ditadura, enfrentaram a versão mais tradicionalista desse familialismo. Entre elas estão a Agrupación de Mujeres Democráticas (Associação de Mulheres Democratas), que surge em 1973-1974 e usa a palavra "democratas" para se diferenciar de outras mulheres que apoiam a ditadura; a Agrupación de Familiares de Detenidos Desaparecidos (Associação de Familiares de Presos Desaparecidos), criada em 1975-1976, que protesta em frente ao edifício Diego Portales, onde funcionava a junta militar, e a centros de detenção como o Tejas Verdes, e organiza greves de fome, marchas e assembleias; a Unión de Mujeres de Chile (União de Mulheres do Chile), que nasce em Valparaíso em 1976 e depois se espalha por toda a região, escolhendo o Dia Nacional da Dignidade (o aniversário da nacionalização do cobre) para fazer sua primeira aparição pública. Grupos de mulheres surgem em diferentes lugares, caracterizando-se por sua grande diversidade: suas integrantes vinham de diferentes militâncias políticas, classes sociais e denominações religiosas, sem que isso impedisse sua convergência em encontros, jornadas ou oficinas.

Em 1978, o Círculo de Estudios de la Mujer (Círculo de Estudos da Mulher) foi criado sob a égide da Universidad Academia de Humanismo Cristiano

(Universidade Acadêmica Humanista Cristã). Ao realizar oficinas, publicar boletins informativos e organizar debates, esse círculo permitiu a convergência de várias organizações de mulheres e grupos feministas. Pouco a pouco, além de denunciarem a ditadura e defenderem os direitos humanos, esses grupos começaram a abordar questões relacionadas à família, à sexualidade, à saúde sexual e reprodutiva e ao divórcio.

Outras mulheres, por sua vez, percebendo que suas demandas não estavam sendo suficientemente atendidas por suas organizações sindicais, começaram a formar outros grupos. Em 1980, nasceu o Movimiento de Mujeres Pobladoras (Movimento de Mulheres de Bairros Pobres). Em 1983, o Movimiento Pro Emancipación de la Mujer Chilena (Movimento Para a Emancipação da Mulher Chilena) propôs-se a articular diferentes organizações de mulheres. Nesse mesmo ano, dez mil mulheres se uniram em uma manifestação sem precedentes a fim de expressar a necessidade de unidade política para alcançar a democracia. Assim nasceu a organização Mujeres por la Vida (Mulheres pela Vida), caracterizada por sua capacidade de convocação e mobilização.[71]

Quando essas mulheres saíram às ruas para questionar a ditadura, a prisão e o desaparecimento de seus maridos, pais, filhos, irmãos e irmãs, o governo reagiu disseminando um discurso pró-família centrado na boa mãe e esposa, na dona de casa. Os Centros de Mães, dirigidos por esposas de militares, tornaram-se organizações de controle e domesticação das mulheres das classes populares que os integravam. No final de 1983, os setores mais conservadores passaram a uma nova etapa da ofensiva contra o avanço das ideias feministas. Em 2 de dezembro de 1983, o Tradición, Familia y Propriedad (Tradição, Família e Propriedade) publica no jornal *El Mercurio* uma nota intitulada "Em nome da fé, as pessoas querem nos levar a um regime ateu, sanguinário e despótico. Um regime fantoche de Moscou". Nela, o grupo conservador afirmava que

> [...] a Universidad Academia de Humanismo Cristiano promove o hedonismo mais despudorado [e que] o Círculo de Estudios de la Mujer da Universidad Academia de Humanismo Cristiano, subordinado ao arcebispo de Santiago, publica revistas que, além de serem socialistas no plano político, são imorais no plano dos costumes. Ao longo de suas páginas, encorajam-se o orgulho e a sensualidade, que são, respectivamente, as causas do igualitarismo e da libertinagem.[72]

Em 1984, a Universidad Academia de Humanismo Cristiano finalmente cedeu à pressão dos setores mais conservadores e expulsou o Círculo de Estudios de la Mujer por ter tocado em assuntos inadmissíveis para uma parte da Igreja. O Círculo, então, se dividiu entre o Centro de Estudios de la Mujer (Centro de Estudos da Mulher), dedicado à pesquisa sobre a situação da mulher, e a Casa de la Mujer La Morada (Casa da Mulher A Morada), que assumiu desde o início um caráter mais político e feminista.

De forma geral, os discursos e práticas do movimento feminista na década de 1980 caracterizam-se pela contestação do poder, em suas diversas manifestações, a partir do lugar que as mulheres ocupam na sociedade. Em termos de discurso, "lo personal es político" (o pessoal é político) era um dos lemas usados por feministas e organizações de mulheres que se opunham à ditadura durante esses anos. O objetivo do movimento era mudar as relações de poder não apenas no âmbito do Estado, mas também na vida cotidiana e na vida pública, compreendendo-se o poder de uma forma diferente da que prevalecia até então. A democracia não se confinava à ação política pública, ela era entendida como uma maneira de se relacionar e de viver em todas as esferas, inclusive na esfera doméstica, o que é perfeitamente resumido pelas palavras de ordem "democracia en el país y en la casa" (democracia no país e em casa).[73] A democracia teria que ser, assim, algo de que todos e todas, independentemente de religião, posição política, tipo de organização ou local de residência, pudessem participar. Essa demanda por inclusão se reflete na transversalidade e na prática de trabalho em rede.[74]

Os objetivos comuns e o desejo de unidade, postos acima das diferenças, manifestam-se em práticas horizontais de tomada de decisões e na designação de diferentes porta-vozes. Para o movimento, é importante refletir a diversidade social e de organizações: camponesas, operárias, profissionais, classes médias, intelectuais; organizações de base de paróquias cristãs, estudantis, militantes de partidos de esquerda, organizações de direitos humanos. Outro elemento que merece destaque é a criatividade das palavras de ordem e das imagens, que permite evitar os atritos da política partidária e favorece a convergência das diferentes organizações na ação. Para driblar a censura, lança-se mão de recursos simbólicos que apelam para sentimentos e emoções. Um exemplo notável disso é a campanha "No me olvides" (Não me esqueça), lançada em 1988 pelo Mujeres por la Vida no contexto do plebiscito: um anúncio publicado na imprensa mostrando uma grande impressão digital sob a qual se lê "Onde votam os exilados, os presos políticos, os desaparecidos e os assassinados?". A linha seguinte diz: "Eles não podem votar. Não se esqueça deles em seu NÃO".[75]

Foi entre 1983 e 1987, durante o período das Jornadas de Protesta Nacional (Dias Nacionais de Protesto), que o movimento de mulheres atingiu seu auge em termos de convocação, coordenação e organização em nível nacional. Não por acaso, o Dia Internacional da Mulher marcou o início do calendário anual de protestos e mobilizações de rua contra a ditadura: todos os anos, em 8 de março, as mulheres saem às ruas, exigindo democracia no país e em casa. Essa primeira manifestação, que coincidiu com o início do ano letivo e o fim das férias de verão, foi a abertura oficial das manifestações em nível nacional.

O mérito do movimento de mulheres e do movimento feminista[76] é que, durante a ditadura, eles debateram questões que iam muito além daquelas abordadas pelos partidos políticos de esquerda e, portanto, deram visibilidade a demandas específicas de gênero: a violência de gênero, a discriminação, a opressão, o controle dos corpos femininos e a desigualdade.[77]

A emergência de uma consciência de gênero

Mesmo não sendo possível identificar o momento exato em que a transformação ocorre, a emergência de uma consciência de gênero atrai as mulheres militantes para o feminismo. Como diz Loreto Rebolledo:

> A consciência de gênero surge junto com a luta contra a ditadura, a partir da prática diária e da reflexão das mulheres que participam de organizações e grupos de mulheres de vários tipos, grupos de direitos humanos, organizações econômicas populares, coletivos de mulheres, cantinas escolares e cozinhas comunitárias. A elas se somam grupos de estudo formados por profissionais que buscam informar sobre a situação e a condição das mulheres e denunciar o autoritarismo e o patriarcado.[78]

Para ter a dimensão da novidade que representa a emergência de tal consciência, é preciso recordar a atitude dominante dos partidos de esquerda no Chile na década de 1970. É certo que alguns ativistas políticos já haviam desenvolvido nessa época uma consciência que teve um papel decisivo em seu compromisso posterior com o feminismo. Mas, para isso, tiveram que rever o dogma "classista" desses partidos – amplamente difundido na época por partidos de outras latitudes –, que fazia vista grossa à opressão específica sofrida pelas mulheres ou, na melhor das hipóteses, relegava a uma "frente secundária" a luta contra essa opressão. Julieta Kirkwood, socióloga, cientista política e ativista feminista chilena, não hesita em falar de um "silêncio feminista" ao se referir a mulheres de esquerda politicamente engajadas que subordinavam o conflito entre os sexos à centralidade do conflito entre as classes.[79]

Certamente houve exceções, como as ativistas que, em 1971-1972, começaram a refletir sobre questões relativas à condição social das mulheres. Como mostra Natalia Sánchez em sua dissertação de mestrado, tratava-se de um grupo de mulheres universitárias que se reuniu na Frente de Mujeres Revolucionarias, que também incluía mulheres do MIR de diferentes nacionalidades (brasileiras, argentinas e francesas), que tinha acesso a textos em seus países de origem e os compartilhavam com esse grupo no Chile. Em seguida, essas mulheres contribuíram para a elaboração de materiais sobre temas como a violência contra a mulher e a invisibilidade do trabalho doméstico.[80]

O fato é que o MIR, um partido de vanguarda altamente hierarquizado e centralizado, dava, em geral, pouca importância a essa especificidade. Foi em 1978, quando a organização decidiu que seus membros deveriam retornar ao Chile como parte da Operação Retorno, que surgiram as primeiras críticas.[81] Entre as 11 trajetórias de vida estudadas por Natalia Sánchez, algumas testemunham a formação de uma consciência feminista "na prisão e especialmente no exílio", quando elas começaram a questionar o que a "naturalização" de sua situação havia camuflado por muito tempo: na prisão, nos centros de detenção e tortura, porque ali experimentaram um "duplo castigo", como mulheres e como militantes políticas de esquerda; no exílio, porque ali conheceram outras mulheres que tinham passado por uma experiência semelhante como mulheres, o que provocou uma subjetivação feminista.

Também convém destacar o papel decisivo desempenhado pelos encontros internacionais de mulheres no processo de subjetivação coletiva que ocorreu em todo o país na década de 1980. Apesar do isolamento provocado pela ditadura, as militantes chilenas conseguiram entrar em contato com mulheres de outros países, com chilenas exiladas e com organizações de outros lugares, o que as ajudou a formular demandas com base em sua condição de gênero. Por exemplo, desde 1981, foram realizados encontros feministas latino-americanos, com plataformas de ação e intercâmbio de conhecimentos adquiridos pelas mulheres da região.[82] É preciso insistir: nas condições de restrição impostas pela ditadura, a internacionalização das práticas e do pensamento foi um dos principais fermentos da consciência de gênero e da formação do movimento feminista no Chile.

A eclosão da "greve geral feminista"

Entre 1990 e 2000, o movimento feminista continuou, mas sem o mesmo caráter de massa da década de 1980. Esse declínio relativo pode ser explicado pelas dificuldades de ação coletiva no início da década de 1990. As reivindicações do movimento foram censuradas em nome da "democracia de consenso" porque eram vistas como conflituosas. Foi assim que o legado institucional da ditadura, mantido na forma de "enclaves autoritários",[83] foi usado para impedir qualquer decisão relacionada ao acesso das mulheres à cidadania plena, à igualdade de gênero, ao divórcio ou ao aborto. De acordo com Antonieta Vera Gajardo, a censura

> [...] levou a uma profunda divisão no movimento: as organizações que optaram por obedecer a essa regra de evitar conflitos encontraram um certo nicho institucional, desde que endossassem as políticas do governo para as mulheres. Por outro lado, todas as organizações que insistiram nas questões consideradas conflitantes foram isoladas, enfrentaram o cerceamento institucional e foram estigmatizadas como condutoras potenciais de um retorno prejudicial ao passado.[84]

Em 1999, a emergência de um novo eixo de mobilização em torno da ideia de justiça, entendida tanto como recurso aos tribunais para garantir o respeito aos direitos humanos quanto como justiça social, mudou a situação. Como na Argentina, com o movimento das mães e avós da Plaza de Mayo, a participação das mulheres nesse movimento multissetorial pela justiça foi fundamental, precisamente por causa do apoio dado às organizações de direitos humanos pelas mães, viúvas e filhas dos presos desaparecidos.

As dificuldades do feminismo, entretanto, continuam a ser sentidas "nesse movimento, do qual as organizações feministas não são as principais convocadoras e as mulheres participam principalmente por meio de outras organizações, ou individualmente".[85] Esse movimento por justiça, entretanto, abrangeu demandas significativas, resultando inclusive, em setembro de 2009, na apresentação de uma proposta de lei para combater a violência contra a mulher, que estabelece a categoria legal de "feminicídio" e prevê o aumento das penalidades para violações cometidas por homens "em posição de autoridade ou no exercício do poder".[86]

Em 2013 houve uma virada: pela primeira vez desde o fim da ditadura, foi organizada uma marcha a favor do aborto livre, medicamente assistido e gratuito. Após o recorrente estupro de uma menina de 11 anos por seu padrasto, os políticos, incluindo o presidente Sebastián Piñera, apressaram-se em dizer que a menina estava "pronta para ser mãe". Indignados com essas declarações, os coletivos feministas convocaram uma primeira reunião. Semana após semana, o número de pessoas presentes nas reuniões foi crescendo, o que levou as organizadoras a convocar uma manifestação para o dia 25 de julho, às 19h00. Na hora marcada, cerca de dez mil pessoas saíram às ruas para exigir o aborto livre. Quando chegaram em frente ao La Moneda (o palácio presidencial), foram bloqueadas por forças especiais. Como a multidão não se dispersou, as mulheres à frente da manifestação marcharam em direção à catedral de Santiago, gritando: "Para a catedral, para a catedral!". Elas não sabiam que lá uma missa estava sendo celebrada pelo arcebispo Ricardo Ezzati e pelo cardeal Errázuriz. Cerca de 300 pessoas invadiram a igreja, na qual estavam presentes 200 fiéis. A ocupação durou cerca de 20 minutos, até a chegada dos *carabineros*. O evento provocou uma forte reação na imprensa. Condenações em nome da "liberdade de culto" se multiplicaram por parte não apenas de autoridades políticas e eclesiásticas, mas também de jornalistas da chamada mídia "progressista", feministas mais tradicionais e certos líderes de partidos de esquerda. Negligenciava-se, assim, o principal motivo da exasperação das feministas, ou seja, a violência exercida há séculos pela Igreja católica sobre os corpos das mulheres. Essa ocupação foi "uma manifestação maciça e festiva para reivindicar o direito das mulheres de decidir sobre seus próprios corpos" que permitiu ao movimento feminista transmitir suas demandas à sociedade, constituindo um marco para a adoção, em 2017, da lei que descriminaliza o aborto.[87]

A partir de 2016, houve uma retomada das mobilizações feministas, com o ressurgimento do lema "Ni una menos" (Nenhuma a menos), que nasceu na Argentina em 2015. O *slogan* é inspirado na frase "Ni una mujer menos, ni una muerta más" (Nenhuma mulher a menos, nenhuma morta a mais), escrita por Susana Chávez, que, por sua vez, foi assassinada em 2011 por denunciar os recorrentes assassinatos de mulheres em Ciudad Juárez. Na Argentina, nesse ano de 2015, o número de feminicídios subira para 286. Diante dessa ameaça crescente, as argentinas se organizaram para defender suas vidas. Com o grito de "Vivas nos queremos" (Queremo-nos vivas), novas palavras de ordem acrescentadas às de 2015, elas entraram em greve em outubro de 2016 após o assassinato da jovem Lucía Pérez. No Chile, várias organizações convocaram para a marcha de 2016, inclusive a Red Chilena contra la Violencia Doméstica y Sexual (Rede Chilena contra a Violência Doméstica e Sexual). O objetivo não era apenas manter um escrupuloso registro dos feminicídios, na ausência de estatísticas oficiais; também era necessário evidenciar as diversas formas que a violência de gênero e patriarcal pode assumir, embora ela costume ser relegada à esfera privada pela imprensa e pelas instituições do Estado, quando não é pura e simplesmente naturalizada e, portanto, invisibilizada. Mas a verdadeira novidade desse movimento reside no fato de que ele tornou visíveis essas múltiplas formas de violência patriarcal em sua natureza *política*: em vez de reduzidas a crimes sexuais de intimidade doméstica, elas eram agora entendidas como crimes políticos, por fazerem parte de um sistema geral de opressão contra as mulheres e os corpos feminizados.[88] A partir daí, a violência de gênero não pôde mais ser isolada de outras formas estruturais de violência, como a violência de classe e a violência racista e colonial.[89]

Em face das lutas travadas contra essa violência em vários países,[90] constitui-se um movimento transfronteiriço que culminou, em 8 de março de 2017, na primeira *greve internacional de mulheres*. A convocação para essa greve tem então um alcance global que se fortalece ao longo dos anos seguintes e marca "o início de um processo de articulação internacional de um setor do feminismo que, com toda sua diversidade, optou por conferir a si mesmo uma orientação política mais definida".[91] Aqui, convém atermo-nos à escolha da palavra "greve" e à reapropriação singular da qual ela é objeto. Em sua forma tradicional, a greve se refere a uma interrupção discutida e acordada da produção no local de trabalho. De forma inédita, o movimento feminista leva a greve para fora do local de trabalho, aperfeiçoando-a como instrumento político de luta destinado a impedir a reprodução de uma sociedade patriarcal: nas palavras de Matilde Ciolli, o encontro entre o feminismo e a greve transformou o feminismo *e* a greve.[92] Por um lado, a greve adquire uma dimensão inteiramente social ao proporcionar uma oportunidade de denunciar as relações de poder que definem a organização neoliberal da sociedade: a luta contra o estupro e o feminicídio é, assim, vinculada à crítica da divisão sexual do trabalho, à defesa dos direitos das mulheres migrantes e do direito ao aborto etc. Por outro lado, e ao mesmo tempo, a greve introduz o feminismo no local de trabalho, ao expor a ligação entre a violência patriarcal e a exploração relativa às condições de trabalho (por exemplo, por meio do assédio sexual).

O feminismo foi transformado pela greve na medida em que saiu do compartimento que confinava as lutas feministas a "questões de mulheres". Em outras palavras, o feminismo percebeu a necessidade de "exercer seu poder em todas as áreas da vida" e começou a se pensar como "um espaço possível para a convergência e a unidade das diferentes lutas sociais e políticas, fragmentadas nas últimas décadas".[93] É isso que a expressão "greve *geral* feminista", usada pelas feministas chilenas, exprime com muita força: à primeira vista, a qualificação "feminista" contradiz o caráter geral da greve ao encerrá-la na particularidade. Mas é aí que reside toda a força da expressão, porque, como diz a filósofa italiana Cinzia Arruzza,

> [...] a *transversalidade* também pode ser entendida como um processo de *universalização* do movimento feminista, que, partindo de um lugar específico (o da opressão sexual e de gênero e das identidades que ela gera), articula uma política de libertação para todos, ou – nas palavras de ordem da greve feminista na Espanha – uma política que quer "mudar *tudo*".[94]

O feminismo contra a precarização da vida

No caso específico do Chile, esse processo de universalização consistiu na passagem de uma luta centrada na violência de gênero para uma luta conjunta contra a precariedade da vida. Mas isso não aconteceu por um alinhamento do feminismo com lutas sociais que lhe eram alheias. Na verdade, o movimento feminista foi, ele mesmo, produto do desenvolvimento de um setor que já fazia parte dos movimentos sociais.

Para entender essa transição, precisamos voltar às transformações impostas à sociedade por 17 anos de ditadura militar, transformações que, como vimos no capítulo 1, perduraram durante os governos da Concertação. Pois se, como já observamos, a ditadura reativou imediatamente a velha base tradicionalista, ela foi ainda mais longe ao introduzir a contrarrevolução neoliberal nos costumes. Ao fazer isso, ela provocou, entre outras coisas, uma alteração permanente na relação das chilenas das *poblaciones* com a dívida. A etnografia de Clara Han sobre a vida dos habitantes da *población* de La Pincoya, a norte de Santiago,[95] evidenciou o funcionamento interno do familialismo, que exige sacrifícios cada vez maiores das mulheres das classes populares. Sua pesquisa, realizada na década de 2000, mostra-nos casos singulares de mulheres que enfrentam as restrições da precariedade: por exemplo, a mãe de família que faz empréstimos regulares no banco e nas lojas de departamento na tentativa de consertar, mobiliar e reconstruir a casa e comprar bens de consumo para seus parentes. Ao fazer isso, ela expõe a dupla face do recurso ao crédito. Por um lado, comprando a crédito ela ganha tempo e pode consumir (comprar bens de capital, cuidar da saúde de sua família etc.). Por outro lado, a impossibilidade de pagar a dívida torna a vida incerta e precária, a ponto de se tornar uma "vida emprestada". Em suma, essas mulheres vivem uma longa "espera ativa", uma "paciência para o possível" baseada na esperança de que as coisas melhorem com o tempo, mas essa é uma espera pela qual elas têm que pagar. Essa tensão insuperável mina diariamente a condição das mulheres dos bairros pobres da cidade.[96]

É por isso que, partindo da luta contra a violência sofrida pelas mulheres, o feminismo no Chile se expandiu para abarcar uma luta geral contra a precariedade da vida. Isso pode ser visto na organização do Día Internacional de la Mujer Trabajadora (Dia Internacional da Mulher Trabalhadora), que ocorreu no início de 2018, em um contexto político hostil, com o segundo mandato de Piñera e a perspectiva da eleição de Bolsonaro à presidência do Brasil. Reunidas em assembleias, as várias organizações de mulheres e feministas definiram o itinerário, as porta-vozes e as palavras de ordem do ano: "Mujeres trabajadoras a la calle contra la precarización de la vida" (Mulheres trabalhadoras nas ruas contra a precarização da vida), o que indicava a direção de um processo que ainda está em andamento. Foi na esteira dessa data que a

Coordinadora Feminista 8 de Marzo (CF8M) foi criada para dar continuidade ao que havia sido iniciado em termos de composição entre as organizações feministas e as feministas. Ela se estabeleceu como um novo espaço no cenário feminista local, ao permitir uma articulação em torno de três objetivos:[97] 1) integrar o feminismo aos movimentos sociais; 2) favorecer a articulação entre as diferentes organizações; 3) criar uma agenda comum para a mobilização contra a precarização da vida.

De 2016 a 2018, o movimento feminista chileno já afirmara publicamente sua força. O objetivo da Coordinadora era ir ainda mais longe, organizando a primeira greve geral feminista. Para isso, ela se muniu de ferramentas organizacionais e convocou o Encuentro Plurinacional de Mujeres que Luchan (Encontro Plurinacional de Mulheres que Lutam)[98] para estabelecer um diagnóstico comum, um programa específico e um plano unificado de luta. Essa reunião teve uma importância crucial para o feminismo chileno, em primeiro lugar, porque foi inédita no Chile (diferentemente da Argentina, por exemplo, que já tem um histórico de reuniões feministas internacionais) e, em segundo lugar, porque se concentrou desde o início em um debate programático e estratégico. O projeto político comum delineado nesse encontro, longe de se definir apenas em oposição à precariedade imposta pela ordem capitalista e patriarcal, buscou construir uma alternativa positiva baseada em um compromisso com a *socialização radical da vida*. Portanto, foi muito além da demanda por "igualdade de gênero" reivindicada pelo movimento feminista clássico, ampliando-se para uma luta por "transformação estrutural da forma com que a vida e a sociedade como um todo estão organizadas".[99]

Depois de 8 de março de 2018 houve pelo menos dois marcos que fortaleceram os vínculos entre o feminismo e outros movimentos sociais. O primeiro foi o movimento conhecido como "Mayo Feminista", durante o qual adolescentes e mulheres jovens de diferentes partes do país assumiram o controle de suas escolas e universidades para radicalizar a luta contra o assédio sexual nos estabelecimentos de ensino e a cumplicidade de suas instituições e comunidades. Essa mobilização deu novo fôlego à luta por uma educação não sexista, na esteira do movimento estudantil de 2006 e 2011,[100] ampliando ainda mais a exigência de repensar o sistema educacional como um todo.[101]

O segundo marco ocorreu alguns meses depois, por ocasião do Encuentro Mujeres y Pensiones (Encontro Mulheres e Pensões), no contexto do movimento

No más AFP, discutido no final do capítulo 1. Aí também se chega a um ponto de inflexão, como as próprias lideranças reconhecem: "Viemos a essa reunião para discutir aposentadoria e saímos falando sobre a necessidade de um programa trabalhista e de seguridade social que inclua um sistema de saúde plurinacional".[102] Vemos, então, impor-se uma agenda que até então sempre havia sido adiada: desigualdades de gênero nas condições de trabalho e na previdência social, acesso à saúde e trabalho não remunerado, assédio e violência de gênero etc. As trabalhadoras e sindicalistas ganham, assim, um lugar cada vez mais importante no movimento feminista.

Essas são apenas duas das muitas formas com que as lutas sociais e feministas estão construindo, por meio de sua articulação recíproca, uma "estrutura comum contra o neoliberalismo". Como resultado, em 8 de março de 2019, as condições eram propícias à primeira convocação de uma greve geral feminista. Já mencionamos como essa convocação para uma greve pretendeu ir além da concepção estreita que reduz as greves a paralisações legais no contexto do emprego formal, de modo a abrir espaço para o trabalho doméstico não remunerado, bem como para os empregos informais e precários. A heterogeneidade das formas de trabalho exige, naturalmente, heterogeneidade nas formas de participação na greve. É igualmente bastante óbvio que a convocação proponha "100 maneiras de participar da greve geral feminista", visando a um amplo repertório de ações de protesto: desde a organização de espaços coletivos para o trabalho de cuidado, como cozinhas comunitárias e creches, até a greve dos trabalhadores e dos consumidores, passando pela intervenção artística no espaço público.[103]

O colossal trabalho de preparação que garantiu o sucesso da greve foi realizado independentemente dos partidos. Como escreve Daniela Schröder:

> Sem ingenuidade em relação à resistência gerada até mesmo dentro dos movimentos sociais e partidos políticos de esquerda, a tarefa para a qual estávamos convocando era a de *transversalizar o feminismo* contra a precarização da vida até que se tornasse um horizonte comum para o qual marchássemos juntas.[104]

Desde esse primeiro ano, a convocação para uma greve geral ganhou a adesão de confederações de trabalhadoras da saúde pública, de professoras, de empregadas domésticas, de funcionárias públicas e outras. Nas ruas, a marcha foi genuinamente "histórica", como a Brigada Laura Rodig, um coletivo de intervenção artística e propaganda, escreveu na calçada do que seria renomeado em outubro como Plaza de la Dignidad.[105]

Poucos meses depois, a revolta deu origem a uma verdadeira reinvenção da política. Nas praças das pequenas cidades, nas ruas e nos bairros, ela se tornou um assunto de todos, "algo que abriu espaço para imaginar outra vida possível", e não o monopólio de uma burocracia arcaica.[106] Foi em um cenário de crescente repressão dos protestos populares que o coletivo Las Tesis, sediado em Valparaíso, apresentou pela primeira vez, em 25 de novembro, a *performance Un violador en tu camino* (Um estuprador em seu caminho),[107] que, em uma semana, se tornou um hino feminista em todo o mundo. Foi nesse mesmo contexto que o movimento feminista se religou às lutas travadas pelas mulheres contra a ditadura. No Encuentro Plurinacional de Las y Les que Luchan (Encontro Plurinacional Daquelas e Daqueles que Lutam) desse ano, as feministas decidiram ficar na linha de frente contra o terrorismo de Estado:

> Assim como nas lutas das décadas de 1970 e 1980, o movimento feminista e o movimento de direitos humanos (formado, por sua vez, majoritariamente por mulheres) desenvolveram um estreito vínculo de solidariedade. A partir desse momento de encontro e deliberação política coletiva, surgiu um acordo, bem como um apelo que ainda é válido hoje: apoiar com todas as nossas forças a organização e a mobilização contra a precarização da vida; exigir o julgamento e a punição dos responsáveis diretos e dos responsáveis políticos pelas violações dos direitos humanos; pressionar pela criação de uma Comissão da Verdade, Justiça e Reparação para tratar desses fatos; e lutar pela liberdade dos presos políticos, pessoas que supostamente cometeram crimes no contexto da revolta e que até hoje – mais de dois anos depois – continuam em prisão preventiva.[108]

Aqui, mais uma vez, podemos ver que o processo de universalização do feminismo, longe de se reduzir a uma retomada dos temas das décadas de 1970-1980, opera expandindo-se para além de um campo de conflito puramente setorial. A universalização não consiste em uma *extensão do mesmo*, mas em uma retomada que também é uma *transformação*. Karina Nohales, porta-voz do CF8M, traduz perfeitamente o que as feministas chamam de "orientação transversal do feminismo no movimento social", contrastando-a com a tendência a confinar o feminismo a um lugar específico. Referindo-se à demanda pelo direito a moradia como uma demanda histórica dos sem-teto, ela ressalta que esse direito, conforme repensado pelas feministas, também inclui abrigos para pessoas que sofrem violência de gênero. Ela acrescenta:

> Quero dizer que essa transversalidade não significa apenas assumir demandas que existem há muito tempo nos setores da classe trabalhadora, mas também saturar e repensar cada uma dessas demandas em termos de sua dimensão, seu impacto, seu escopo de sexo e gênero.[109]

O MOVIMENTO ESTUDANTIL POR UMA "EDUCAÇÃO PÚBLICA, GRATUITA E DE QUALIDADE"

> *Quando o movimento estudantil exige "educação gratuita para todos", o que ele está reivindicando, no fundo, são direitos universais e, portanto, uma nova forma de cidadania e uma nova forma de Estado.*
>
> Francisco Figueroa.[110]

2001-2011:[111] para o movimento estudantil, essa foi uma década de politização durante a qual suas demandas extrapolaram seu escopo corporativo inicial para se estender a todos os setores da sociedade. A mobilização de 2001, autoproclamada *Mochilazo*,[112] marcou o início das manifestações dos estudantes secundaristas no Chile, dez anos depois do início da transição. Ao contrário dos movimentos mapuche e feminista, o movimento estudantil existe há pouquíssimo tempo – como movimento autônomo, começou apenas em 2001. Nesse ano, os *flash mobs* (mobilizações espontâneas) tinham o objetivo de protestar contra o enfraquecimento dos benefícios concedidos aos estudantes, como as tarifas de transporte subsidiadas pelo Estado. Em 9 de abril, é deflagrada uma greve de estudantes de ensino médio que contou com a participação de 80% dos estudantes da região de Santiago. Ao longo do dia, houve vários confrontos com os *carabineros*.

O INÍCIO DE UM PROCESSO DE POLITIZAÇÃO (2001-2006)

O que caracterizou essa mobilização foram as formas de organização (assembleias e coordenações) usadas para debater e tomar decisões. Na época, as principais organizações estudantis eram a Federación de Estudiantes Secundarios de Santiago (Feses), não vinculada formalmente às Juventudes Comunistas, mas na qual os jovens comunistas eram maioria, e a novíssima Asamblea Coordinadora de Estudiantes Secundarios (Aces), criada como uma organização paralela, em oposição ao PC. Essas associações possibilitaram a formação de líderes do movimento estudantil fora das formas de organização política estabelecidas pelos governos de transição e a intervenção em conflitos sociais nos quais os próprios estudantes secundaristas estavam envolvidos.

Quatro anos mais tarde, em 2005, no contexto das mobilizações contra a Lei de Financiamento,[113] os protestos estudantis se avolumaram. Enquanto, em 2001, os secundaristas estavam na vanguarda, dessa vez foram os estudantes das universidades públicas que iniciaram o movimento, sendo depois seguidos pelos estudantes de ensino médio. As ações assumiram a forma de uma paralisação das atividades e de uma tomada dos *campi* pelos estudantes. Estes decidiram apelar ao presidente da República, Ricardo Lagos Escobar, para que vetasse a lei aprovada pelo Congresso.[114]

O movimento começou no início de maio, quando o novo sistema de financiamento privado para o ensino superior chileno entrou em vigor, e durou até 13 de junho de 2005, quando uma "solução política" (na forma tipicamente concertacionista de uma comissão de especialistas) foi implementada com a mediação dos partidos políticos e do ministro da Educação, Sergio Bitar. Após um mês de manifestações, ocupações, greves e uma enxurrada de produções gráficas, os estudantes encerraram a ocupação da universidade. A Federación de Estudiantes de la Universidad de Chile (Fech)[115] apresentou-se como a organizadora das ocupações e manifestações, e os estudantes tiveram sua primeira experiência política com o sistema da Concertação.

A "Revolución de los Pingüinos" (2006)

Em 2006, a "Revolución de los Pingüinos" (Revolução dos Pinguins)[116] foi a primeira mobilização estudantil em massa liderada por estudantes de ensino médio no Chile a favor do direito à educação, contra a privatização da educação. Essas mobilizações ocorreram principalmente entre abril e junho, com uma segunda onda, mais fraca, em setembro e outubro do mesmo ano. No auge da revolta, mais de 400 escolas de ensino médio foram paralisadas.[117]

No decorrer desse novo movimento, as reivindicações dos estudantes foram ampliadas para incluir todo o sistema de financiamento do ensino médio. Suas principais exigências eram as seguintes:

1) Revogação da Ley Orgánica Constitucional de Enseñanza (Loce),[118] que estabelece, entre outras coisas, que o papel do Estado na educação se reduz ao de regulador.[119] Essa lei delega a responsabilidade pela educação a empresas privadas. Por outro lado, a Loce praticamente não regulamenta a criação de estabelecimentos de ensino, com exceção de alguns requisitos mínimos: ela garante a "liberdade de ensino", permitindo que entidades privadas criem estabelecimentos de ensino superior. Além da Loce, os estudantes também exigem a revogação do decreto n. 524, de 1990, que regulamenta os grêmios estudantis (*centros de alumnos*) e permite que o Estado os dissolva a qualquer momento.

2) O fim da municipalização da educação, segundo a qual o financiamento de escolas secundárias e primárias compete às prefeituras, o que desfavorece as escolas em bairros pobres e incentiva a concorrência entre escolas, uma vez que as escolas em bairros nobres podem atrair alunos de outras prefeituras.

3) Revisão da duração da jornada escolar integral (que foi ampliada em 1997 por meio de uma reforma intitulada Jornada Escolar Integral): os estudantes reivindicam que sejam acrescentadas oficinas e atividades extracurriculares, em vez de aumentar o número de horas de aula sem injetar os recursos necessários para isso.

4) Gratuidade da Prueba de Selección Universitaria (PSU), que corresponde ao vestibular.

5) Gratuidade de transporte para os estudantes.

Em abril de 2006, as autoridades anunciaram o aumento das taxas de inscrição da PSU, que já custavam cerca de 19 mil pesos chilenos (o que equivale a 30 euros atualmente), tendo como pretexto o custo da organização do exame. Os protestos desencadeados por esse anúncio começaram na sexta-feira, 26 de maio, com ações coordenadas em mais de cem escolas de ensino médio, antes da greve nacional de estudantes convocada para a terça-feira, 30 de maio. Nesse dia, mais de 600 mil estudantes foram às ruas. Foi a maior manifestação estudantil da história do Chile desde o retorno à democracia.

As várias manifestações que ocorreram foram então reprimidas pelos *carabineros* com um nível de violência cujas imagens transmitidas pela mídia chocaram o público. Por fim, as marchas, assembleias e negociações com o governo permitiram que os estudantes martelassem sua reivindicação de gratuidade da PSU e de uma reorganização da jornada escolar. Depois de semanas de intenso confronto e pouco progresso nas negociações, o movimento do ensino médio cresceu, principalmente depois da oferta de descontos por parte do governo e de seus constantes esforços para criminalizar os manifestantes.

O ministro da Educação se reuniu apenas com os líderes estudantis que defendiam a mobilização pacífica, excluindo a Feses. Mas, no dia seguinte, os líderes da Aces expressaram seu desacordo com as propostas do ministro e convocaram outro dia de greve nacional.

Os estudantes secundaristas buscaram o apoio ativo de outros grupos sociais e, nos dias que se seguiram, a Confederación de Estudiantes de Chile (Confech), o Colegio de Profesores de Chile (Colégio de Professores do Chile) e a Confederación Nacional de los Trabajadores de la Salud (Confederação Nacional dos Trabalhadores da Saúde) convocaram uma greve geral nacional. O governo respondeu à extensão da mobilização comparando o custo da reforma exigida pelos alunos de ensino médio com o custo do investimento estatal em moradias sociais ou creches, para denunciar a natureza "exorbitante" das exigências. Acusados de "incompreensão" e "desrespeito", os secundaristas em greve acabaram dando sinais de exaustão e, na segunda semana de julho, a maioria deles se retirou do movimento.

Em que consiste a novidade do movimento de 2006?

A primeira característica da "Revolución Pingüina" foi o alto grau de organização que prevaleceu durante toda a mobilização. Inicialmente, a liderança da Aces reunia as lideranças das organizações secundaristas das escolas do centro da capital, mas, com o passar dos dias, outras escolas se juntaram a elas. As assembleias começaram a se formar em nível regional e, juntamente com a região metropolitana, formaram a Asamblea Nacional de Estudiantes Secundarios (Assembleia Nacional de Estudantes Secundaristas). Diferentemente das mobilizações anteriores, em que havia grandes diferenças de opinião entre as escolas – principalmente entre as do centro de Santiago, as da periferia da cidade e as das regiões –, o movimento de 2006 mostrou grande coesão.

Em segundo lugar, o movimento também se distingue por sua diversidade política, conforme evidenciado pela ampla gama de tendências entre os partidos políticos representados pelas lideranças estudantis. Alguns porta-vozes eram membros das Juventudes Comunistas, outros, da Juventude Socialista do Chile, ligada ao partido do governo (o PS), e outros atores importantes eram ligados à direita, como o presidente da organização estudantil do Instituto Nacional, que era membro da UDI.

Em terceiro lugar, a "Revolución Pingüina" deixou sua marca na história dos movimentos sociais por conta das redes de solidariedade que soube construir. A mobilização foi baseada na autonomia, na auto-organização em rede e na autogestão, em alguns casos com motivações anarquistas. Vários comitês, que eram organizados com base em uma assembleia, tinham funções específicas, como segurança, limpeza, alimentação, informações e assim por diante. Diferentemente do que se poderia pensar, não houve vandalismo ou danos materiais na maioria das escolas. Pelo contrário, muitos secundaristas que ocuparam suas escolas aproveitaram a oportunidade para melhorar as infraestruturas, executando trabalhos de manutenção e pintura. A tendência predominante era dispensar qualquer forma de direção, livrar-se do controle de qualquer partido político e operar da forma mais horizontal possível, o que acabou por incentivar o surgimento de lideranças que se diziam de uma esquerda não partidária.

O principal efeito das mobilizações de 2006 foi inserir a necessidade de uma reforma geral da educação chilena no debate público, indo além do corporativismo, para chegar a uma unidade nacional e, finalmente, à emergência de um movimento estudantil subjetivamente experimentado na alegria coletiva de estar junto e agir em conjunto.

O movimento também marcou um ponto de virada para o governo de Michelle Bachelet, que assumira o cargo menos de dois meses antes do início dos protestos. A falta de coordenação entre os vários secretários de Estado levou a uma remodelação ministerial antes do centésimo dia de governo: em meados de julho, os ministros mais criticados por sua má gestão dos protestos estudantis foram substituídos.

O decisivo é que esses eventos lançam luz sobre os métodos da Concertação: de um lado, a extrema violência da repressão policial e, de outro, uma aparente escuta que resultaria apenas em uma simples mudança de nome. Assim, a Loce virou a Lei Geral de Educação, decretada durante uma encenação, uma cerimônia de "mãos levantadas" para celebrar o acordo, com estudantes ao fundo, para lhe conferir uma aparência de legitimidade.[120] Essa amarga experiência com a Concertação determinou a relação entre o movimento estudantil, os partidos políticos e as instituições nos anos seguintes.[121]

O MOVIMENTO UNIVERSITÁRIO DE 2011

As sequelas deixadas por essa experiência podem ser constatadas no movimento de 2011. Notável por seu alcance (centenas de milhares de pessoas mobilizadas) e sua longevidade (de maio a outubro), bem como pelo apoio constante que recebeu de amplos setores da sociedade, esse movimento deve seu dinamismo e sua potência à sua capacidade de transformar a questão estudantil "em uma alavanca para uma transformação social mais geral baseada no reconhecimento de direitos sociais para todos": "A simples demanda de promoção da escola pública foi transformada em uma reflexão mais complexa e crítica sobre o lucro e a afirmação do direito à educação gratuita e de qualidade para todos".[122] Foi essa transformação que selou a aliança entre alunos de escolas públicas e particulares. Assim, os alunos de uma universidade particular, a Universidade Central do Chile, que se opunham à venda de seus prédios universitários a investidores privados, pediram o apoio de todos os estudantes. A aliança entre esses dois grupos foi teorizada pelo líder estudantil Giorgio Jackson da seguinte forma:

> Por um lado, queríamos despertar um senso de responsabilidade entre os "privilegiados" do sistema educacional; por outro, queríamos despertar um senso coletivo de ação entre os estudantes que estavam enfrentando enormes dificuldades econômicas. Nossa esperança era de que os dois grupos se unissem em um discurso comum.[123]

Em 12 de maio de 2011, a manifestação nacional convocada pela Confech, que reuniu mais de 15 mil estudantes em Santiago, marcou o início real do movimento. Essa ação ocorreu alguns dias antes da prestação de contas pública anual do presidente, em 21 de maio, e tinha como objetivo pressionar quaisquer anúncios que Piñera estivesse planejando fazer. Em 1º de junho, foram organizadas uma greve nacional e uma passeata que reuniu cerca de 20 mil estudantes na capital, além de representantes da Agrupación Nacional de Empleados Fiscales (Associação Nacional de Funcionários Públicos), do Colegio de Profesores de Chile e dos reitores das universidades de Santiago. Em 3 de junho de 2011, cerca de 17 universidades foram mobilizadas. Ao mesmo tempo, as escolas secundárias começaram a ser "invadidas" por seus alunos: em 7 de junho, foram ocupadas escolas secundárias em Santiago e Concepción. Em apenas dois dias, o número de escolas secundárias ocupadas em todo o país quintuplicou e continuou a aumentar.

Em 11 de junho, estudantes secundaristas e universitários anunciaram uma "radicalização" do movimento, e duas manifestações foram convocadas para a semana seguinte. A primeira ocorreu na quarta-feira, 15 de junho, com a participação de estudantes de ensino médio e trabalhadores em greve da mina El Teniente, de propriedade da empresa estatal Codelco. A marcha contou com a participação de sete mil pessoas e chegou ao parque Almagro, onde ocorreram tumultos e confrontos com *carabineros*. A segunda marcha dessa semana foi convocada para o dia seguinte pela Confech e pelo Colegio de Profesores de Chile. Somente na capital, Santiago, foram estimados entre 80 mil e 100 mil manifestantes, enquanto em todo o país houve cerca de 200 mil, dos quais 15 mil em Valparaíso e 9 mil em Concepción. Algumas universidades particulares aderiram ao movimento. A terceira manifestação de junho ocorreu na quinta-feira, dia 23, no centro de Santiago, convocada por estudantes de ensino médio, e atraiu cerca de 20 mil pessoas. A Confech lançou uma nova convocação para mobilização nacional em 30 de junho. Em Santiago, várias fontes contabilizaram mais de 100 mil manifestantes, e a organização estimou esse número em mais de 200 mil. A mobilização se espalhou por várias cidades, alcançando, de acordo com os organizadores, 400 mil manifestantes em todo o país.

No mesmo dia, algumas horas após a manifestação, estudantes universitários invadiram os escritórios do PS e da UDI, ocupando-os temporariamente para exigir uma declaração da classe política sobre suas demandas. Duas semanas antes, estudantes da Universidade do Chile e da Universidade Central do Chile já haviam ocupado a sede da DC em Santiago a fim de protestar contra a "incoerência" do discurso desse partido político, que dizia defender a educação pública, mas continuava a lucrar com certos negócios em curso em universidades privadas. A desconfiança em relação aos grandes partidos políticos, especialmente os da Concertação, não poupa ninguém.

Confronto com o governo

Em 5 de julho, o presidente Piñera anunciou as reformas que seriam implementadas na tentativa de atender às demandas dos estudantes. Elas se concentravam principalmente no Gran Acuerdo Nacional de la Educación (Gane) e no Fondo por la Educación (Fundo para a Educação), que consistia em um fundo de 4 bilhões de dólares. Piñera noticiou ainda a criação da Subsecretaria de Educação e da Superintendência de Ensino Superior, responsável por garantir que as universidades não tivessem fins lucrativos. Comunicou também que lançaria um debate sobre o lucro no ensino superior, ao mesmo tempo que afirmou que a nacionalização da educação seria "um erro grave que afeta profundamente a qualidade e a liberdade da educação". Todas essas reformas, em especial o aumento do número de bolsistas, o subsídio das taxas de juros dos empréstimos estudantis e a criação de uma agência reguladora, visavam "oferecer soluções práticas aos estudantes da rede privada para melhor isolar os estudantes da Confech que se recusavam a entrar em negociações". Entretanto, obteve-se o resultado oposto: "A recusa dos estudantes em se contentar com uma adaptação do modelo existente levou a um novo aumento de escala da mobilização social".[124]

Os anúncios foram recebidos com severas críticas pelos estudantes. Camila Vallejo, presidente da Fech, disse que o discurso fora "uma grande decepção e um passo para trás", ressaltando que a abordagem proposta de lucro na educação (proibida por lei, mas difundida em muitas instituições) violava o Estado de direito. Além disso, Vallejo lamentou o fato de o governo ter se recusado a atender à principal reivindicação dos estudantes, a desmunicipalização. As principais organizações estudantis criaram um comitê alternativo para atuar como contrapeso ao Gane: a Confech lançou o Gran Acuerdo Social por la Educación (Grande Acordo Social pela Educação). Poucos dias depois, ele era apoiado por federações de microempresários, de *pobladores*, de trabalhadores do cobre, de funcionários de universidades, de estudantes mapuches, entre outras.

Apesar das advertências do prefeito de Santiago, uma nova manifestação foi convocada para 14 de julho a fim de expressar a rejeição às propostas do governo. Os estudantes se recusaram a aceitar a alteração de rota imposta pelo gabinete do prefeito e convocaram uma manifestação para a Plaza Baquedano. Os cartazes e faixas diziam: "A luta é de toda a sociedade: todos pela educação gratuita" e "A educação não cabe no seu Moneda". Quase cem mil pessoas participaram da manifestação em Santiago, sem contar os milhares que se manifestaram em outras cidades.

Como o movimento continuou, em 18 de julho o presidente Piñera realizou uma grande reformulação do gabinete, incluindo a substituição de Joaquín Lavín por Felipe Bulnes no Ministério da Educação. Embora não visse a saída de Lavín como uma vitória das mobilizações, Camila Vallejo a descreveu como "um passo à frente [que] responde a uma necessidade".[125] No dia seguinte, Bulnes pediu aos estudantes que parassem com as greves e manifestações, dizendo que era "hora de sentar e trabalhar para construir as soluções das quais o país [necessitava] com as diferentes forças políticas e a contribuição deles".[126] O presidente Piñera, que estava ao lado dele em seu primeiro discurso como ministro da Educação, não hesitou em afirmar que "a educação é um bem de consumo",[127] rejeitando a ideia de um "Estado docente", opondo-a à ideia de uma "sociedade docente".

Em 1º de agosto, o ministro Bulnes divulgou o documento "Políticas y Propuestas de Acción para el Desarrollo de la Educación Chilena" (Políticas e Propostas de Ação para o Desenvolvimento da Educação Chilena), contendo 21 medidas, entre elas a desmunicipalização da educação pública e a reformulação do sistema de bolsas e crédito para o ensino superior, além de outras já anunciadas pelo governo, como a criação de uma superintendência de ensino superior, o que ainda estava longe da educação pública, gratuita e de qualidade que os estudantes exigiam. Poucas horas depois, numerosas barricadas foram erguidas em várias partes de Santiago, e as demonstrações de descontentamento e insatisfação continuaram durante todo o dia 2 de agosto, principalmente por iniciativa de estudantes de ensino médio.

A NOITE INSURRETA DE 4 DE AGOSTO E A GREVE NACIONAL DE 9 DE AGOSTO

Onze federações de estudantes universitários rejeitaram o documento apresentado pelo ministro Bulnes. Duas marchas foram convocadas para 4 de agosto, uma pela manhã, por alunos de ensino médio, e outra à tarde, por estudantes universitários que não haviam recebido autorização. No dia planejado, barricadas foram erguidas ao amanhecer nas ruas de Santiago, e os *carabineros* tiveram que intervir para restaurar o fluxo de tráfego. Nenhuma das duas marchas planejadas foi realizada, pois os *carabineros* reprimiam duramente os estudantes que chegavam à Plaza Baquedano, com canhões de água e gás lacrimogêneo.[128] Além disso, os seguranças do metrô de Santiago impediram alguns estudantes de chegar aos locais de manifestação. A Confech pediu, então, ao governo que apresentasse uma nova proposta no prazo de seis dias, o que o governo se recusou a fazer.

A presidente da Fech, Camila Vallejo, convocou um *cacerolazo* na noite de 4 de agosto a fim de denunciar as ações da polícia. Ao longo do dia, 874 pessoas foram presas, muitas ficaram feridas, inclusive policiais, e, no contexto da crise de crédito, uma grande loja de varejo foi saqueada e incendiada. Em um comunicado à imprensa, a Comissão Interamericana de Direitos Humanos expressou sua preocupação com os eventos de 4 de agosto e com a forma com que o Estado chileno atropelou certos direitos fundamentais, incluindo o direito de expressão, reunião e manifestação.

Em 9 de agosto, a Confech e o Colegio de Profesores de Chile convocaram uma greve nacional pela educação, apoiada por diversos atores sociais e sindicais, tais como a Confederación de Trabajadores del Cobre (Confederação dos Trabalhadores do Cobre), a CUT, a Anef e 42 outras organizações sociais. Em Santiago, 150 mil pessoas participaram da marcha, de acordo com os organizadores. Houve 396 prisões, e 55 policiais ficaram feridos. O apoio da população chilena ao movimento estudantil continuou a crescer, chegando a 82%, de acordo com algumas pesquisas.[129]

Em 18 de agosto, outra marcha foi realizada nas ruas de Santiago, Concepción, Valparaíso e outras cidades. Na capital, a marcha atraiu mais de 100 mil pessoas, apesar do mau tempo, o que lhe valeu o apelido de "Marcha dos Guarda-Chuvas" – 15 mil pessoas se manifestaram em Concepción, 10 mil, em Valparaíso e Temuco e 3.500, em Valdivia. Embora não tenham ocorrido incidentes graves, o presidente Piñera condenou veementemente as manifestações.

No domingo, 21 de agosto, foi realizada uma marcha das famílias no parque O'Higgins, em Santiago. Mais conhecida como a "Marcha dos Redemoinhos" devido ao forte vento que se somou à chuva, a manifestação contou com *shows* de vários grupos famosos, como Los Tres, Sol y Lluvia, Inti-Illimani e Illapu, que terminaram com uma versão da famosa canção "El pueblo unido jamás será vencido", cantada por vários dos músicos convidados. Os participantes lotaram a elipse central do parque, superando as expectativas dos organizadores, que eram de um milhão de pessoas durante todo o dia. As últimas manifestações *puramente* estudantis ocorreram nesse 21 de agosto.

A GREVE GERAL DE 24 E 25 DE AGOSTO: A ADESÃO DOS TRABALHADORES

A CUT convocou uma greve geral nacional para 24 e 25 de agosto. A manifestação, destinada a apoiar as reivindicações dos estudantes e as do próprio movimento sindical, contou também com o apoio da Concertação, mas foi severamente criticada pela aliança governista, que acusou a oposição de "exploração política". O presidente da UDI, Juan Antonio Coloma Correa, acusou a greve de visar "mudar a Constituição e as leis" e dividir o país.

O dia 24 de agosto foi marcado por vários incidentes nas principais cidades do país. Houve algumas barricadas e confrontos ocasionais em Santiago. Situações semelhantes ocorreram em Concepción, Valparaíso e Temuco. O governo apressou-se em qualificar a greve como um "fracasso", o que foi refutado por líderes da CUT, que declararam que a situação no país era tudo, menos "normal". Durante a noite, houve vários focos de violência, inclusive contra algumas delegacias de polícia, e lojas foram saqueadas. Pelo menos três *carabineros* foram feridos. No dia 25, lançou-se nova convocação para a manifestação, que teve a adesão de trabalhadores e estudantes. Em Santiago, quatro manifestações convergiram para perto da estação de metrô República. O lema "Justiça social para o nosso povo já" foi amplamente adotado. Os organizadores estimaram em 400 mil o número total de manifestantes em todo o país. À noite, outros atos de violência foram registrados em várias partes do país. De acordo com o governo, 1.394 pessoas foram presas durante os três dias de motim (23 a 25), 153 *carabineros* e 53 civis ficaram feridos.

Na noite do dia 25, Manuel Eliseo Gutiérrez Reinoso, um estudante de 16 anos, foi morto no município de Santiago de Macul enquanto fazia uma trilha com seu irmão deficiente e um amigo. De acordo com o testemunho de seu irmão, os três meninos estavam assistindo a um *cacerolazo* quando o copiloto de uma viatura de polícia atirou contra eles. Em 29 de agosto, após um longo período de negação, os *carabineros* finalmente admitiram que o suboficial Miguel Millacura havia disparado, supostamente para o alto, uma submetralhadora, que em seguida escondera na área onde Gutiérrez havia morrido. Millacura foi demitido, junto com outros três oficiais. O ministro Rodrigo Hinzpeter anunciou que também havia decidido pedir a aposentadoria do general Sergio Gajardo, subchefe de polícia da zona metropolitana, que havia descartado o envolvimento da polícia no incidente. Poucas horas depois, o promotor encarregado do caso anunciou que os testes de balística tinham confirmado que a bala que atingira Gutiérrez de fato saíra da arma de Millacura. A investigação, transferida para o gabinete da procuradoria militar, revelou posteriormente que um segundo policial também havia disparado na ocasião.

Após a greve nacional, a partir de 26 de agosto, o presidente Piñera convocou os estudantes para uma negociação. Representantes da Confech, da Coordinadora Nacional de Estudiantes Secundarios (Coordenação Nacional dos Estudantes Secundaristas), do Colegio de Profesores de Chile e do

Consejo de Rectores de las Universidades Chilenas (Conselho de Reitores das Universidades Chilenas) concordaram em participar de uma reunião em 3 de setembro no La Moneda com o presidente Piñera e o ministro Bulnes. Dois dias depois, o ministro da Educação se limitou a apresentar uma agenda de três semanas com questões a serem discutidas em uma mesa-redonda, proposta rejeitada pelos estudantes. Em 12 de setembro, a Confech estabeleceu condições para toda e qualquer negociação: acabar com os projetos de lei sobre educação enviados pelo Executivo ao Congresso, adiar a data de concessão de bolsas e crédito para o final do primeiro semestre, transmitir as mesas-redondas pela televisão ou *on-line* e não conceder nenhum subsídio às universidades com fins lucrativos. Diante da recusa do governo, a Confech e o Colegio de Profesores convocaram uma nova greve de um dia para a quinta-feira, 22 de setembro. A convocação dos estudantes ocorreu em meio a rumores de desgaste do movimento e conflitos internos na Confech entre "moderados" e "radicais".

Em 22 de setembro, a manifestação começou em frente à Universidade de Santiago do Chile, ocupando as duas pistas da Alameda até a rua Manuel Rodríguez e culminando em um evento central no parque Almagro, com a participação de vários artistas. A despeito dos rumores, a marcha atraiu cerca de 180 mil pessoas, de acordo com os organizadores, surpreendendo tanto os estudantes quanto as autoridades. Camila Vallejo enfatizou: "essa manifestação e as que virão não estão condicionadas ao diálogo com o governo", ao mesmo tempo que conclamou o Executivo a sentar e conversar. O ministro Andrés Chadwick, na qualidade de porta-voz do La Moneda, declarou que aquela era "a 35ª marcha do movimento estudantil [e que] uma marcha a mais ou a menos, maior ou menor, não vai mudar a questão". A última greve nacional ocorreu em 18 e 19 de outubro. O movimento foi, finalmente, vencido pelo cansaço.

UMA ADMIRÁVEL INVENTIVIDADE NOS ESTILOS DE MANIFESTAÇÃO

Como foi corretamente apontado, os estudantes conseguiram "obter o apoio de importantes formadores de opinião na mídia, que foram conquistados tanto pela inventividade dos estilos de manifestação quanto pelas teses defendidas". No que diz respeito às teses, foi "a simples tese de que a prática do lucro na educação ameaçava os direitos sociais fundamentais que conquistou a adesão da maioria das pessoas".[130] No que se refere às manifestações, deve-se primeiro observar que, entre maio e outubro de 2011, o movimento estudantil conseguiu organizar mais de 250 eventos de protesto.[131] Mas a inventividade no estilo das manifestações se desenvolveu especialmente quando o governo, após repetidos incidentes de violência, ameaçou proibi-las. Vários grupos desenvolveram, então, formas *alternativas* de ampliar o movimento sem convocar manifestações em massa. Em 23 de junho, para marcar o segundo aniversário da morte do cantor estado-unidense Michael Jackson, três mil estudantes participaram de um *flash mob* em frente ao La Moneda, usando a coreografia do videoclipe de "Thriller", como forma de dramatizar o estado morto-vivo da educação pública chilena. Alguns dias depois, milhares de estudantes organizaram um suicídio simbólico no Paseo Ahumada e em outros pontos estratégicos do país. Em todos esses casos, as redes sociais foram fundamentais para promover e articular essas ações, assim como foram decisivas para desencadear a Primavera Árabe no início desse mesmo ano.

Mais significativa, em função de seu conteúdo político, foi uma manifestação chamada "1.800 horas por la educación" (1.800 horas pela educação), organizada em volta do La Moneda, durante a qual várias pessoas correram pelas ruas do entorno por 1.800 horas consecutivas (o equivalente a 75 dias), como uma forma pacífica de sensibilizar os passantes para as demandas dos estudantes. A iniciativa, lançada por estudantes de teatro da Universidade do Chile, começou às 13h30 do dia 13 de junho e terminou às 14h30 do dia 27 de agosto. O número 1.800 refere-se aos 1.800.000 dólares que seriam necessários para financiar a educação de 300 mil alunos em um ano (praticamente todos os alunos das universidades tradicionais). O exemplo foi imitado, tendo sido realizados percursos paralelos em outras cidades do país.

Outras iniciativas dignas de nota incluem a criação do *site* YoDebo.cl por um grupo de estudantes de Engenharia Industrial da Universidade do Chile, no qual milhares de estudantes publicaram o valor de suas dívidas, a fim de sensibilizar um público mais amplo. Depois de dois meses, cerca de quatro mil estudantes registrados tinham acumulado 64,5 bilhões de pesos chilenos (cerca de 140 milhões de dólares). Houve também o "Gran concierto de 24 horas de música en defensa de la educación pública" (Grande concerto de 24 horas de música em defesa da educação pública), no qual universitários e estudantes do

Departamento de Música da Universidade do Chile tocaram ininterruptamente entre 30 de junho e 1º de julho. Alguns dias depois, em 6 de julho, milhares de pessoas se reuniram em diferentes partes do país para uma "Maratón de besos para la educación" (Maratona de beijos pela educação) em Santiago, mais de três mil pessoas se reuniram na Plaza de Armas para se beijar. Uma bandeira chilena gigante com o lema "Educação: livre, digna, gratuita" foi aberta no estádio San Juan del Bicentenario durante a partida entre as equipes chilena e mexicana na Copa América de 2011 na Argentina, imagens que a televisão e a imprensa chilenas tiveram o cuidado de não divulgar. Essa bandeira tornou-se um estandarte para várias manifestações em todo o país.

A EMERGÊNCIA DE "NOVOS EMPREENDEDORES POLÍTICOS" (2012-2017)

O fim do movimento estudantil não implicou, de forma alguma, um retorno ao *status quo* ou uma vitória da direita. Como escrevem Bruno Jobert e Inés Picazo Verdejo:

> Esse movimento se tornou um movimento social que contribuiu para a transformação do discurso político, para a modificação das alianças e das relações de poder na arena política e na prática de políticas públicas, bem como para o surgimento de um novo referencial global e setorial.[132]

A reorganização ocorreu, em primeiro lugar, nas próprias organizações estudantis. No final de outubro e início de novembro, os quadros executivos das federações de estudantes das principais universidades da Confech seriam renovados. Em 5 e 6 de dezembro de 2011, Gabriel Boric, da IA, foi eleito presidente da Fech, enquanto Camila Vallejo passou de presidente a vice-presidente.

Essa reorganização, contudo, mostrou logo seus efeitos no campo político profissional. Muitas lideranças estudantis de 2011 apostaram suas fichas na política institucional. Por exemplo, antes de se tornar ministro do Planejamento do governo de Boric em 2022, Gorgio Jackson participou, ao lado de outros porta-vozes do movimento estudantil, da fundação da Revolución Democrática (RD) em 2012.

Por ocasião das eleições parlamentares de 2013, quatro ex-líderes estudantis – inclusive Gabriel Boric – foram eleitos para o Parlamento, ocupando o que era conhecido como *bancada estudiantil*.[133] Como parte dos preparativos para essas eleições parlamentares, a IA foi estremecida por debates internos sobre a relação do partido com os movimentos sociais. A disputa opôs aqueles que defendiam a formação de um partido de massa capaz de fortalecer os movimentos sociais, com o objetivo de confrontar o Estado, e aqueles (incluindo Boric) que defendiam as teses de Ernesto Laclau sobre a heterogeneidade das demandas populares e consideravam o momento da tomada do poder como o instante decisivo ao qual o partido deveria subordinar tudo. O partido como movimento era, portanto, oposto ao partido como máquina eleitoral. O conflito entre essas duas correntes, entre "movimentistas" e "populistas", acirrou-se cada vez mais e levou, em 2016, à criação do CS, o partido de Boric. Em 2017, quando a FA foi criada com vistas às eleições presidenciais, essas duas correntes (IA e CS) se juntaram ao novo partido, juntamente com o RD. Nas eleições parlamentares do mesmo ano, a FA passou de 3 para 20 deputados. Esse salto para a política profissional acabou determinando uma nova atitude em relação às lutas sociais entre muitos ex-líderes estudantis: "As massas em luta começaram a ser percebidas como um público que apoiava ou rejeitava a política, mas que nunca a decidia ou determinava".[134]

Notas

[1] Francisco Figueroa. "Vicepresidente da FECH: 'Llegamos para quedarnos'". *Ciperchile*, 26 de agosto de 2011.

[2] Luis Thielemann Hernández. "Notas para la historia de un desencuentro en la revuelta: sobre alianzas sociales, izquierdas y una década de luchas sociales. Chile, 2011-2020". *Némesis*, n. 16, 2020.

[3] Idem.

[4] Idem.

[5] Em 11 de setembro de 2005, a escala das manifestações contra a ditadura por ocasião do aniversário do golpe de Estado de Pinochet surpreendeu os observadores internacionais. Ver Marie-Christine Doran. "Les effets politiques des luttes contre l'impunité au Chili: de la revitalisation de l'action collective à la démocratisation". *Revue Internationale de Politique Comparée*, vol. 17, n. 2, outubro de 2010, pp. 103 e 110.

[6] Esse movimento, que denunciou a "democracia sem justiça" dos três primeiros governos de transição, mostrou-se capaz de organizar uma greve geral nacional em 13 de agosto de 2003 da qual participaram, de acordo com a CUT, 60% dos trabalhadores do país.

[7] Esse nome é inspirado no da maior organização de direitos humanos do Chile, a Agrupación Nacional por los Derechos Humanos (Associação Nacional pelos Direitos Humanos).

[8] A mais importante dessas ocupações ocorreu em 1998 em Peñalolén (Santiago), onde se instala o acampamento "La voz de los sin casa" (A voz dos sem-teto), que reúne dez mil pessoas. A partir do início dos anos 2000, essas ações coletivas ganham visibilidade (ver Marie-Christine Doran. "Les effets politiques des luttes contre l'impunité au Chili: de la revitalisation de l'action collective à la démocratisation". *Revue Internationale de Politique Comparée*, vol. 17, n. 2, outubro de 2010, p. 123, nota 1).

[9] *Idem, ibidem*.

[10] Karina Nohales & Pablo Abufom Silva. "Chili: vers la Constitution du peuple?". *Contretemps*, 27 de julho de 2022.

[11] *Idem*.

[12] *Idem*.

[13] Com exceção de Aurora Delgado, líder sindical da saúde pública.

[14] Entenda-se não o balanço que a revolta teria feito, mas o balanço que a revolta *foi*.

[15] Depoimento de Lorenzo Kolümañ coletado por Tomas Guevara e Manuel Mañkelef no início do século XX, citado em Fabien Le Bonniec. "État de droit et droits indigènes dans le contexte d'une post-dictature: portrait de la criminalisation du mouvement mapuche dans un Chili démocratique". *Amnis*, n. 3, 2003. A independência do Chile, proclamada em 18 de setembro de 1810, efetiva-se somente em 1818.

[16] No domingo, 20 de novembro, o próprio Ministério do Interior declarou que um policial que havia participado da operação tinha apagado o vídeo gravado na ocasião. No final de janeiro de 2021, sete policiais e um advogado foram condenados pelo assassinato de Camilo Catrillanca, e o autor dos tiros foi condenado a 16 anos de prisão.

[17] No final de outubro de 2021, o governo de Piñera decidiu estender o estado de emergência por 15 dias e enviar dois mil soldados para as províncias de Biobío e Araucanía, onde as comunidades indígenas estavam exigindo a devolução de suas terras ancestrais. Como sempre, o governo justificou essa medida alegando uma luta contra o crime organizado, o tráfico de entorpecentes e o terrorismo.

[18] Jorge Pinto Rodríguez mostra como o Estado chileno foi formado pela exclusão do povo mapuche em seu livro *De la inclusión a la exclusión: la formación del Estado y la nación, y el pueblo mapuche*. Santiago, Instituto de Estudios Avanzados de la Universidad de Santiago de Chile, 2000 (Col. Idea).

[19] Convención Constitucional de Chile. *Propuesta de Constitución Política de la República de Chile*, cap. 1, art. 5.2, 2022. Grifo nosso.

[20] Com base na apresentação que Guillaume Boccara faz no início de seu artigo "The Mapuche people in post-dictatorship Chile". *Études Rurales*, n. 163-164, 2002, pp. 283-303.

[21] A vitória de Curalaba, conquistada pelos mapuches contra os espanhóis em 1598, encerra oficialmente o período de conquista do Chile, embora a expansão espanhola no Sul já viesse sendo freada desde a década de 1550.

[22] Sobre essa questão, ver Guillaume Boccara. *Guerre et ethnogenèse mapuche dans le Chili colonial. L'invention du soi*. Paris, L'Harmattan, 1999 (Col. Recherches Amériques Latines).

[23] Fabien Le Bonniec se refere a isso como "um instrumento inicial para legitimar a violência física e simbólica". "État de droit et droits indigènes dans le contexte d'une post-dictature: portrait de la criminalisation du mouvement mapuche dans un Chili démocratique". *Amnis*, n. 3, 2003, § 2.

[24] Guillaume Boccara & Ingrid Seguel-Boccara. "Políticas indígenas en Chile (siglos XIX--XX)". *Revista de Indias*, vol. 59, n. 217, 1999.

[25] André Menard. "Sobre el pinochetismo mapuche". *In*: Roberto Aceituno Morales & René Valenzuela (org.). *Golpe 1973-2013*, t. 2. Santiago, Ocho Libros, 2015, p. 239.

[26] Fabien Le Bonniec. "État de droit et droits indigènes dans le contexte d'une post-dictature: portrait de la criminalisation du mouvement mapuche dans un Chili démocratique". *Amnis*, n. 3, 2003, § 8.

[27] O termo *reducción*, que, em espanhol, desde o início do século XVII significa "convencer, persuadir ou comandar", designa as colônias criadas por governantes espanhóis e missionários católicos na América Latina: o objetivo era juntar os povos indígenas em aglomerações urbanas, para melhor controlá-los, organizar e explorar seu trabalho e convertê-los ao cristianismo. Após o fim da conquista da Araucanía, o termo foi usado mais precisamente para designar uma área territorial delimitada por um *título de merced*, um título de propriedade comunal emitido pelo Estado chileno entre 1883 e 1929, ou seja, aquilo que se convencionou chamar de "reserva" (consultar Anna Pomaro. "Une lutte mapuche? Histoire et chemins politiques des associations mapuche de Santiago". *Politika*, 25 de fevereiro de 2022, nota 8).

[28] Fabien Le Bonniec. "État de droit et droits indigènes dans le contexte d'une post-dictature: portrait de la criminalisation du mouvement mapuche dans un Chili démocratique". *Amnis*, n. 3, 2003, § 4.

[29] Leslie Cloud & Fabien Le Bonniec. "Entre logiques d'État et autochtonie: dynamiques de la territorialité mapuche à l'heure du droit à l'autodétermination des peuples autochtones". *QuAderns-e*, vol. 17, n. 1, 2012, p. 29.

[30] Pedro Canales Tapia. "La división de las tierras mapuche en la reducción Gallardo Tranamil, 1979-1985". *Diálogo Andino*, n. 61, 2020, p. 3. (O autor agradece a Esteban Radiszcz por lhe fornecer essa referência.)

[31] *Idem, ibidem*. Como na comunidade de Los Locolos, que tinha começado a recuperar terras da propriedade Chihuaihue.

[32] *Idem, ibidem*.

[33] Anna Pomaro. "Une lutte mapuche? Histoire et chemins politiques des associations mapuche de Santiago". *Politika*, 25 de fevereiro de 2022, § 18.

[34] *Idem*, § 19.

[35] *Idem*, § 20-24.

[36] Friedrich Ratzel. *Géographie politique*. Lausanne/Paris, Éditions Régionales Européennes/Economica, 1988 [1897].

[37] César Leyton. "Geopolítica y ciudad gueto: erradicaciones eugenésicas en la dictadura militar: Santiago de Chile 1973-1990". *In*: Roberto Aceituno Morales & René Valenzuela (org.). *Golpe 1973-2013*, vol. 2. Santiago, Ocho Libros, 2015 pp. 190-192, nota 14.

[38] *Idem*, pp. 194-195. De fato, essa foi uma constante na atitude do Exército chileno. Em um artigo intitulado "El último lugar del mapa" ("O último lugar do mapa"), publicado no *El Mundo* em 2 de novembro de 2001, Roberto Bolaño disse sobre a província de Neuquén, na Patagônia argentina, que "não só é a única província patagônica sem saída para o mar, mas também faz fronteira com o Chile, o que a transforma em uma espécie de Bolívia na imaginação geoestratégica dos militares chilenos, que são tão prussianos".

[39] César Leyton. "Geopolítica y ciudad gueto: erradicaciones eugenésicas en la dictadura militar: Santiago de Chile 1973-1990". *In*: Roberto Aceituno Morales & René Valenzuela (org.). *Golpe 1973-2013*. Santiago, Ocho Libros, 2015, p. 195.

[40] Decreto-lei n. 2.568, cap. 1, art. 1b, *apud* Guillaume Boccara. "The Mapuche people in post--dictatorship Chile". *Études Rurales*, n. 163-164, 2002, § 12.

[41] César Millahueique. "Pueblos originarios y dictadura". *In*: Roberto Aceituno Morales & René Valenzuela (org.). *Golpe 1973-2013*, t. 2. Santiago, Ocho Libros, 2015, pp. 243-244.

[42] *El Diario Austral*, 23 de agosto de 1978, *apud* Gerardo Zuñiga. *Modernité, tradition et politique. Le processus de constitution des territoires indigènes en Amérique latine (le cas des Mapuche au Chili)*. Dissertação DEA. Paris, Université de Paris III IHEAL, 1997 (Ver também Fabien Le Bonniec. "État de droit et droits indigènes dans le contexte d'une post-dictature: portrait de la criminalisation du mouvement mapuche dans un Chili démocratique". *Amnis*, n. 3, 2003, nota 5).

[43] Nessa obra, ele defende a necessidade de exterminar os inimigos internos do Estado e a ocupação das terras dos indígenas amazônicos para garantir os negócios das empresas locais e das transnacionais norte-americanas.

[44] César Leyton toma emprestado esse termo de Virilio: significa colonização interna, de territórios internos ao Estado, em oposição a territórios localizados no exterior.

[45] César Leyton. "Geopolítica y ciudad gueto: erradicaciones eugenésicas en la dictadura militar: Santiago de Chile 1973-1990". *In*: Roberto Aceituno Morales & René Valenzuela (org.). *Golpe 1973-2013*, t. 2. Santiago, Ocho Libros, 2015, p. 198.

[46] Pedro Canales Tapia. "La división de las tierras mapuche en la reducción Gallardo Tranamil, 1979-1985". *Diálogo Andino*, n. 61, 2020, p. 4.

[47] *Idem*, p. 6.

[48] *Idem, ibidem*. O termo *parceleros* designa os proprietários de lotes.

[49] Lotes de terra para uso agrícola.

[50] Fabien Le Bonniec. "État de droit et droits indigènes dans le contexte d'une post-dictature: portrait de la criminalisation du mouvement mapuche dans un Chili démocratique". *Amnis*, n. 3, 2003, § 9.

[51] Sobre esse ponto, ver Anna Pomaro. "Une lutte mapuche? Histoire et chemins politiques des associations mapuche de Santiago". *Politika*, 25 de fevereiro de 2022, § 27 e 28.

[52] *Idem*, § 31.

[53] Fabien Le Bonniec. "État de droit et droits indigènes dans le contexte d'une post-dictature: portrait de la criminalisation du mouvement mapuche dans un Chili démocratique". *Amnis*, n. 3, 2003, § 14-16.

[54] *Idem*, § 12.

[55] Guillaume Boccara. "The Mapuche people in post-dictatorship Chile". *Études Rurales*, n. 163-164, 2002, § 16.

[56] *Idem*, § 16-20.

[57] *Idem*, § 24.

[58] Jaime Massardo. "Cinq siècles d'expropriations et de résistances. Les Mapuches chiliens tués à petit feu". *Le Monde Diplomatique*, novembro de 1999, p. 20.

[59] Fabien Le Bonniec. "État de droit et droits indigènes dans le contexte d'une post-dictature: portrait de la criminalisation du mouvement mapuche dans un Chili démocratique". *Amnis*, n. 3, 2003, § 28.

[60] Paola Bolados García & Guillaume Boccara. "Du néolibéralisme multiculturel aux mobilisations post-multiculturelles". *Actuel Marx*, vol. 56, n. 2, janeiro de 2014, pp. 81-82.

[61] *Idem*, p. 84.

[62] Guillaume Boccara. "The Mapuche people in post-dictatorship Chile". *Études Rurales*, n. 163-164, 2002, § 40: exemplo disso é a recente criação de uma nova categoria de mapuches, a dos "mapuches urbanos", agora abertamente distinta da dos mapuches rurais.

[63] Anna Pomaro. "Une lutte mapuche? Histoire et chemins politiques des associations mapuche de Santiago". *Politika*, 25 de fevereiro de 2022, § 43-45.

[64] Ver introdução.

[65] Pedro de Valdivia, conquistador espanhol que funda a cidade de Santiago em 1541, antes de ser nomeado governador do Chile pelo rei espanhol Carlos V.

[66] Anna Pomaro. "Une lutte mapuche? Histoire et chemins politiques des associations mapuche de Santiago". *Politika*, 25 de fevereiro de 2022, § 46.

[67] Julieta Kirkwood. *Ser política en Chile. Las feministas y los partidos*. Santiago, LOM, 2010 [1982], p. 56 (Col. Investigación Sociológica).

[68] Tomamos emprestada essa imagem de afluentes de Daniela Schroder Babarovic. "Un feminismo contra la precarización de la vida: trayectorias y perspectivas ante el cambio de ciclo político en Chile". Instituto Tricontinental de Investigación Social, 19 de setembro de 2022, p. 8.

[69] Um dos *slogans* mais conhecidos do Outubro Chileno era: "O neoliberalismo morrerá onde nasceu".

[70] Armand Mattelart & Michèle Mattelart. *La mujer chilena en una nueva sociedad: un estudio exploratorio acerca la situación e imágen de la mujer en Chile*. Santiago, Editorial del Pacífico, 1968.

[71] Sobre todas essas organizações, ver Loreto Rebolledo. "Movimiento de mujeres. Movimento feminista en dictadura". *Al Sur de Todo*, n. 7, 2013, pp. 162-164.

[72] *Idem*, p. 164.

[73] *Idem*, p. 165; e Vicky Quevedo Méndez. "A Chile la falta feminismo". *In*: Roberto Aceituno Morales & René Valenzuela (org.). *Golpe 1973-2013*, t. 2. Santiago, Ocho Libros, 2015, p. 170.

[74] Loreto Rebolledo. "Movimiento de mujeres. Movimento feminista en dictadura". *Al Sur de Todo*, n. 7, 2013, p. 165.

[75] *Idem*, p. 166.

[76] No título de sua contribuição, Loreto Rebolledo se refere tanto ao "movimento de mulheres" quanto ao "movimento feminista", colocando um ponto entre as duas expressões.

[77] Loreto Rebolledo. "Movimiento de mujeres. Movimento feminista en dictadura". *Al Sur de Todo*, n. 7, 2013, p. 166.

[78] *Idem*, p. 163.

[79] Julieta Kirkwood. "Feminismo y participación política en Chile". Documento de trabalho n. 159. Santiago, Flacso, 1982, pp. 32-38.

[80] Esse foi o caso das "traduções em espanhol que chegaram ao Chile vindas da Argentina, graças às *miristas* [mulheres do MIR] argentinas que viviam no Chile". Ver Natalia Sánchez. *Trajectoires politiques des Chiliennes militantes du mouvement de la gauche révolutionnaire (MIR) exilées en France*. Dissertação de mestrado em Estudos de Gênero. Paris, Ehess, 2020, p. 34.

[81] Uma delas confidenciou a Natalia Sánchez: "[Foi] ali [na época da Operação Retorno] que comecei a encontrar minhas diferenças como mulher e como ativista", porque "você se dá conta de que sua palavra de mulher não vale muito e, mesmo para as tarefas, as decisões eram sempre tomadas por homens". Ver Natalia Sánchez. *Trajectoires politiques des Chiliennes militantes du mouvement de la gauche révolutionnaire (MIR) exilées en France*. Dissertação de mestrado em Estudos de Gênero. Paris, Ehess, 2020, p. 53.

[82] Loreto Rebolledo. "Movimiento de mujeres. Movimento feminista en dictadura". *Al Sur de Todo*, n. 7, 2013; e Vicky Quevedo Méndez. "A Chile la falta feminismo". *In*: Roberto Aceituno Morales & René Valenzuela (org.). *Golpe 1973-2013*, t. 2. Santiago, Ocho Libros, 2015, p. 167.

[83] Essa expressão se refere às salvaguardas institucionais criadas pela junta militar para limitar a ação do governo resultante das eleições (como o Banco Central, a super-representação dos partidos de direita, o Tribunal Constitucional etc.).

[84] *Apud* Marie-Christine Doran. "Les effets politiques des luttes contre l'impunité au Chili: de la revitalisation de l'action collective à la démocratisation". *Revue Internationale de Politique Comparée*, vol. 17, n. 2, outubro de 2010, p. 108.

[85] *Idem*, p. 111.

[86] *Idem*, p. 124.

[87] Meritxell Freixas. "A 5 años de la toma de la catedral: la historia de la primera marcha por el aborto libre, seguro y gratuito en Chile". *El Desconcierto*, 25 de julho de 2018.

[88] Nas palavras da antropóloga e feminista argentina Rita Segato. *L'écriture sur le corps des femmes de Ciudad Juárez*. Paris, Payot, 2021 [2013] (Col. Petite Bibliothèque Payot).

[89] Verónica Gago. *La puissance féministe. Ou le désir de tout changer*. Paris, Divergence, 2021 [2019], pp. 65-66.

[90] Entre outros países: Itália, Espanha, Brasil, Turquia, Peru, Estados Unidos, México, Chile.

[91] Daniela Schroder Babarovic. "Un feminismo contra la precarización de la vida: trayectorias y perspectivas ante el cambio de ciclo político en Chile". Instituto Tricontinental de Investigación Social, 19 de setembro de 2022.

[92] Matilde Ciolli. "Le mouvement de grève féministe transnational: l'organisation des femmes face à l'attaque néolibérale". Intervenção no Seminário Gena sobre Feminismo Internacional, 21 de outubro de 2021.

[93] Daniela Schroder Babarovic. "Un feminismo contra la precarización de la vida: trayectorias y perspectivas ante el cambio de ciclo político en Chile". Instituto Tricontinental de Investigación Social, 19 de setembro de 2022, p. 5.

[94] *Apud* Daniela Schroder Babarovic. "Un feminismo contra la precarización de la vida: trayectorias y perspectivas ante el cambio de ciclo político en Chile". Instituto Tricontinental de Investigación Social, 19 de setembro de 2022, p. 5. Grifo nosso. Os lemas "Vamos por todo" e "Queremos cambiarlo todo" das feministas espanholas dizem, com todas as letras, a respeito dessa ambição de uma transformação global e radical do mundo.

[95] Clara Han. *Life in Debt: Times of Care and Violence in Neoliberal Chile*. Oakland, University of California Press, 2012 (referência fornecida por Esteban Radiszcz).

[96] O endividamento das mulheres nos bairros da classe trabalhadora também é uma questão importante na Argentina, onde as mulheres que moram em *vilas* são as primeiras a se endividar como mães, até mesmo para fazer suas compras diárias. Ver Matilde Ciolli. "La natura patriarcale del debito e la sua critica femminista: ordine neoliberale e crisi della riproduzione sociale in Argentina". *Connessioni Precari*, 5 de abril de 2019.

[97] CF8M. "¡A la huelga compañeras! Apuntes de un proceso en curso". *La huelga general feminista ¡VA!: Historias de un proceso en curso*. Santiago, Tiempo Robado, 2021, p. 22.

[98] A quarta edição desse encontro foi realizada em 2022 com o nome de Encuentro Plurinacional de Mujeres y Disidencias que Luchan (Encontro Plurinacional de Mulheres e Dissidentes que Lutam). Ver Daniela Schroder Babarovic. "Un feminismo contra la precarización de la vida: trayectorias y perspectivas ante el cambio de ciclo político en Chile". Instituto Tricontinental de Investigación Social, 19 de setembro de 2022, p. 5, nota 6.

[99] *Idem*, p. 6.

[100] Ver o próximo capítulo.

[101] Daniela Schroder Babarovic. "Un feminismo contra la precarización de la vida: trayectorias y perspectivas ante el cambio de ciclo político en Chile". Instituto Tricontinental de Investigación Social, 19 de setembro de 2022, p. 6. Como dizem as ativistas feministas

Rosario Olivares e Emilia Schneider sobre as mobilizações de maio de 2018: "Sabíamos que tínhamos de não apenas ter acesso à educação como um *direito*, mas também defender um *projeto educacional* para a transformação e o aprofundamento da democracia na sociedade". Grifo nosso.

[102] *Apud* Daniela Schroder Babarovic. "Un feminismo contra la precarización de la vida: trayectorias y perspectivas ante el cambio de ciclo político en Chile". Instituto Tricontinental de Investigación Social, 19 de setembro de 2022, p. 7.

[103] *Idem, ibidem* (para todo esse parágrafo).

[104] *Idem*, p. 8.

[105] *Idem, ibidem*.

[106] *Idem*, p. 11.

[107] A letra desse hino politiza a violência sexual ao associá-la explicitamente à violência do Estado.

[108] Daniela Schroder Babarovic. "Un feminismo contra la precarización de la vida: trayectorias y perspectivas ante el cambio de ciclo político en Chile". Instituto Tricontinental de Investigación Social, 19 de setembro de 2022, p. 12. Observa-se que o nome "Verdade, justiça e reparação" contrasta com o da Comissão criada pela Concertação: "Verdade e reconciliação".

[109] Karina Nohales & Pablo Abufom Silva. "Chili: vers la Constitution du peuple?". *Contretemps*, 27 de julho de 2022.

[110] Francisco Figueroa. "Movimientos sociales". *In*: Roberto Aceituno Morales & René Valenzuela (org.). *Golpe 1973-2013*, t. 2. Santiago, Ocho Libros, 2015, p. 28-29.

[111] Esta seção deve muito a Pablo Pinto, ex-ativista e liderança do movimento estudantil em 2010-2017.

[112] Em referência à mochila carregada pelos estudantes. Ao acrescentar a essa palavra o mesmo sufixo (-*azo*) que se acrescenta à palavra *cacerola* (panela) para formar a palavra *cacerolazo* (ruído de panelas que, por metonímia, se refere a manifestações nas quais se batem panelas), criou-se um neologismo que designa especificamente as manifestações estudantis.

[113] No sistema criado sob o governo de Pinochet, apenas 25% do sistema educacional era financiado pelo Estado, sendo os 75% restantes financiados pelos alunos. Ver *La privatización de la educación en Chile*. San José, Internacional de la Educación, 2003.

[114] Sobre o CAE, ver o final do capítulo 1, seção "A Lei de 2005, do Crédito con aval del Estado".

[115] Nessa época, a organização estava experimentando uma renovação ao se opor às políticas do governo.

[116] "Pinguins" é o apelido dado aos secundaristas por causa de seu uniforme (paletó preto, camisa branca e gravata).

[117] *La privatización de la educación en Chile*. San José, Internacional de la Educación, 2003.

[118] Uma das produções gráficas mais famosas do movimento retrata um pinguim se manifestando aos brados de "¡Abajo la LOCE!".

[119] De acordo com o princípio da subsidiariedade consagrado na Constituição de 1980 (ver capítulo 1).

[120] "A Lei Geral de Educação foi votada publicamente e com as mãos levantadas, comunicando uma imagem cuidadosamente fabricada de consenso, por todos os partidos no governo e na oposição [encenando] o conluio entre direita e esquerda favorecido pelas instituições", escrevem Bruno Jobert & Inés Picazo Verdejo. "De l'hégémonie néolibérale au référentiel universaliste: la contribution des mouvements étudiants chiliens (2006-2013)". *Droit et société*, vol. 2, n. 96, 2017.

[121] Nicolas Grau, então presidente da Fech que mais tarde se tornou ministro da Economia no primeiro governo Boric, pôde dizer, anos depois: "Nunca poderei perdoar Michelle Bachelet pela aprovação da Lei Geral de Educação e pela foto da Concertação e dos presidentes de direita com as mãos levantadas comemorando o acordo". *Apud* Luis Thielemann Hernández. "La 'cabeza politica propria': aportes para la comprensión de la alianza social y la politización desigual de clases en el Chile que eligió a Gabriel Boric". *América Latina*, n. 6, 2022, p. 31.

[122] Bruno Jobert & Inés Picazo Verdejo. "De l'hégémonie néolibérale au référentiel universaliste: la contribution des mouvements étudiants chiliens (2006-2013)". *Droit et société*, vol. 2, n. 96, 2017, § 36.

[123] *Idem*, § 30.

[124] *Idem*, § 47.

[125] "Camila Vallejo: 'Salida de Lavín no es un triunfo para el movimiento pero sí un avance'". *Cooperativa.cl*, 19 de julho 2011.

[126] "Presidente Piñera: 'La educación es un bien de consumo'". *Cooperativa.cl*, 19 de julho de 2011.

[127] Bruno Jobert & Inés Picazo Verdejo. "De l'hégémonie néolibérale au référentiel universaliste: la contribution des mouvements étudiants chiliens (2006-2013)". *Droit et société*, vol. 2, n. 96, 2017, § 37.

[128] As pessoas jogavam limões das janelas para ajudar os estudantes a resistir ao gás lacrimogêneo.

[129] Bruno Jobert & Inés Picazo Verdejo. "De l'hégémonie néolibérale au référentiel universaliste: la contribution des mouvements étudiants chiliens (2006-2013)". *Droit et société*, vol. 2, n. 96, 2017, § 40.

[130] *Idem*, § 50.

[131] *Idem*, § 51.

[132] *Idem*, § 56. É desse mesmo artigo (*idem*, § 34) a expressão muito pertinente "novos empreendedores políticos", que pegamos emprestada.

[133] Bancada estudantil do Parlamento.

[134] Luis Thielemann Hernández. "Notas para la historia de un desencuentro en la revuelta: sobre alianzas sociales, izquierdas y una década de luchas sociales. Chile, 2011-2020". *Némesis*, n. 16, 2020, p. 117.

3

Uma Constituinte eleita contra o acordo dos partidos

> *Essa é a primeira Assembleia Constituinte da história do país. Embora o Chile já tenha tido 11 textos constitucionais, nenhum deles foi elaborado por uma Assembleia representativa.*
>
> Carolina Cerda-Guzman.[1]

Após as sextas-feiras de manifestações em massa que se seguiram a 25 de outubro, incluindo o intenso momento de confronto em 8 de novembro,[2] o dia 12 de novembro de 2019, quase um mês após o início da revolta, marcou um ponto culminante da mobilização: a greve geral mais expressiva desde o fim da ditadura. A demanda por uma Constituinte se fazia ouvir como nunca antes, comprovando, se fosse o caso, sua centralidade para o movimento. Essa demanda não era em si uma novidade; remontava a muito antes do fracasso das tímidas tentativas de reforma da Constituição do segundo mandato de Bachelet.[3] A "revitalização da ação coletiva" desencadeada em 1999 pela luta contra a impunidade levara, a partir de 2005, à transformação de reivindicações setoriais em uma plataforma política e social que já incluía a exigência de uma Assembleia Constituinte e de uma "soberania cidadã".[4]

Depois, em 2009, os estudantes haviam assumido a liderança do movimento por uma Assembleia Constituinte, então em plena efervescência, sinal de uma politização das demandas estudantis do movimento de 2006-2007 em torno de uma oposição aos enclaves autoritários que limitavam o espaço da democracia chilena.[5] Mas essa oposição era uma luta a favor da "democratização", contra a democracia limitada. No entanto, quando ressurgiu em 2019, com uma força dez vezes maior, pela intensidade e pela amplitude da revolta, a reivindicação de uma Constituinte era feita por novos atores e assumia um componente social que não tinha antes: o confronto aberto com o Estado neoliberal, muito além de uma simples demanda pela democratização das instituições existentes.

Qual "órgão constituinte" para a nova Constituição?

Foi justamente na tentativa de pôr fim a essa lógica de confronto e ao conflito deflagrado em 18 de outubro que Sebastián Piñera tomou a iniciativa de convocar todos os partidos para uma reunião em 13 de novembro. Desde o final de outubro, as lideranças políticas que o cercavam vinham fazendo repetidas declarações favoráveis a uma solução parlamentar ou, na melhor das hipóteses, a um Congresso Constituinte, ou seja, uma reunião extraordinária das duas casas, a Câmara e o Senado.[6] Por causa de sua intransigência e de uma imagem muito negativa na opinião pública, o presidente perdera todo o apoio da coalizão de partidos "Chile Vamos": UDI, RN, Evopoli (uma dissidência de direita do RN que reúne neoliberais "progressistas" em termos culturais e sociais).[7] Na noite de 12 de novembro, ele estava mais isolado do que nunca. Entre 19h30 e 22h00, Piñera recebeu os presidentes dos três partidos acima mencionados, bem como o presidente do Partido Regionalista Independente Demócrata (PRI), acompanhado de seus assessores políticos. Depois das 22h30, cercado pelo ministro do Interior, Gonzalo Blumel, e pela secretária-geral do Governo, Karla Rubilar, deu início à sua declaração condenando a "violência" do dia: "Essa situação precisa acabar, e precisa acabar agora". Enfatizou a necessidade de todos os envolvidos reconhecerem que "a atual situação de violência mina a democracia e o Estado de direito e viola as liberdades e os direitos de todos, especialmente dos mais vulneráveis". Afirmou que isso fazia da condenação da violência um pré-requisito para qualquer discussão. Que, tendo a situação se tornado "ingovernável", era necessário encontrar uma solução institucional para a crise. E, com esse objetivo, propôs então um acordo triplo, por paz, justiça e uma nova Constituição.

Cerca de duas horas antes, a oposição emitira uma declaração em resposta à proposta do governo de um Congresso Constituinte,[8] da qual se destacavam os seguintes pontos:

1) A reivindicação de uma nova Constituição que emane dos próprios cidadãos é uma demanda fundamental que deve ser reconhecida como legítima.
2) A única maneira de sair da crise é adotar uma nova Constituição, porque os cidadãos mobilizados em todo o país já estabeleceram um processo

constituinte na prática. O segundo parágrafo da declaração termina com esta frase muito significativa: "As forças políticas têm o dever de viabilizar um plebiscito vinculante para o estabelecimento de uma nova Carta Magna".

3) A proposta de um Congresso Constituinte "está muito distante da demanda popular por participação e deliberação na importante tarefa que temos pela frente". A esse respeito, "a Assembleia Constituinte é o mecanismo mais democrático para garantir a ampla participação dos cidadãos, conferindo ao processo total legitimidade". A tarefa atribuída a essa Assembleia é descrita nos seguintes termos: "Esse órgão deliberativo e institucional, composto por representantes democraticamente eleitos, deve ser convocado única e exclusivamente para redigir um novo texto constitucional a ser submetido a referendo".

4) "Fechar a porta à participação cidadã é outro erro grave do presidente Sebastián Piñera. A esta altura, seria uma cegueira indesculpável que a história condenará rigorosamente."

Apesar de seu caráter muito genérico, essa declaração opunha claramente a *Assembleia Constituinte* ao *Congresso Constituinte* almejado pelo governo, com base no critério de participação popular, participação essa que a primeira exigia e o segundo excluía. Além disso, o quarto parágrafo terminava com uma frase-chave: "A forma de construir o futuro é o plebiscito,[9] a Assembleia Constituinte e a nova Constituição". A ordem é importante aí: não se trata de um referendo sobre o novo texto constitucional, mas de um *plebiscito inicial e vinculante*, que possibilitaria a escolha do mecanismo institucional, se não se chegasse a um acordo com o Executivo.[10]

Por outro lado, a esquerda não se pronunciou sobre o pré-requisito de condenação da violência. Sabemos por quê: o objetivo imediato do governo era vincular a esquerda ao compromisso de condenar a violência do dia e, ao mesmo tempo, flexibilizar a nova Constituição. Esse cálculo visava, sem dúvida, desacreditar a esquerda aos olhos do movimento, além de criar uma distração para evitar que a renúncia de Piñera, exigida pelos manifestantes, fosse pautada em âmbito institucional.

Na manhã de 13 de novembro teve início a reunião convocada pelo governo. Quais eram os partidos que representavam a esquerda nessa reunião?

A esquerda da Concertação: PS, PPD, PR. Dois partidos-membro do FA se recusaram a participar, o CS e o Partido Humanista, mas os outros membros da coalizão estavam presentes: RD, Comunes, PL, Partido Ecologista Verde (PEV). O PC também compareceu.

A discussão concentrou-se na proposta do governo de estabelecer um Congresso Constituinte. A DC opôs-se categoricamente porque essa proposta excluiria a participação dos cidadãos na elaboração do texto, e toda a esquerda adotou essa posição. No "Chile Vamos" e no próprio gabinete presidencial, ouvem-se posições diferentes. Convinha ao governo, em um primeiro momento, deixar em aberto as várias especulações relacionadas à formação do Congresso Constituinte, para que outro mecanismo pudesse ser negociado com a "esquerda democrática". No entanto, o governo descartou de antemão a opção por uma Assembleia Constituinte, ao mesmo tempo que se disse aberto à ideia de uma Convenção Constituinte, como já havia sido proposto pelo governo Bachelet.

A situação era, portanto, a seguinte: à direita, diante da proposta de um Congresso Constituinte, aceitava-se a ideia de uma Convenção Constituinte, mas descartava-se categoricamente uma Assembleia Constituinte; à esquerda, manobrava-se considerando o plebiscito como uma saída, caso não se chegasse a um acordo com o governo sobre a questão do mecanismo institucional. Assim, dois caminhos estavam abertos: o primeiro, mais ambicioso e complexo, consistia em um acordo sobre todo o mecanismo institucional para a elaboração de uma nova Constituição; o segundo, em um acordo vago, que dava margem a várias possibilidades.

O Acordo para a Paz Social e a Nova Constituição

Três dias depois, na noite de 15 de novembro, o texto do acordo adotado foi publicado:

> Em vista da grave crise política e social no país, levando em conta a mobilização dos cidadãos e o apelo feito por Sua Excelência o presidente Sebastián Piñera, as partes abaixo assinadas concordaram com uma saída institucional cujo objetivo é a paz e a justiça social por meio de um procedimento indiscutivelmente democrático.

Deve-se observar que esse duplo objetivo é formulado na linguagem que sempre foi a da Concertação, pelo menos se nos referirmos à ideologia elaborada por Boeninger: a justiça social nunca seria considerada uma demanda legítima em si mesma, porque correria o risco de levar a um "conflito social ativo"; ela estaria sempre associada à paz, ou seja, *subordinada* a ela, como o presidente Lagos reconheceu em 2005, não sem certa franqueza, ao opor diametralmente justiça e estabilidade.[11] Os acordos entre os partidos como método e a subordinação da justiça à paz social, eis aí, inegavelmente, o "espírito" do concertacionismo.[12] Esse acordo não é desprovido de conteúdo, ao contrário do que alguns membros da esquerda alegaram para justificar sua assinatura: seus termos implicam toda uma concepção de política, uma concepção que o levante popular rejeitou energicamente. Como Daniela Schroder salienta:

> O fantasma da transição negociada para a democracia logo reapareceu diante dos olhos dos setores da esquerda. Como aconteceu no final da década de 1980 após uma série de protestos desestabilizadores, mais uma vez são os partidos políticos, profundamente distantes da base social, que decidem os termos com que se descortinará a nova fase política do país, e esses termos têm "amarras" que não parecem legítimas.[13]

Vejamos os termos desse acordo. Os partidos signatários se comprometiam a convocar um plebiscito em abril de 2020 para responder a duas perguntas:

a) Você quer uma nova Constituição? Aprovo ou rejeito.
b) Que tipo de órgão deve redigir a nova Constituição? Convenção Constitucional Mista ou Convenção Constitucional.

A composição de cada um dos órgãos propostos na segunda pergunta era especificada da seguinte forma: enquanto a Convenção Constitucional Mista seria composta, em partes iguais, por membros eleitos para esse fim e por parlamentares em exercício, a Convenção Constitucional seria integralmente composta por membros eleitos para a ocasião. Em ambos os casos, a eleição dos membros ocorreria em outubro de 2020, junto com as eleições regionais e municipais, segundo o mesmo sistema utilizado para a eleição dos deputados.

A única função do órgão constituinte a ser eleito pelo povo seria redigir a nova Constituição, sem afetar as competências e atribuições dos órgãos e poderes do Estado, e ele se dissolveria assim que concluísse a tarefa que lhe fora designada. O Acordo para a Paz Social e a Nova Constituição também estipulava que o órgão constituinte deveria aprovar seu regulamento interno e cada uma das normas constitucionais por um quórum de dois terços de seus membros em exercício. Uma vez redigida, a nova Carta Magna deveria ser submetida a um plebiscito de ratificação por sufrágio universal. Os membros da Convenção deveriam deixar de exercer suas funções automaticamente a partir do momento em que sua candidatura fosse aceita pelo serviço eleitoral do órgão constituinte e estariam proibidos de se candidatar a cargos eletivos por um período de um ano a partir do término de suas funções. O órgão constituinte funcionaria por nove meses, período que poderia ser prorrogado uma única vez por mais três meses. O referendo de ratificação deveria ser realizado seis meses após a apresentação do novo texto constitucional. Por fim, a parte final do acordo era crucial tanto pelo que dizia quanto pelo que não dizia: "O(s) projeto(s) de reforma constitucional ou legal decorrente(s) deste Acordo deverá(ão) ser submetido(s) à aprovação do Congresso Nacional como um todo".

Em resumo, a discussão concentra-se principalmente no *nome* a ser dado ao órgão constituinte: Congresso, Assembleia ou Convenção. No texto final, entretanto, o adjetivo "constituinte" aparecia apenas para descrever o órgão responsável por redigir o texto da Constituição,[14] nunca para qualificar diretamente a própria Convenção, que, entretanto, *era* esse mesmo órgão. O adjetivo usado para as duas opções propostas pelo acordo era o mesmo: *constitucional*, seja a Convenção Constitucional Mista ou a Convenção Constitucional. Não havia qualquer menção a uma Convenção Constituinte (*constituyente*), muito menos a uma Assembleia Constituinte.

É preciso perguntar se não haveria uma relação direta entre essa recusa de qualificar a Convenção como "Constituinte", fosse ela mista ou não, e a descrição, no último parágrafo, do que ela deveria produzir: "o(s) projeto(s) de *reforma* constitucional ou legal". Seria o Poder Exercido pela Convenção um poder constituinte, se entendido desde o início como poder de discutir um ou mais projetos de reforma que, por definição, são limitados pelo escopo da Constituição existente? E como pode uma Convenção que não é qualificada como "Constituinte", mas como "Constitucional", e que é limitada pela ordem constitucional em vigor, ainda ser um "órgão constituinte"? Tanto mais se o(s) projeto(s) de reforma teria(m) que ser submetido(s) ao atual Congresso, transformado, assim, em árbitro. Como os eventos subsequentes demonstrariam, a indeterminação do texto do acordo teria inúmeras consequências políticas.

O QUE É UM PODER CONSTITUINTE?

O constitucionalista Fernando Atria, que participou da reunião de 12 de novembro, fez a seguinte observação: "Mesmo que a chamemos de Convenção, ela será, na verdade, uma Assembleia, o nome pouco importa". De fato, não é o nome, "Convenção" ou "Assembleia", que é decisivo nesse caso, pois uma Convenção pode muito bem ser Constituinte tanto quanto uma Assembleia. O que importa mesmo é a escolha do adjetivo. Em termos estritos, "constitucional" significa que está em conformidade com a Constituição, ou que procede da Constituição, ou ainda que faz parte da Constituição. "Constituinte", por outro lado, implica um poder, que é superior ao da Constituição existente, de produzir uma Constituição diferente da que está em vigor, destinada a substituí-la. Para os manifestantes que exigiam uma nova Constituição, não há dúvida de que essa exigência era inseparável do estabelecimento de um poder constituinte genuíno: era necessário mudar *de* Constituição, e não simplesmente alterar, emendar, revisar ou reformar *aquela* Constituição. É compreensível que, do ponto de vista dos herdeiros do pinochetismo e dos defensores do *status quo*, o simples sintagma "Assembleia Constituinte" seja insuportável, na medida em que significa, por si só, uma completa deslegitimação da Constituição de 1980.

Para evitar qualquer confusão, é importante definir com precisão o tipo de poder atribuído a um órgão assim: ele tem apenas o poder de redigir uma nova Constituição ou tem outros poderes mais? É em termos dos poderes que lhes são conferidos e de seus estatutos que os órgãos diferem. Podemos ter (1) uma Assembleia Constituinte criada para a ocasião, portanto "extraordinária"; (2) uma Assembleia Legislativa ordinária que exerça um poder constituinte; (3) uma assembleia eleita tanto para elaborar uma nova Constituição quanto para exercer o Poder Legislativo ordinário; ou ainda (4) um órgão encarregado de preparar um texto constitucional que *não* pode ser por ele adotado. Vê-se que, além das palavras, há uma grande variedade de situações.

Para simplificar, podemos dizer que uma Constituinte pode ser deliberadamente instituída ou pode assim se autoproclamar sem ter sido convocada para esse fim, como aconteceu na França em 17 de junho de 1789. No primeiro caso, quando uma Constituinte é eleita especificamente como tal, ela pode ou não ser uma assembleia legislativa. Se ela tem poderes legislativos, então temos uma Assembleia Constituinte que, além de seus poderes constituintes, tem poderes não constituintes. Se uma Constituinte é apenas constituinte, portanto desprovida de poderes legislativos, e não é autoproclamada, isso geralmente significa que ela é considerada vinculada à ordem constitucional em vigor, que prescreve as formas pelas quais seu trabalho será efetivamente constituinte.[15]

A questão da extensão dos poderes do órgão constituinte, contudo, também abre uma possibilidade com relação à adoção da Constituição sugerida pela possibilidade (4), anteriormente mencionada: além do poder de *redigir* a Constituição, o órgão também tem o poder de *decidir* sozinho a Constituição, sem que seu texto seja ratificado pelo voto do povo? Nesse caso, a legitimidade democrática do processo é comprometida? Tudo depende da ideia que se tem da natureza dessa legitimidade.

Em sua *Teoria da Constituição* (1928), Carl Schmitt examina diversos procedimentos democráticos destinados a dar forma à vontade constituinte do povo. Ele começa descrevendo uma Assembleia Nacional que define e promulga o texto das leis constitucionais por maioria simples de votos e *sem* submetê-las a votação popular (ou referendo). Ele dá o exemplo da Constituição francesa de 1791, proclamada pelos representantes do Terceiro Estado reunidos em Assembleia Nacional Constituinte em 17 de junho de 1789, e o da Constituição de Weimar de 11 de agosto de 1919.[16] Nos dois casos, não houve plebiscito. Uma Assembleia Constituinte (ou Convenção) pode ter ainda menos poder e limitar-se a redigir normas constitucionais, sem a prerrogativa de decidi--las ou promulgá-las: "A palavra convenção (*Konvent*) é o termo técnico para um órgão eleito especificamente para *redigir* as normas constitucionais".[17] O termo, que viria das "convenções" da Revolução Inglesa de 1660 e 1689, é aí definido, portanto, pelo fato de ser um "órgão eleito" e pelo poder de redigir leis, excluindo-se o poder de as decidir e implementar.

Pode haver casos mais complicados, como o de uma Convenção Constituinte encarregada de redigir a Constituição de um Estado federal. Schmitt dá o exemplo da Constituição Federal dos Estados Unidos da América de 1787, que

> [...] foi redigida por uma *convenção* constituinte, depois submetida aos estados reunidos em Congresso, depois recomendada por esse Congresso para a aprovação da população de cada um dos estados e, finalmente, aceita em cada um dos 13 estados por Convenções Ratificadoras Especiais, ou seja, assembleias eleitas especificamente para esse fim.

Por fim, ele se debruça sobre o caso de uma "votação popular geral (plebiscito) sobre uma proposta de qualquer origem ou sobre uma nova ordem produzida desta ou daquela forma", por exemplo, o plebiscito de 14 de dezembro de 1851, que concede a Napoleão Bonaparte plenos poderes para redigir a Constituição e governar. Em sua opinião, "esse método corresponde perfeitamente ao princípio democrático e à ideia do poder constituinte do povo".[18] Essa linha de raciocínio ilustra bem a concepção que Schmitt tem de democracia: o imediatismo da vontade popular pode ser expresso independentemente de qualquer procedimento normativo, e "a forma natural da manifestação direta da vontade de um povo é o brado de aprovação ou rejeição da multidão reunida, a *aclamação*".[19]

O movimento chileno de 2019 nos apresenta toda uma nova concepção de democracia, radicalmente incompatível com a de Schmitt, uma vez que se funda na exigência de participação popular direta na deliberação coletiva. Por sua vez, essa exigência implica duas outras. Em primeiro lugar, a demanda popular resultante das mobilizações é por uma nova Constituição, não por uma reforma da Constituição de 1980. Em segundo lugar, somente a Assembleia Constituinte é vista como órgão apropriado para a tarefa, na medida em que garante a participação popular. Em terceiro lugar, na cabeça dos cidadãos mobilizados, essa Assembleia implica participação popular direta não apenas na eleição dos membros do órgão constituinte, mas também nas deliberações internas desse órgão: esse é o significado da expressão "processo constituinte" usada para descrever a mobilização dos cidadãos na declaração assinada pelos partidos de oposição em 12 de novembro.

Com relação a esse processo, que já começara "na prática", para citar mais uma vez essa declaração, o acordo de 15 de novembro o estrutura de uma forma que compromete as chances de ver essas demandas atendidas. A regra que exige um quórum de dois terços para que uma decisão seja validada é inspirada nas disposições estabelecidas para o funcionamento do Congresso pela Constituição de 1980, que também determina que "até que a Nova Constituição entre em vigor [...], esta Constituição permanecerá em vigor, sem que a Assembleia possa negar-lhe sua autoridade ou emendá-la". Nesse sentido, como afirma Carolina Cerda-Guzmán, a "Convenção Constitucional" prevista no acordo continua sujeita à Constituição de 1980 e se configura, portanto, como um "poder constituinte derivado".[20]

É fácil entender por que os partidos conservadores e pinochetistas fizeram tudo o que estava a seu alcance para excluir o adjetivo "constituinte" dos termos do acordo de 15 de novembro. Eles obtiveram, por fim, uma Convenção Constitucional com um poder constituinte limitado em suas regras pela Constituição de Pinochet e sujeito à arbitragem do Congresso, que é, por sua vez, um poder constituído. Jorge Sharp, prefeito de Valparaíso e membro do CS na época, tem razão, portanto, quando fala de um acordo "que não inclui os cidadãos".[21]

A LEGITIMIDADE DO ACORDO POSTA EM DÚVIDA

Quais são os partidos de esquerda signatários do acordo? Se fizermos aqui o esforço de considerar que um partido que se diz de esquerda é de esquerda, há seis formações: os três partidos da Concertación (PS, PPD, PR), dois membros do FA (RD e Comunes) e o PL, de centro-esquerda. A essas seis assinaturas partidárias, deve-se acrescentar a de Gabriel Boric, que é a única assinatura *individual* abaixo do texto do acordo, embora o partido ao qual era filiado, o CS, não tenha participado da reunião de 12 de novembro e, obviamente, não tenha assinado o acordo.[22] Deve-se observar que o PC e o PEV (membros do FA), signatários da declaração de 12 de novembro e presentes à reunião de 13 de novembro, não são signatários do acordo de 15 de novembro, pois ele contradiz a declaração de 12 de novembro.

Tão logo o acordo é assinado, debates frequentemente acalorados inflamam vários partidos de esquerda. Essas discussões não versam tanto sobre o conteúdo do acordo, mas sobre o próprio fato de terem aceitado conversar com Piñera. A base militante questiona os líderes de forma bastante virulenta: por que nosso partido aceitou conversar com Piñera? Como pudemos nos sentar à mesma mesa que ele, sabendo de todos os crimes que ele cometeu desde o início da revolta? Por que não fizemos da libertação dos presos políticos um pré-requisito para qualquer discussão?

Em 16 de novembro, a frente de organizações independentes Unidad Social (Unidade Social)[23] publicou uma declaração rejeitando explicitamente o Acordo de Paz. E desde 14 de novembro, um dia antes do acordo, tinha sido adotada uma declaração de cinco pontos, publicada logo depois, que começava com estas palavras: "Qualquer processo de elaboração de uma nova Constituição deve respeitar um princípio fundamental da democracia: *a soberania reside no povo*". Os signatários declararam-se a favor de um "plebiscito de entrada" que permitisse aos cidadãos decidir se a Constituição de 1980 deveria ser mudada e, se a resposta fosse sim, que eles determinassem qual dos três mecanismos propostos teria sua aprovação: Assembleia Constituinte, Congresso Nacional ou Convenção Mista. A seguir, de forma mais explícita: "Não concordamos com fórmulas que limitem total ou parcialmente a soberania popular e a substituam por cotas garantidas a partidos políticos ou congressistas".[24]

Essa nova declaração foi assinada por dois partidos que não haviam participado da reunião de 12 de novembro (Partido Humanista e CS), um partido que participara da reunião, mas se recusara a assinar o acordo (o PC), um partido que acabara por assiná-lo (Comunes), a Federación Regionalista Verde Social (Federação Regionalista Verde Social), bem como deputados e senadores desses partidos e de outros partidos da oposição.[25]

Em 21 de novembro, após seis dias de discussão, o CS condenou a assinatura do acordo e suspendeu Boric de sua militância, ao enfatizar o fato de se ter chegado a um acordo sobre a nova Constituição. Adotando uma postura de estadista visionário, Boric evocou o julgamento da história em detrimento do julgamento de seus críticos: "Somente o tempo poderá julgar se estávamos certos e se estávamos à altura da tarefa".[26]

A CONTINUIDADE DA MOBILIZAÇÃO, APESAR DO ACORDO E DA PANDEMIA

Nenhuma dessas tratativas e manobras politiqueiras pôde deter o movimento.

Apesar da tentativa de encerrar o ciclo de mobilizações através desse acordo com os líderes partidários, as manifestações continuaram por muitos meses. Sustentar a revolta por tanto tempo custou muito caro aos setores populares, que, como de costume, forneceram o(a)s morto(a)s e ferido(a)s.[27]

Como Daniela Schroder observa, é digno de nota que esse processo de mobilização em massa tenha surgido e se desenvolvido de forma bastante "inorgânica", no sentido de que não havia nenhum partido, organização ou plataforma coordenando os múltiplos esforços realizados. Certamente já havia um processo de *organização* popular em andamento, mas ele "não se tinha cristalizado em espaços *orgânicos* fortes de articulação entre os vários setores da classe trabalhadora".[28] Falando do processo iniciado em 25 de outubro de 2020 pela aprovação da nova Constituição, Schroder continua: "A revolta ocorreu nesse ambiente mutante, uma cena rica em experiências locais, mas cujo caráter inorgânico pesou muito na hora de enfrentar o acordo e continua a pesar hoje diante do novo momento político que começou".[29]

Essa dimensão "inorgânica" deixa sua marca na mobilização ao longo de 2020. De 6 a 7 de janeiro de 2020, nos dias da PSU (o vestibular chileno), inicialmente programada para novembro de 2019, um intenso foco de protestos dá lugar a manifestações apoiadas por organizações estudantis, como a Aces. No mesmo mês de janeiro, a morte do torcedor de futebol Jorge Mora reacende os confrontos na zona central do país (Santiago, San Antonio, Valparaíso) e torna-se emblemática da luta contra a violação sistemática dos direitos humanos, particularmente as violações cometidas pelo governo de Piñera desde o início da revolta. Entre janeiro e setembro de 2020, vários eventos esportivos se transformam em palco de confrontos entre torcedores e a polícia. A essa onda de confrontos devem ser acrescentados os que ocorreram nas regiões de Viña del Mar e Valparaíso durante o Festival Internacional de Viña del Mar, um evento musical realizado no final de fevereiro. Boicotes, tumultos e manifestações do lado de fora do hotel onde os artistas estavam hospedados e nas principais ruas e áreas onde o festival aconteceria acabaram impedindo a realização do evento.

Em março, no início do ano letivo, a mobilização foi diretamente afetada pela pandemia de covid-19. O governo aproveitou o ensejo para declarar estado de emergência, toque de recolher e quarentena em todo o país. Essa nova situação levou a um claro recuo do confronto social e enfraqueceu o movimento: parte da esquerda ficou do lado do governo, valendo-se do argumento epidemiológico para apoiar o toque de recolher e o estado de emergência, borrando as fronteiras entre uma posição "sanitária" e uma posição "repressiva".

Como era de esperar, esse acontecimento fraturou o movimento social e acentuou o recuo dos setores ditos "inorgânicos", autoproclamados *primera línea* (primeira linha) do movimento, aquela que buscava o confronto direto com a polícia e o Exército em uma espécie de convocação permanente à manifestação às sextas-feiras na antiga Plaza Baquedano. Nesse contexto, parte da nova esquerda, particularmente os setores ligados ao FA, perdeu certa ancoragem social no movimento surgido da revolta de outubro por ter defendido a razão de Estado no que concernia à gestão da crise sanitária, embora tenha sido em nome dessa razão de Estado que o governo instigou medidas sanitárias para controlar as manifestações de rua.[30] Outros setores da esquerda – críticos e até mesmo contrários ao acordo de 15 de novembro – alertaram contra essa defesa da razão de Estado.

Uma figura altamente controversa na esquerda durante esse período foi Izkia Siches, hoje ministra do Interior de Gabriel Boric, na época presidente do Colegio Médico de Chile (Faculdade de Medicina do Chile). Ferrenhamente oposta ao governo de Piñera inicialmente, ela foi porta-voz da associação médica a favor do levante, antes de dar meia-volta e elogiar a gestão da crise sanitária. O governo imediatamente se aproveitou dessa reviravolta, enfatizando que os confrontos em curso não eram mais parte de uma mobilização social, mas, pura e simplesmente, vandalismo e delinquência.[31] Em 3 de abril, Piñera tirou uma *selfie* na Plaza de la Dignidad, em meio à quarentena imposta às comunas das imediações da praça, epicentro de protestos sociais desde outubro de 2019. De acordo com o historiador Sergio Grez, um acúmulo de dificuldades deixou a situação insuportável:

> A quarentena total ou parcial de grande parte da população, o toque de recolher, os infortúnios que o vírus traz e continuará a trazer nos próximos meses, o endurecimento dos controles sociais sob o pretexto de combater a pandemia, a supressão de muitos empregos, o aumento galopante do desemprego e da insegurança econômica nas classes trabalhadora e média, o consequente aumento da pobreza e da frustração social, os problemas de saúde mental causados pelo confinamento prolongado e pelas restrições à livre circulação de pessoas.[32]

As medidas do governo, portanto, enfrentaram forte oposição dos setores mais populares e mais pobres. O confinamento restringiu em muito a circulação pela cidade, que foi ocupada pelas Forças Armadas, enquanto as pessoas mais pobres tinham que continuar trabalhando para ter o que comer, sem qualquer assistência social. Nesse contexto, a atitude de certos setores da esquerda (especialmente os da Universidade do Chile e da Universidade Católica) que censuraram os trabalhadores por "não entenderem" a gravidade da covid-19 ao "não obedecerem" às medidas impostas pelo governo provocou uma cisão que se aprofundaria ainda mais com a extensão dessas medidas.

Na véspera da eleição dos membros da Convenção Constitucional, a configuração do campo político da esquerda estava sensivelmente alterada. A chamada esquerda "inorgânica" adotou uma lógica de confronto permanente com Piñera e fez da luta pela libertação dos presos políticos sua principal bandeira. Outra esquerda, que incluía o PC, buscou fortalecer a mobilização promovendo leis sobre a redução da jornada de trabalho ou sobre direitos trabalhistas de mulheres, mães e pais. O FA, por sua vez, custou a adotar uma posição coerente e unificada sobre a questão da violência e dos presos políticos, concentrando-se mais em debates internos para indicar candidatos para a Convenção.

O rito institucional

Na arena parlamentar, a partir de dezembro, os senadores de direita (UDI e RN) passaram a questionar o acordo de 15 de novembro com base no fato de que o clima não estaria propício para eleições, alegando que as contínuas manifestações teriam criado um estado permanente de violência. Considerando que os problemas eram principalmente sociais e, portanto, não poderiam ser resolvidos por meio da lei, eles concluíram que não haveria necessidade de alterar a Constituição. No entanto, o rito institucional previsto no acordo foi seguido. Em 18 de dezembro, o texto foi validado pelo Congresso. Em 23 de dezembro, foi promulgada uma lei constitucional que alterou o capítulo 5 da Constituição de 1980, cuja função era controlar todo o processo constituinte. Ela previa que, em caso de vitória do "sim" no referendo, a Convenção Constitucional seria composta por 155 cidadãos eleitos de acordo com o sistema de votação usado para as eleições de 155 deputados e senadores em 28 distritos eleitorais: esse sistema de votação é proporcional, e a distribuição de assentos segue o chamado método D'Hondt, ou Jefferson, que assegura uma ampla representação das diferentes correntes políticas e favorece as listas com o maior número de votos.[33] A mesma lei especifica que a Convenção deve aprovar as normas e o regulamento para a adoção dessas normas por uma maioria de dois terços de seus membros em exercício, ou seja, 104 de 155. Esse dispositivo, conhecido como "quórum de bloqueio", era acalentado pelos oponentes da nova Constituição à direita como um meio de impedir que uma pequena maioria à esquerda conseguisse impor certas normas muito "avançadas".[34] Como vimos anteriormente, esse procedimento já estava explicitado no ponto 6 do acordo de 15 de novembro. Sob pressão dos movimentos sociais, transmitida por alguns partidos políticos, novas regras foram acrescentadas ao acordo. Em 20 de março de 2020, uma nova lei constitucional impôs a paridade entre os sexos não apenas na fase de candidatura,[35] mas também na fase de distribuição de assentos:

> Assim, se, em função dos votos obtidos para cada assento, a paridade não for alcançada em um determinado distrito eleitoral, aplica-se o seguinte procedimento: identifica-se, entre aqueles e aquelas que obtiveram um assento, o candidato ou candidata do sexo super-representado que recebeu menos votos. Essa pessoa não pode, então, participar da Assembleia [a chamada "Convenção Constitucional"], e seu assento é atribuído à pessoa do sexo oposto pertencente à mesma aliança, partido ou lista que recebeu a maioria de votos. Esse procedimento, no qual o sexo tem precedência sobre as regras matemáticas para a distribuição de assentos, é realizado quantas vezes forem necessárias para alcançar o equilíbrio entre os sexos.[36]

Além disso, essa mesma lei constitucional de 20 de março de 2020 abria a possibilidade de que pelo menos dois candidatos independentes apresentassem uma lista eleitoral, o que reforçava a diversidade política das candidaturas.[37] Era a legitimidade da "Convenção Constitucional" que estava em jogo por meio de todas essas disposições, pois se tratava de garantir a participação na deliberação constitucional de grupos que até então haviam sido dela excluídos.

Em 21 de dezembro de 2020, na esteira do "plebiscito de entrada", foi promulgada uma nova lei constitucional reservando 17 dos 155 assentos a representantes dos "povos originários".[38] A fim de refletir a distribuição demográfica, esses assentos foram atribuídos da seguinte forma: sete para o povo mapuche, dois para o povo aymara e um assento para cada um dos oito demais povos originários (Rapa Nui, Quechuas, Lican Antai ou Atacameños, Diaguitas, Collas, Kawésqar, Changos, Yagán). Concretamente, qualquer pessoa pertencente a um povo originário poderia decidir se queria votar em um candidato de seu distrito ou em um dos representantes de seu povo originário, tendo em mente que o pertencimento a um povo originário deveria ser previamente declarado.[39] Por fim, a mesma lei exigia que cada lista de candidaturas contivesse pelo menos 5% de candidatos com deficiência, mas, nesse caso, a exigência se aplicava somente na fase de candidatura.[40]

O plebiscito de entrada – inicialmente programado para 26 de abril e depois adiado por causa da pandemia – finalmente ocorreu em 25 de outubro, ainda em plena crise sanitária. Em 1º de setembro, o presidente Piñera prorrogou o estado de calamidade por mais 90 dias, o que significava a manutenção do toque de recolher no dia da votação. Em 25 de outubro, um ano depois da "maior marcha do Chile", que reunira mais de um milhão de pessoas somente em Santiago, o povo chileno era convocado a decidir por plebiscito se queria uma nova Constituição e que tipo de órgão seria responsável por redigi-la. Havia duas cédulas de votação, cada uma com duas opções. Na primeira cédula, após a pergunta "Você quer uma nova Constituição?", existiam duas respostas a escolher: *apruebo* (aprovação) ou *rechazo* (rejeição); na segunda cédula, após a pergunta "Que tipo de órgão deve redigir a nova Constituição?", havia duas respostas a escolher: Convenção Constitucional Mista (à esquerda) ou Convenção Constitucional (à direita). Essa disposição gráfica estava longe de ser neutra: o eleitor que assinalasse a alternativa da esquerda (*apruebo*) na primeira cédula de votação tenderia a assinalar a alternativa da esquerda na segunda (Convenção Constitucional Mista). Apesar disso, o resultado foi indiscutível: 78,31% a favor de uma nova Constituição, 21,69% contra; 79,18% a favor de uma Convenção integralmente eleita pelo povo, 20,82% a favor de uma Convenção Mista. Se as manifestações que se repetiram sem trégua desde 18 de outubro de 2019 deflagraram um processo constituinte "na prática", para retomar a expressão da declaração de 12 de novembro, o plebiscito de 25 de outubro de 2020 deflagrou um processo constituinte, reconhecidamente muito imperfeito, oficial.

Os membros da Assembleia Constituinte foram finalmente eleitos em 15 e 16 de maio de 2021, recordemos, com base no recorte de distritos eleitorais usado nas eleições parlamentares. Era plausível imaginar outro roteiro, mais próximo das aspirações dos movimentos sociais. Estava fora de cogitação, é claro, repetir o impasse dos impotentes *cabildos* constitucionais promovidos pelo governo Bachelet em 2017, mas teria sido possível, em contrapartida, ampliar a Assembleia para incluir delegados dos *cabildos* que emergiram da revolta. Isso foi inviabilizado pela camisa de força do acordo de 15 de novembro. Nas eleições municipais de maio de 2021, que ocorreram paralelamente às eleições para a Convenção Constitucional, o FA e o PC ganharam em dezenas de comunas, principalmente nas grandes cidades, em comunas de setores médios e também entre os setores operários.[41] Mas os resultados das eleições para a Convenção surpreenderam muita gente. Os 155 assentos foram distribuídos da seguinte forma: 37 para a coalizão de direita Vamos por Chile, que reunia a direita e a extrema-direita, 28 para a coalizão de esquerda Apruebo Dignidad (AD), 26 para a coalizão de independentes Lista del Pueblo (LdP), 11 para a coalizão de independentes chamada Independientes por una Nueva Constitución (Independentes por uma Nova Constituição), 11 para várias outras listas independentes e, por fim, 17 assentos para os representantes dos povos originários.[42] Em 4 de julho, a Convenção Constitucional abria os trabalhos.

Notas

[1] Carolina Cerda-Guzman. "Nasce uma nova Assembleia Constituinte: a 'Convención Constitucional' do Chile". *JP Blog*, 2 de junho de 2021.
[2] Quando os *carabineros* usaram e abusaram de extrema violência contra os manifestantes: Gustavo Gatica, um jovem estudante de Psicologia, perdeu a visão depois de ser alvejado a bala na parte superior do corpo.
[3] Ver capítulo 1.
[4] Marie-Christine Doran. "Les effets politiques des luttes contre l'impunité au Chili: de la revitalisation de l'action collective à la démocratisation". *International Journal of Comparative Politics*, vol. 17, n. 2, outubro de 2010, p. 125.
[5] *Idem*, pp. 125-126. A autora observa que essa efervescência política beneficiaria Marcos Enríquez Ominami, jovem candidato que se apresentava como da ala mais à esquerda do Partido Socialista e que obteve 20,13% dos votos no primeiro turno da eleição presidencial em dezembro de 2009.
[6] Isso é particularmente verdadeiro para Sebastián Sichel, ministro do Desenvolvimento Social e da Família, que afirmou que os parlamentares, e não as assembleias constituintes, estavam em melhor posição para lidar com leis e reformas constitucionais, porque haviam

[7] sido eleitos pelo povo. Esse também é o caso de Jacqueline van Rysselberghe, presidente da UDI na época das negociações, que defendeu a ideia de que, se houvesse uma Convenção, ela competiria ao Congresso.

[7] Um pouco como o macronismo.

[8] "Declaración pública Partidos de oposición donde fijan postura común a favor de Asamblea Constituyente y plebiscito de entrada por nueva Constitución", PC, 12 de novembro de 2019.

[9] Como é de praxe no Chile, esse termo aqui tem o mesmo significado de "referendo".

[10] Subscreveram essa declaração: PC, PS, PPD, DC, PP, PR, PRI, Comunes, PL, CS, RD e PEV.

[11] Marie-Christine Doran. "Les effets politiques des luttes contre l'impunité au Chili: de la revitalisation de l'action collective à la démocratisation". *International Journal of Comparative Politics*, vol. 17, n. 2, outubro de 2010, p. 125, nota 90. No tríptico de "governabilidade", caro a Boeninger, a estabilidade política, o progresso econômico e a paz social são inseparáveis e excluem todos os conflitos em nome do consenso (ver p. 33).

[12] Sobre a distinção entre Concertação e concertacionismo, ver a seção "A Concertação e o 'concertacionismo'", no capítulo 1.

[13] Daniela Schroder Babarovic. "Un feminismo contra la precarización de la vida: trayectorias y perspectivas ante el cambio de ciclo político en Chile". Instituto Tricontinental de Investigación Social, 19 de setembro de 2022, p. 10.

[14] Há seis ocorrências da expressão "órgão constituinte" (*organo constituyente*) no texto do acordo.

[15] O autor agradece a Lauréline Fontaine, professora de direito público da Université Sorbonne Nouvelle, por esclarecer todas essas distinções.

[16] Carl Schmitt. *Théorie de la constitution*. Paris, PUF, 1993 [1928], p. 220 (Col. Leviathan).

[17] *Idem*, p. 221.

[18] *Idem*, p. 222.

[19] *Idem*, p. 219. Nota-se que o termo "plebiscito", que em princípio tem o significado de "voto popular geral" (Carl Schmitt), recebe aí um significado mais restrito, pois parece estar intimamente ligado às várias formas de bonapartismo e até mesmo ao fascismo de Mussolini. Voltaremos à concepção plebiscitária da democracia em nossa conclusão.

[20] Ver Carolina Cerda-Guzman. "Nasce uma nova Assembleia Constituinte: a 'Convención Constitucional' do Chile". *JP Blog*, 2 de junho de 2021.

[21] Natalia Figueroa. "Jorge Sharp: El 'acuerdo por la paz' es solo en el papel porque en Chile se sigue reprimiendo de manera dura". *El Desconcierto*, 18 de novembro de 2019.

[22] Esse posicionamento se inscreve numa trajetória de muitos anos em que se viu o ex-líder estudantil se comportando cada vez mais como um político profissional, à imagem de líderes de partidos da nova esquerda que consideram a luta social como "sua origem remota, não como seu fundamento atual" (ver Luis Thielemann Hernández. "La 'cabeza política propria': aportes para la comprensión de la alianza social y la politización desigual de clases en el Chile que eligió a Gabriel Boric". *América Latina*, n. 6, 2022, p. 36).

[23] A Unidade Social reúne várias organizações e plataformas de representação social que se dizem independentes de qualquer partido político. Entre as mais importantes: Coordinadora Nacional No Más AFP, Confech, Colegio de Profesores, CF8M.

[24] "Declaración pública ante propuesta para llegar a un acuerdo entre la oposición y el gobierno por nueva Constitución". PC, 14 de novembro de 2019.

[25] Como se pode ver, alguns à esquerda têm dificuldade de definir uma posição coerente: Comunes assinou o acordo em 15 de novembro, um dia depois de assinar a declaração invocando a soberania popular contra qualquer limitação da democracia.

[26] "Boric apela a la historia para defender acuerdo constitucional: 'Solo el tiempo podrá juzgar si fueron correctas y si hemos estado a la altura'". *El Mostrador*, 16 de novembro de 2019.

[27] Daniela Schroder Babarovic. "Un feminismo contra la precarización de la vida: trayectorias y perspectivas ante el cambio de ciclo político en Chile". Instituto Tricontinental de Investigación Social, 19 de setembro de 2022, pp. 10-11. A frente de plataformas Unidad Social não conseguiu coadunar as diferentes organizações que surgiram do movimento.

[28] *Idem*, p. 11. Grifo nosso.

[29] *Idem, ibidem*. Deve-se observar que "inorgânico" aí não é sinônimo de ausência de organização, mas de ausência de articulação política entre as diversas organizações.

[30] Pablo Pinto & Jacques Pantin. "Borradores sobre el miedo, las clases y la peste". *Rosa*, 20 de abril de 2020.

[31] Alejandra Jara. "'Lo que hay es delincuencia': Galli asegura que protestas de los viernes en Plaza Italia no responden a una 'demanda social'". *La Tercera*, 22 de fevereiro de 2021.

[32] Entrevista com Sergio Grez conduzida por Pablo Parry. "Chile. 'A rebelião popular deve aproveitar esses meses para avançar em direção a uma base mais sólida de unidade política'". *À l'encontre*, 15 de abril de 2020.

[33] De acordo com esse procedimento, "o número de votos obtidos por cada lista em um determinado distrito eleitoral é dividido sucessivamente por 1, 2, 3 etc. (até o número de assentos a serem preenchidos). Os quocientes obtidos são então organizados em ordem decrescente. Cada assento é distribuído progressivamente para a lista com o maior quociente" (Carolina Cerda-Guzman. "Nasce uma nova Assembleia Constituinte: a 'Convención Constitucional' do Chile". *JP Blog*, 2 de junho de 2021, nota 2).

[34] *Idem, ibidem*.

[35] *Idem*, nota 3: "As listas apresentadas tinham que incluir o mesmo número de homens e mulheres (com a possibilidade de diferença de uma pessoa) e cada lista tinha que começar com o nome de uma candidata, alternando depois sucessivamente com o nome de um candidato. A violação dessas regras levava à rejeição da lista".

[36] *Idem, ibidem*.

[37] *Idem, ibidem*.

[38] Sobre esse conceito, ver a seção "O movimento mapuche e a questão do Estado chileno", no capítulo 2.

[39] Carolina Cerda-Guzman. "Nasce uma nova Assembleia Constituinte: a 'Convención Constitucional' do Chile". *JP Blog*, 2 de junho de 2021.

[40] *Idem*.

[41] Luis Thielemann Hernández. "La 'cabeza politica propria': aportes para la comprensión de la alianza social y la politización desigual de clases en el Chile que eligió a Gabriel Boric". *América Latina*, n. 6, 2022, pp. 38-39.

[42] Carolina Cerda-Guzman. "Nasce uma nova Assembleia Constituinte: a 'Convención Constitucional' do Chile". *JP Blog*, 2 de junho de 2021.

4
A Constituinte como refundação em ato

> [D]esta vez, estamos instaurando uma maneira de ser plural, uma maneira de ser democrática, uma maneira de ser participativa.
>
> Elisa Loncón[1]

O primeiro ato da Convenção Constituinte foi eleger a presidência da Assembleia. A presidente eleita no segundo turno, com 96 dos 155 votos, foi Elisa Loncón, feminista, mapuche, professora de linguística da Universidade de Santiago. Dirigindo-se a todo o povo chileno, das terras do norte à Patagônia, das ilhas e do litoral, ela enfatizou de início a diversidade geográfica, nacional e cultural do país, assim como sua diversidade sexual, muito distante da mitologia unitária de Estado-nação que prevaleceu por tanto tempo na história chilena. Loncón também reafirmou a tarefa de transformação confiada à Convenção:

> Esta Convenção que hoje me cabe presidir transformará o Chile em um Chile plurinacional, em um Chile intercultural, em um Chile que não viole os direitos das mulheres, os direitos das cuidadoras, em um Chile que cuida da Mãe Terra, em um Chile que purifica as águas, em um Chile livre de toda dominação.

Seu discurso de posse teve grande força simbólica. Em primeiro lugar, porque suas primeiras palavras foram em mapudungun e porque ela imediatamente agradeceu a todas as coalizões e forças "que depositaram seu sonho no apelo feito pela Nação Mapuche [...] para mudar a história deste país". Em segundo lugar, porque, em sua dupla condição de mulher e de mapuche, ela encarna a diversidade da sociedade chilena, duramente reprimida durante décadas pela ditadura de Pinochet, principalmente por meio do familialismo e do racismo de Estado contra os povos indígenas.[2] Finalmente, e talvez sobretudo, porque ela afirmou em alto e bom som que a refundação do Chile, longe de ser adiada para depois da Convenção, estava começando *a partir de hoje*, daquele 5 de julho. E, para dizê-lo, ela voltou ao presente. É importante prestar atenção à progressão que cadenciou seu discurso: começando por afirmar que "é *possível* refundar o Chile", ela prosseguiu dizendo: "Todos juntos *vamos* refundar o Chile". Em seguida, passou do futuro próximo ao presente: "Hoje está sendo fundado um novo Chile, plural, multilíngue, com todas as culturas, com todos os povos, com as mulheres e com os territórios, é nosso sonho escrever uma nova Constituição". A passagem de uma simples possibilidade, que remete a um futuro indeterminado, a um futuro próximo, e, depois, de um futuro próximo para um gerúndio, que indica um presente em processo de realização, é muito eloquente. Como interpretar esse gerúndio? E que sentido dar a essa primeira pessoa do plural, esse "nós" que designa o ator coletivo dessa refundação? Ela deve ser entendida em um sentido restrito, abrangendo apenas os constituintes, ou teria um sentido mais amplo?

Diversidade política e "plurirrepresentatividade"

A Convenção que elegeu Elisa Loncón como presidente e Jaime Bassa, advogado e constitucionalista, como vice-presidente é inédita em mais de um sentido. É a primeira do gênero a respeitar rigorosamente o princípio de paridade (77 mulheres, 78 homens)[3] e a reservar automaticamente 17 assentos para delegados dos povos indígenas,[4] devendo esse número corresponder à proporção desses povos na população chilena.[5] Além disso, toda a distribuição de forças políticas é inédita na história constituinte do Chile e ilustra a diversidade *política* das correntes representadas: a lista única composta pela direita e pela extrema-direita obtém 20% dos votos, ou 37 assentos; ela é a principal perdedora nessas eleições, uma vez que não consegue a minoria de bloqueio que lhe permitiria exercer o direito de veto sobre as decisões da Convenção.

A esquerda, no sentido mais amplo do termo, responde por *pelo menos* metade dos membros eleitos, se incluirmos a centro-esquerda de inspiração social-democrata (como a de Michelle Bachelet, que foi duas vezes presidente da República), mas aqui novamente temos que guardar as devidas proporções, uma vez que esse rótulo mascara uma grande heterogeneidade. O mesmo se pode dizer dos chamados candidatos "independentes", que é uma denominação um tanto genérica. Embora 65 dos 155 membros sejam, de fato, independentes, esse termo abrange uma heterogeneidade imensa. O fato mais significativo é o avanço da LdP, que obteve 14,5% dos votos (26 eleitos), ou seja, mais do que o número de membros eleitos da coalizão de direita! Essa lista reúne pessoas da extrema-esquerda e da chamada esquerda "antissistema", sem filiação a um partido político, cujos candidatos são, em grande parte, provenientes de movimentos sociais e organizações de base. Por fim, a lista Apruebo Dignidad, que reúne os dois maiores partidos de esquerda, o PC e o FA, obteve mais de 18% dos votos (28 eleitos), incluindo Bassa, que foi nomeado vice-presidente da Convenção. No total, as duas listas de esquerda antineoliberais, uma apartidária e outra partidária, respondem sozinhas por 54 eleitos, o que é inédito. Essas listas, contudo, não formam exatamente um bloco, mesmo que possam votar juntas, e as duas primeiras semanas de trabalho mostraram que até mesmo os dois componentes da lista da AD às vezes tiveram dificuldade de agir em conjunto.

Essa diversidade política faz da *plurirrepresentatividade* uma característica notável da Constituinte chilena. Entretanto, essa característica se defronta com a tradição republicana inspirada em Sieyès e baseada na ficção de uma nação "una e indivisível", uma ficção que faz de cada representante um representante da nação "como um todo", e não de seus eleitores. Também enfrenta a tradição chilena de um Estado unitário e centralizado que sempre se recusou a reconhecer quaisquer distinções étnicas ou físicas. Em compensação, a contrapartida dessa pluralidade é que a adoção de cada norma pressupõe uma "maioria de circunstâncias" e que, portanto, é impossível contar com um bloco político homogêneo ou com alianças entre partidos que se renovem de uma eleição para a outra.[6]

Durante as primárias organizadas para as eleições presidenciais de 18 de julho de 2021, duas semanas após o início dos trabalhos da Constituinte, prevaleceu uma lógica totalmente diferente. O que não é de admirar: convocadas de acordo com o calendário institucional em vigor desde 2013, essas eleições excluíam, por princípio, qualquer expressão política apartidária. Diferentemente das eleições para a Constituinte, dessa vez não se tratava de eleger representantes temporários com uma missão claramente definida (a redação da Carta Magna), mas, sim, de escolher candidatos para o mais alto cargo do Estado, tal como definido pela Constituição de Pinochet. Os dois candidatos estavam competindo no terreno comum da lógica da representação--substituição, que, nessa ocasião, teve precedência sobre a expressão direta da mobilização social. A pergunta feita aos participantes foi: qual dos dois candidatos representará melhor a esquerda nessas eleições? As primárias da esquerda e da direita ocorreram no mesmo dia e tiveram uma participação bastante expressiva (mais de três milhões de pessoas). Os dois candidatos de esquerda obtiveram quase 60% dos votos nesse dia, ultrapassando a direita reacionária em 400 mil votos. Na esquerda, o candidato do FA, Gabriel Boric, venceu o candidato do PC, Daniel Jadue. Esse resultado não significa necessariamente uma distância política maior do que antes entre esses dois componentes da esquerda partidária, nem revela uma diferença significativa em termos de base social,[7] mas mostra mais uma vez que esses componentes geralmente agem independentemente um do outro, mesmo que às vezes aconteça de votarem da mesma forma na Constituinte.

Os presos políticos e a questão dos poderes da Constituinte

Logo no início da sessão, um primeiro obstáculo levou à suspensão dos trabalhos por duas horas: o destino dos presos políticos, encarcerados em função das manifestações desde 18 de outubro de 2019.[8] As listas da AD e da LdP conclamaram as famílias dos presos políticos a se manifestarem em torno da Convenção para pressionar em favor de uma lei de anistia, mas essas pessoas foram assediadas pelo batalhão de choque da polícia. Uma delegação da Assembleia se reuniu com o ministro do Interior e acabou conseguindo a retirada das forças policiais, mas a questão da anistia logo assumiu uma importância central.

Dois problemas apareceram: em primeiro lugar, a Lei de Segurança Nacional aumentava em um grau as penas aplicadas a esses prisioneiros, daí a demanda para que ela fosse revogada; em segundo lugar, essas pessoas estavam presas havia um ano e meio sem que houvessem sido julgadas, o que configurava prisão preventiva. O governo, entretanto, recusou-se peremptoriamente a reconhecer as violações de direitos humanos cometidas em 2019-2020[9] e a atender às solicitações de reparação e indenização por essas violações. Dois terços dos constituintes (105 de 155) aprovaram uma declaração dirigida aos "órgãos constituídos" exigindo uma lei de anistia para os presos políticos. Embora a questão não estivesse diretamente ligada ao conteúdo da Constituição, muitos membros eleitos da Convenção se sentiram no dever de tomar medidas para obter a libertação daqueles que continuavam injustamente detidos. Os signatários da declaração apelaram aos poderes Executivo e Legislativo, abstendo-se, contudo, de interferir ou assumir as competências ou atribuições de outros poderes do Estado.

Observa-se ainda que a demanda por uma lei de anistia não se referia apenas aos prisioneiros ligados às manifestações de 2019, mas também àqueles do movimento contra a militarização de Wallmapu (território mapuche) desde 2001. O simples fato de os signatários da declaração pedirem a desmilitarização desse território exemplifica a transversalidade mencionada anteriormente:[10] eles acompanharam os movimentos sociais, que assumiram a reivindicação dos mapuches, relacionando a repressão policial da qual foram vítimas com a violência colonial sofrida cotidianamente pelo povo mapuche.[11] A discussão se concentrou no conteúdo dessa lei de anistia, a ponto de os debates da quinta--feira, 8 de julho, concentrarem-se na própria definição de preso político.

Contra essa demanda, a direita argumentou que, ao fazer recomendações aos poderes constituídos (governo ou Congresso), a Convenção Constituinte estaria extrapolando sua competência. A maioria dos delegados, contudo, considerou que a Convenção estaria falhando em sua tarefa de refundação se ignorasse o destino dos manifestantes cuja ação havia possibilitado a abertura do processo constituinte. Sua recomendação não se baseava em um critério de delimitação formal, mas na consciência de sua própria *responsabilidade política*.

Começa, assim, uma relação tensa com o governo. De saída, a Convenção depara com a ausência gritante dos recursos materiais indispensáveis à realização de sua tarefa: às 15 horas do dia 5 de julho ainda não havia microfones, comunicação entre as salas, protocolo anticovid, equipamento para votação eletrônica etc. Difícil não interpretar isso como um caso de obstrução sistemática por parte da presidência. Foi necessário esperar dois dias para que a primeira sessão da Assembleia fosse finalmente aberta. Em 7 de julho, das 10 às 18 horas, os constituintes debateram a ampliação da Mesa Constituinte e decidiram incluir, além do presidente e do vice-presidente, outros sete membros, entre os quais dois eram indígenas. Também se decidiu criar diversas comissões: de regulação, ética e orçamento. Assim como na questão dos presos políticos, a direita opôs-se a qualquer coisa que, em sua opinião, extrapolasse os poderes da Constituinte. Especificamente sobre a questão do orçamento, o ministro-chefe da Secretaria Geral da Presidência, Juan José Ossa, negou à Convenção o poder de administrar seu próprio orçamento, argumentando que ela não tinha personalidade jurídica, confundindo, assim, o poder de exercer controle sobre o orçamento com o poder de executar o orçamento. Outro debate muito acirrado foi desencadeado pela proposta, da LdP e dos povos indígenas, de uma comissão específica dedicada à verdade histórica. Essa proposta foi rejeitada, em nome dos limites dos poderes jurídicos atribuídos à Convenção, por um grupo bem grande ligado ao "republicanismo" estrito. Mais uma vez, o obstáculo estava na determinação do escopo do poder constituinte.

Uma campanha implacável de deslegitimação da Constituinte

Incapaz de formar uma minoria de bloqueio, a direita não teve outro recurso que não orquestrar uma acirrada campanha para *deslegitimar* a Constituinte em si. Por exemplo, Juan José Ossa não hesitou em comparar a convocação de manifestantes em torno da Convenção no dia de sua abertura com o incitamento do cerco ao Capitólio em 6 de janeiro de 2021 por Trump. O ministro do Interior, Rodrigo Delgado, negou categoricamente a existência de presos políticos no Chile e acusou a esquerda de não respeitar as minorias.[12] A imprensa conservadora seguiu esse compasso. Em sua edição digital de sábado, 10 de julho, informando sobre a declaração que reivindicava anistia para os presos políticos, o jornal *El Mercurio* publicou a seguinte manchete: "Um acordo que valida a violência como método de pressão política marca a primeira semana da Convenção Constitucional".[13] Essa campanha também se propagou no interior da Convenção, principalmente por meio de três delegadas muito ativas: Marcela Cubillos, ex-ministra da Educação de Piñera; Constanza Hube, advogada e professora de direito constitucional em uma universidade privada; e Teresa Marinovic, filósofa, autora de artigos em jornais conservadores (*La Tercera* e *El Mercurio*) e eleita como "independente" para um assento que lhe foi cedido pelo partido Republicanos (equivalente ao Vox na Espanha). Esta última se destacou especialmente por seus ataques no Twitter a Francisca Linconao, uma liderança da resistência mapuche que havia falado em mapudungun. Os comentários de Marinovic provocaram fortes reações de muitos delegados a favor dos direitos linguísticos indígenas. Os delegados de direita, por seu turno, decoravam suas bancadas com bandeiras chilenas, materializando espacialmente a divisão política dentro dos limites da Constituinte. Assinale-se que Cubillos e Hube militam no mesmo partido, a UDI, agremiação neoliberal fundada em 1983 por Jaime Guzmán, que, como já dito anteriormente, foi o principal redator da Constituição de 1980. Insistimos nesse ponto porque ele é particularmente revelador: a contestação interna é obra de membros da Constituinte que, embora neguem, estão muito desconfortáveis com a mudança de Constituição.

Essa campanha virulenta, travada dentro e fora da Constituinte, reacendeu temores que eram ainda mais bem fundados que aqueles expressos alguns meses antes com relação ao destino dos presos políticos do *estallido*. Pouco antes do referendo de 25 de outubro de 2020, Karina Nohales, uma das porta-vozes da CF8M, disse: "Existe um contexto político de impunidade para violações de direitos humanos e prisões políticas ocorridas durante a revolta. Existe um cenário de polarização política em que forças reacionárias de extrema-direita, inclusive neofascistas, perpetraram ações em massa muito violentas".[14] Ela se referia às manifestações organizadas por pessoas da classe alta de Santiago durante as quais os apoiadores do projeto da nova Constituição foram atacados sob o olhar complacente dos *carabineros*.[15]

Essa mesma oposição de direita se cristalizou, desde a abertura da Constituinte, sobre a questão dos presos políticos. Nessas condições, é compreensível a preocupação dos movimentos sociais com o funcionamento paralelo do Congresso durante os trabalhos da Constituinte: não haveria nisso o risco de que esse poder constituído adotasse leis contrárias ao espírito de transformação que animava essa Assembleia? Havia todos os motivos para temer sabotagens da maioria de direita no Congresso. Esse temor era ainda mais justificado pelo fato de que, desde o final de setembro, os delegados de direita da Convenção contestavam abertamente seu poder: no debate sobre o regulamento da Convenção, enquanto a maioria dos constituintes considerava que ela tinha sido convocada para exercer um "poder constituinte originário", em oposição a um poder constituído ou derivado (ao qual retornaremos), a direita sustentava que ela deveria ser considerada como "Convenção da República do Chile".[16] Por trás dessa disputa, e diante dessa invocação da República do Chile, o que estava em questão era a *existência* do poder constituinte. E essa disputa só terminou quando a própria Constituinte chegou ao fim.[17]

Poder constituinte e soberania

Como visto anteriormente, o Parlamento impusera limites constitucionais à ação da Assembleia Constituinte antes mesmo de sua reunião inaugural. Para garantir o cumprimento das normas processuais, a lei de dezembro de 2019 previa um recurso *ad hoc*: "Cinco ministros da Suprema Corte escolhidos por sorteio podem ser consultados por um quarto dos membros da Assembleia Constituinte para se pronunciar sobre quaisquer violações". No entanto, a revisão especificava que esse recurso nunca poderia estar relacionado ao cumprimento dos limites materiais, ou seja, aqueles relacionados ao conteúdo, da futura Constituição.[18] Desde o início, a direita ameaçou recorrer à Suprema Corte para obstruir os trabalhos da Constituinte.

E isso não é tudo: regras que diziam respeito ao conteúdo, e não apenas à forma, foram estabelecidas. De acordo com a mesma lei constitucional, a nova Constituição deveria respeitar "o caráter republicano do Estado chileno, seu regime democrático, as decisões judiciais finais e executórias e os tratados internacionais em vigor ratificados pelo Chile". Essa disposição foi defendida pelos parlamentares favoráveis à mudança de Constituição:

> O objetivo era garantir que o processo constituinte não fosse uma oportunidade para os membros mais conservadores restabelecerem uma Constituição ditatorial e, sobretudo, que os constituintes se comprometessem a cumprir as normas internacionais em matéria de proteção dos direitos humanos.[19]

Por fim, deve-se acrescentar que também foi imposto um prazo muito rigoroso: o tempo concedido à Assembleia Constituinte para redigir o texto da Constituição foi de apenas nove meses, com uma única prorrogação possível de três meses, de modo que, se "ao final desse período máximo de um ano a Assembleia não tivesse chegado a um acordo, ela seria dissolvida de pleno direito".[20]

A imposição desses limites, tanto de forma quanto de conteúdo, contradiz a doutrina segundo a qual o poder constituinte original é *soberano*. A distinção entre "poder constituinte" e "poder constituído" remonta ao abade Sieyès e às origens da Revolução Francesa: na fonte de qualquer Constituição, há um poder que não está "sujeito a uma determinada Constituição que lhe antecede", e esse poder, que é precisamente o poder constituinte, consiste em uma vontade livre de qualquer forma ou regra. A nação é o *único* sujeito dessa vontade, de forma que a soberania do poder constituinte exprime a soberania da nação.[21]

Essa doutrina foi radicalizada em um sentido decisionista por Carl Schmitt. De acordo com ele, cabe ao poder constituinte tomar a "decisão política fundamental" da qual derivam todos os outros poderes, que, por essa razão, são chamados de "constituídos". Consequentemente, o poder constituinte, que é propriamente o poder de constituir, não pode ser conferido a um sujeito, quer se trate do rei ou do povo, por uma Constituição. De fato, se o poder de constituir fosse conferido por uma Constituição, ele dependeria dessa Constituição e, portanto, seria "constituído", e não "constituinte". O poder constituinte tem que decidir a própria Constituição, não podendo, portanto, derivar de leis constitucionais, como ainda é o caso do poder de revisar a Constituição, e é por isso que ele está além de qualquer norma. Nesse sentido, é um poder livre no que diz respeito a leis (*potestas legibus solutus*), ou seja, é um poder soberano.[22] Melhor ainda, considerando que o povo, e não o rei, é o detentor do poder constituinte, estamos falando de um "poder não organizado" que tende a persistir sem se deixar esgotar pela adoção desta ou daquela norma.[23]

Esse dogma da soberania do poder constituinte não é inquestionável. Contra Sieyès, Hannah Arendt reconhece na Revolução Americana o mérito de derivar o poder constituinte da Convenção Federal dos poderes constituídos dos estados, assim como estes últimos tinham derivado sua autoridade de órgãos constituídos subordinados.[24] Por um lado, o processo constituinte iniciado pela Convenção da Filadélfia (1787) ocorre no contexto da construção de um Estado federal baseado em estados federados que já tinham suas próprias constituições.[25] Ora, não há nada disso no Chile: os poderes constituídos, longe de derivarem de formas locais de autogoverno, foram todos enquadrados na estrutura legal da Constituição de 1980. Por outro lado, para Arendt, essa "solução" para o problema do poder constituinte consiste em uma separação entre o político e o social que pressupõe que o político se constitui no e pelo distanciamento de todos os interesses sociais. Ora, é exatamente essa separação que o movimento social no Chile está questionando.

No final dos anos 1990, ciente da dificuldade que reside nessa separação, Antonio Negri tenta opor poder constituinte a soberania, abrindo uma via completamente diferente da percorrida por Arendt. Ele afirma, então, a irredutibilidade do poder constituinte a qualquer Constituição dada e sua tendência de pender para a democracia em função de sua imanência ao social, exatamente o oposto de sua transcendência em relação à sociedade, tal como afirmado por Schmitt. Entretanto, Negri ainda tomava emprestada de Schmitt a ideia de uma ilimitação inerente ao poder constituinte: ilimitação em relação a qualquer norma constitucional, mas total imanência à sociedade, o que tanto Schmitt quanto Arendt excluem por diferentes razões.[26] Mas que sentido restará à noção de "poder constituinte" se não pensarmos a *especificidade política* do ato constituinte? O que importa aqui é o ato como exercício do poder, e não o poder em si mesmo. Embora o ato não seja separado da sociedade, ele tem sua própria lógica, que é irredutível. Assim, afirmar a total imanência do poder constituinte à sociedade torna o conceito de "Constituição" indiscernível do conceito sociológico de "instituição", e isso se faz à custa de uma quase dissolução do *ato* constituinte no *processo* social. O abuso do adjetivo "constituinte" ("lutas constituintes", "ação constituinte", "decisões constituintes", "movimentos constituintes", "processos constituintes" etc.) serve apenas para obscurecer a raiz do problema.[27]

É difícil contestar que foi o "processo constituinte", aberto "na prática" com a revolta de outubro de 2019 e juridicamente iniciado pelo referendo de 25 de outubro de 2020, que possibilitou a reunião da Constituinte em 4 de julho de 2021, mas isso não é motivo para negar ao *momento* de elaboração coletiva do texto constitucional seu próprio tempo, distinto do tempo das mobilizações sociais, mesmo que um não deixe de interferir no outro. O "momento" do ato constituinte se inscreve certamente num "processo" constituinte mais amplo, mas não pode ser reduzido a ele.

O PODER CONSTITUINTE DEVE SER ABSOLUTO?

De forma mais ampla, o confronto das duas críticas da soberania do poder constituinte, a de Arendt e a de Negri, exige que levemos em conta o *duplo vínculo* que constitui a soberania: de um lado, com as leis e os poderes constituídos e, de outro, com os cidadãos como um todo. Ambos os lados estão, pois, intimamente relacionados, de forma que a instância detentora da soberania é superior aos cidadãos porque é superior às leis às quais os cidadãos estão sujeitos.[28] É com base nessa consideração que devemos nos perguntar se é desejável que um poder constituinte detenha e exerça um poder soberano, ou seja, absoluto.

No caso do Chile, a lei constitucional de dezembro de 2019 nos obriga a repensar a questão dos limites do poder constituinte. Subordinar a ação da Constituinte à estrutura da Constituição de 1980 equivale a impor um limite inaceitável ao exercício do poder constituinte, e o discurso inaugural de Elisa Loncón de que a Constituinte estaria realizando a "refundação" do Chile equivale a negar qualquer legitimidade a essa limitação. Ao redigir a Constituição de 1980, Jaime Guzmán apostou abertamente no longo prazo, prendendo antecipadamente seus oponentes nessa "cadeia da democracia", para usar as palavras do constitucionalista argentino Roberto Gargarella. Ao fazer isso, ele confundiu a validade (*validez*) de uma norma, ou seja, sua "justificação pública", com seu vigor (*vigencia*), ou seja, sua eficácia e sua duração, assegurado primeiro pelo medo e pela violência e, depois, após o fim da ditadura, pela dificuldade de alterá-la.[29] Em termos gerais, a validade *prima facie* das normas *de facto* é duvidosa: as únicas normas válidas à primeira vista são aquelas derivadas de procedimentos democráticos elementares, e não as normas *de facto*, que não devem se beneficiar da presunção de validade, ao contrário do que parte da classe política e dos juristas chilenos parece pensar.[30] Os poderes constituídos tentaram de tudo para entravar o processo constituinte de refundação, particularmente por meio do quórum de dois terços apresentado como um meio de facilitar o consenso dentro da Convenção.

Mas qual é o valor do compromisso de respeitar o sistema democrático e os tratados internacionais, contido na lei de revisão de dezembro de 2019? Aqueles que o introduziram, sem dúvida, queriam evitar um retrocesso. Eles compartilhavam com a direita a convicção de que o Parlamento poderia atar antecipadamente as mãos da Constituinte. Além disso, os tratados internacionais são de natureza muito diversa e nem todos visam à proteção dos direitos humanos. Entretanto, o Chile ratificou a Convenção n. 169 sobre Povos Indígenas e Tribais, elaborada sob a égide da Organização Internacional do Trabalho (OIT) em 1989. O artigo 13 especifica que o termo "terra" nos artigos

15 e 16 inclui o conceito de "território", consagrando assim juridicamente a mudança de terra para território, assunto abordado anteriormente em relação ao movimento dos mapuches.[31] Irène Bellier descreveu corretamente a Convenção como um *comum transnacional* procedente de uma colaboração da qual participaram delegados de povos indígenas. Esses limites, superiores à legislação dos Estados, devem ser impostos igualmente ao poder constituinte. Mas cabe a este último decidir, não ao Parlamento.[32]

Nessas condições, qual é o valor da reivindicação de uma "Constituinte soberana", apresentada por grande parte dos movimentos sociais? Trata-se simplesmente de suprimir as restrições impostas pelo Congresso, que apenas perpetuam a estrutura da Constituição de 1980, ou é uma questão de exigir poder absoluto para a Constituinte? Essas duas demandas não são de forma alguma equivalentes. Vimos no capítulo anterior que a história oferece uma ampla variedade de exemplos de poderes detidos pelo constituinte:[33] é possível, assim, haver uma Assembleia autoproclamada que acumule todos os poderes, inclusive não constituintes.

Conforme mencionado no capítulo anterior, em junho de 1789, os deputados do Terceiro Estado nos Estados Gerais, juntamente com alguns deputados do clero e da nobreza, proclamaram-se a "Assembleia Nacional Constituinte". Três meses depois, a maioria dos deputados se conformou à teoria de Sieyès segundo a qual o poder constituinte está em um perpétuo "estado de natureza" e em virtude da qual as leis constitucionais aprovadas pela Assembleia deveriam ser promulgadas e executadas imediatamente. Dessa forma, a Assembleia tomava o Poder Executivo, que acumulava com o Poder Legislativo, em contradição com o artigo 16 da Declaração de Direitos, adotada anteriormente. A autoproclamação da Constituinte, portanto, significou efetivamente a suspensão do governo. Mas, e quanto à relação que o poder da Assembleia mantinha não com os poderes constituídos, mas com a *sociedade* da qual provinham os deputados? Os constituintes estabeleceram um critério muito seletivo de elegibilidade no contexto de uma eleição indireta: eleitores de segundo grau[34] tinham que pagar uma taxa equivalente a 40 dias de trabalho, uma disposição que visava garantir a superioridade social dos eleitos sobre seus eleitores. Em suma, tínhamos uma Assembleia Constituinte autoproclamada com poderes governamentais e legislativos, além de seu poder constituinte, que dispensava qualquer aprovação dos cidadãos e não lhes prestava contas, e cujos membros eram provenientes da classe muito seleta de proprietários: em suma, uma Assembleia Constituinte soberana e antidemocrática.

Eis por que é preciso levar em conta o duplo vínculo do poder constituinte: de um lado, com os poderes constituídos; de outro, com os cidadãos como um todo. Uma Constituinte soberana, completamente soberana, não apenas tornaria nulo e sem efeito qualquer poder constituído, como estaria desobrigada de submeter seu projeto à aprovação dos cidadãos e, mais ainda, de lhes permitir participar da deliberação constituinte. Esse modelo é desejável? Devemos estar sempre atentos ao tipo de superioridade implicado na noção de soberania: se nada é superior a um poder soberano, é porque, sendo superior a qualquer lei, ele é superior a qualquer outro poder, bem como ao conjunto dos cidadãos. Nesse sentido, a exigência de uma Constituinte soberana difere completamente da exigência de participação direta dos próprios cidadãos no processo constituinte. Melhor dizendo, esta segunda exigência é incompatível com a primeira: uma Constituinte *soberana* concentra todos os poderes em suas mãos e não tem obrigações para com os cidadãos, enquanto uma Constituinte democrática, ao contrário, procede dessa participação direta e se obriga permanentemente a prestar contas aos cidadãos.[35] Na verdade, confunde-se aí Constituinte *livre* com Constituinte *soberana*.

A PARTICIPAÇÃO DIRETA DOS CIDADÃOS NO PROCESSO CONSTITUINTE

A exigência de participação popular direta na elaboração da Constituição é uma das características mais notáveis deste início do século XXI. É ela que está no âmago do movimento originado da revolta de outubro de 2019. Dimensiona-se por meio dela a mudança de era em relação às constituições clássicas do final dos séculos XVIII e XIX. Considerando a evolução do que chama de "sociologia política" do constitucionalismo, Roberto Gargarella observa que "as constituições 'fundadoras' foram concebidas para sociedades muito específicas, que não são mais as nossas".[36] Segundo ele, o constitucionalismo surgiu com sociedades relativamente pequenas, divididas em alguns grupos homogêneos e compostas de gente motivada, sobretudo, por interesses pessoais (maiorias e minorias; pobres e ricos; devedores e credores; não proprietários e proprietários). Por esse motivo, o antigo esquema institucional partia do princípio de que se poderia representar toda a sociedade representando-se esses grandes grupos homogêneos. Esse esquema foi por água abaixo com sociedades culturalmente plurais, como as nossas, em que há um número enorme de grupos heterogêneos, compostos, por sua vez, de pessoas que são, em si mesmas, plurais.[37]

Vejamos o exemplo da Constituinte estadunidense. O debate sobre a ratificação em 1787 opôs os federalistas, partidários de um governo federal forte, e os antifederalistas, defensores da autonomia dos estados federados. Ele se concentrou na questão da proporção entre o número de representantes e o número de eleitores: o projeto de Constituição apoiado pelos federalistas previa um número limitado de representantes na Câmara, enquanto os antifederalistas defendiam uma Assembleia grande o suficiente para refletir a diversidade da população estadunidense. Em um estudo pioneiro,[38] o historiador Charles A. Beard interpretou a Constituição dos EUA como um "documento econômico". Em sua opinião, a batalha em torno da Constituição colocou dois grupos econômicos com interesses opostos um contra o outro: de um lado, os credores e poderosos detentores de interesses imobiliários (industriais, comerciantes, credores e proprietários de títulos públicos), favoráveis a um governo federal forte; de outro, os devedores e fazendeiros (alguns deles endividados), favoráveis à manutenção da soberania dos estados. Assim, Beard questionava a chave de leitura da história oficial, ao destacar, sob a clivagem interestadual (estados do Sul *versus* estados do Norte e do Centro), uma clivagem intraestadual de natureza econômica e social.[39] Dessa perspectiva, a política constitucional pode ser considerada a consequência de uma escolha que é, pelo menos em parte, econômica, em contraste com o distanciamento do social postulado pela tese arendtiana.

Na história do Chile, a tendência predominante tem sido a de confiscação do processo constituinte pelas elites políticas e econômicas. Em 1924, o presidente Arturo Alessandri criou duas comissões cujos membros ele mesmo selecionou. Somente a que ele presidiu funcionou e tornou-se *de facto* uma pseudoconstituinte, de acordo com os critérios definidos por ele e seus assessores. Além disso, ele levou o comandante-chefe das Forças Armadas a pressionar a comissão para que ela se adequasse ao itinerário e ao conteúdo do projeto por ele elaborado. A Constituição de 1925 foi, portanto, submetida a plebiscito apenas um mês após ter sido redigida, sob pressão do Exército e com a participação de apenas 42,18% do eleitorado (limitado a homens alfabetizados com mais de 21 anos).[40]

O que faz desse procedimento algo inaceitável hoje em dia é que ele submete a redação de uma Constituição, confiada a uma comissão fechada, a dois plebiscitos, um de entrada e outro de saída, como se esses dois referendos pudessem, num passe de mágica, transformar uma manobra antidemocrática em um processo democrático. A imagem da "ampulheta" expressa, à sua maneira, o vício inerente a esse tipo de procedimento: estreita no meio e aberta em cima e em baixo.[41] Também aconteceu de os termos do plebiscito constitucional submeterem os eleitores a uma inaceitável "extorsão democrática" (Gargarella). O exemplo da Bolívia de Evo Morales é esclarecedor a esse respeito. O poder constituinte, chamado "originário", não procedia de uma ruptura total com o passado, mas, sim, de uma negociação entre setores sociais que vinha ocorrendo havia muitos anos e da votação de um Parlamento já eleito. A eleição da Constituinte ocorreu em 2 de julho de 2006, segundo um sistema de votação muito semelhante ao já estabelecido para as outras eleições, sem nenhuma garantia de maior representação dos setores sociais. O Movimiento al Socialismo (Movimento para o Socialismo)[42] obteve a maioria, mas não conseguiu atingir os dois terços necessários para a aprovação da nova Constituição, o que levou seus líderes a mudar essa regra para uma votação por maioria simples.[43] Finalmente, em 2009, uma Constituição de 411 artigos, resultante do trabalho da Constituinte, foi submetida a um plebiscito que também incluiu uma cláusula favorável à reeleição do presidente e várias normas relacionadas a novos direitos sociais e multiculturais. A consulta popular exigiu, portanto, a aprovação do "pacote fechado e completo", em bloco, de acordo com uma lógica de tudo ou nada, impedindo os eleitores de rejeitar a cláusula de reeleição e, ao mesmo tempo, obrigando-os a aceitar os novos direitos. Pior ainda, após o plebiscito, a reeleição, que muitos eleitores queriam rejeitar, foi aplaudida e apresentada pelas autoridades como o resultado direto do clamor da "soberania popular".[44] A Constituinte chilena oferece um contraexemplo muito esclarecedor a esse respeito.

A APRENDIZAGEM DA DELIBERAÇÃO COLETIVA

Como essa Constituinte se esforçou para garantir a participação dos cidadãos na deliberação coletiva? Em seu discurso de abertura, Elisa Loncón afirma: "[D]esta vez estamos estabelecendo uma maneira de ser plural, uma maneira de ser democrática, uma maneira de ser participativa". A expressão "maneira de ser" (*manera de ser*) aparece três vezes e merece atenção: a pluralidade, a democracia e a participação, geralmente consideradas como procedimentos, são elevadas à categoria de maneiras de ser. Uma "maneira de ser" não é um comportamento circunstancial, é uma disposição duradoura que só pode ser adquirida por meio da prática.[45] A maneira de ser democrática só se adquire por meio de práticas de democracia; a maneira de ser participativa só se adquire por meio de práticas de participação; a maneira de ser plural só se adquire por meio de práticas de pluralização. Um pouco mais adiante, nesse mesmo discurso, ela prossegue nos seguintes termos sobre a Convenção:

> Nós, como povos indígenas, estabelecemos que esta seria uma liderança rotativa, uma liderança coletiva, que daria espaço a todos os setores da sociedade aqui representados. [...]. Devemos estender a democracia, devemos ampliar a participação, devemos convocar até o último rincão do Chile para fazer parte deste processo. A Convenção deve ser um processo participativo e transparente, para que possam nos ver de todos os cantos do nosso território e nos ouvir em nossas línguas nativas, que têm sido reprimidas desde que o Estado-nação chileno existe.

Para melhor dimensionar a extensão dessas observações, é preciso evidenciar três notáveis particularidades da Constituinte chilena em termos de sua composição, que fazem dela um caso praticamente único no direito constitucional comparado e que favoreceram muito a prática da democracia.[46] A idade média na Constituinte é de 45 anos; o constituinte mais jovem tinha apenas 20 anos quando foi eleito, e a faixa etária de 20 a 35 anos corresponde a 35% dos assentos dessa assembleia, o que faz dela uma Convenção muito jovem, em contraste com a composição média dos órgãos constituintes. Além disso, apenas 41% dos constituintes são advogados de profissão, ou seja, muito menos da metade, enquanto esse tipo de órgão geralmente é dominado por especialistas em direito, o que dificilmente favorece uma "maneira de ser" democrática e participativa. Por fim, 64% dos constituintes não pertencem a nenhum partido político. Todas essas características mostram claramente que essa foi uma Convenção nascida de uma crise política e social genuína; em outras palavras, de um momento constituinte real que pôs em xeque a legitimidade do *status quo* político-institucional.

Está tudo disponível no *site* da Convenção: o regulamento, o número de comissões e sua composição, os documentos, os vídeos das sessões plenárias e das comissões, as audiências realizadas pelas comissões, as declarações de bens e os currículos de todos os delegados... O *site* foi projetado de forma bastante intuitiva, de maneira que a navegação facilitasse a pesquisa das informações. Em outras palavras, ele atendia aos mais altos padrões de transparência. Por exemplo, é possível recuperar facilmente todas as informações, inclusive todos os documentos e petições enviados pelos grupos e indivíduos às diversas comissões. Outro exemplo é a exigência de que os conselheiros (*asesores*)[47] fossem todos cadastrados no *site*.

Quanto ao procedimento adotado nos debates, podemos resumi-lo da seguinte forma:

a) Cidadãos e grupos de cidadãos podiam fazer solicitações, requerimentos, propostas etc. Ao todo, 16.424 "reuniões cidadãs" foram organizadas pela Convenção para discutir o conteúdo da Constituição, com a participação de mais de 150 mil pessoas. Foram elaborados relatórios (*relatorías*) desses debates entre os constituintes e os cidadãos para servir de base ao trabalho das comissões. Além dessas reuniões cidadãs, havia as Iniciativas Populares de Norma (IPN):[48] qualquer pessoa podia propor uma IPN, mesmo como indivíduo, e 15 mil assinaturas tinham de ser coletadas para que ela fosse discutida. Esse foi o caso de 78 dessas IPN. Portanto, foi com base nas reuniões cidadãs e nas IPN que as comissões da Convenção elaboraram suas propostas de normas: isso mostra a que ponto a participação cidadã contribuiu diretamente para a elaboração da Constituição.

b) Em relação a essas inúmeras solicitações, 41 relatórios foram redigidos por "relatores" especializados, ou seja, grupos de jovens juristas que filtraram e deram forma às solicitações populares. Por sua vez, esses 41 relatórios foram apresentados em sete blocos, para cada uma das sete comissões criadas no início da Constituinte.[49]

c) Com base nisso, cada comissão preparou propostas de normas relacionadas aos assuntos abordados nos relatórios (por exemplo, a Comissão de Meio Ambiente preparou um relatório sobre a questão da água, outro relatório sobre soberania alimentar, outro sobre recursos naturais comuns e direitos da natureza etc.). Esses relatórios eram então debatidos em cada comissão, às vezes aprovados por consenso, porém, mais frequentemente, ensejavam uma votação. Somente um relatório que fosse aprovado por todas as comissões podia ser levado à sessão plenária.

d) A plenária de 155 delegados estudava os relatórios que lhe eram apresentados e podia aceitar ou rejeitar a proposta de norma. Ela também podia aceitar a proposta em geral, mas rejeitá-la em particular. Neste último caso, a ideia geral (o espírito) da norma é que era aceita, mas não seu texto: ela era então devolvida à comissão para ser melhorada nos aspectos (formais ou materiais) que haviam sido designados pela plenária como problemáticos. As alterações podiam afetar a redação, a forma como os artigos eram divididos, seu conteúdo etc.

e) Depois de reformulada, a proposta de norma podia ser devolvida à plenária, que devia comentar e votar novamente, com as mesmas três opções: aceitar, rejeitar ou aceitar em geral e rejeitar em particular. No caso de rejeição em particular, a norma podia ser devolvida à comissão apenas mais uma vez. Se, após ser apresentada à plenária pela terceira vez, a proposta não fosse aceita sem reservas, ela era rejeitada definitivamente. Todas essas idas e vindas evidenciam um denso procedimento deliberativo, que envolvia um verdadeiro diálogo entre os vários participantes.

f) Uma vez estabelecida sua versão final, o texto passava por uma última comissão de harmonização destinada a homogeneizar, suavizar, refinar, reagrupar, ou seja, cuidar de tudo o que permanecia irregular, como era inevitável após um processo de natureza deliberativa como esse.

g) Na última etapa, uma comissão de normas transitórias elaborava uma série de regras temporárias. Geralmente, em caso de mudança de Constituição, as normas transitórias são poucas (apenas nove para a Constituição Espanhola de 1978) e servem simplesmente para determinar o prazo de validade das normas anteriores[50] à nova Constituição. No entanto, no caso do Chile, a comissão foi bem mais ambiciosa (57 normas transitórias). Ela elaborou uma espécie de cronograma de médio e longo prazos para a implementação gradual de todas as reformas prescritas na nova Constituição. Isso equivale a traçar uma espécie de roteiro em direção a uma política "normal", fornecendo instruções precisas ao presidente e ao Parlamento (um prazo máximo para a implementação das reformas), sem se contentar com apenas esboçar uma diretriz, como é frequentemente o caso.

Se acrescentarmos a todos esses estágios o fato de que, para entrar em vigor, o texto constitucional devia ser aprovado não pelo Parlamento, mas pelo povo, por meio de um plebiscito de saída (aquele de 4 de setembro de 2022), teremos uma ideia bastante precisa da novidade radical dessa Constituinte: trata-se, sem dúvida, se não do processo constituinte mais participativo no sentido absoluto, pelo menos do processo mais participativo já realizado. Nem a Assembleia Constituinte islandesa de 2011, cujo projeto foi aprovado por um referendo em 2012, mas nunca adotado por causa da oposição dos partidos hegemônicos, nem mesmo a Convenção Constitucional irlandesa de 2019, resultante de três assembleias sorteadas com o objetivo de revisar a Constituição, lograram tamanha participação cidadã dentro e fora da Constituinte. Essa prática da democracia demonstra que a Constituinte chilena se queria e era decididamente *não soberana* em seu funcionamento interno e em sua relação com os cidadãos não constituintes, porque privilegiava a "maneira de ser" democrática em detrimento da soberania, que nada mais é que outro nome para irresponsabilidade política.

A INTERVENÇÃO DOS MOVIMENTOS SOCIAIS DENTRO E FORA DA CONSTITUINTE

Consideremos mais de perto a relação entre a Constituinte e os movimentos sociais. O exemplo do movimento feminista é esclarecedor a esse respeito. Vimos o lugar central ocupado pela greve geral feminista a partir de 8 de março de 2018.[51] A CF8M, formada nessa ocasião, sempre se manteve afastada de qualquer estrutura institucional, e muitos de seus membros votaram pela primeira vez em outubro de 2020, no "plebiscito de entrada". Mas a questão da participação no processo constituinte foi debatida no interior do coletivo, com o objetivo de preparar as eleições dos delegados da Constituinte (maio de 2021). Finalmente, decidiu-se por apresentar candidatas não para administrar a institucionalidade existente, mas para ter voz em um processo institucional que, à sua maneira, refletia a revolta social e que tinha um caráter extraordinário e uma duração limitada. O objetivo dos movimentos sociais em geral era manter aceso o processo de politização em massa desencadeado pela revolta, inclusive dentro da Constituinte.[52] Com a formação de listas de candidatos independentes, afirmava-se que a voz dos movimentos sociais não podia ser dublada pelos partidos, porque os partidos não teriam o monopólio do exercício da política e porque a atividade dos movimentos sociais dependeria completamente desse exercício.[53]

Desde outubro de 2019, houve várias tentativas de coordenação dos movimentos por fora dos partidos, como com a Unidad Social ou a Coordinadora de Asambleas Territoriales. Houve igualmente a tentativa de alcançar uma unidade para as eleições à Constituinte com a LdP, tentativa que fracassou devido à fragmentação dessa lista desde o início de setembro.[54] Mas, entre os muitos esforços para organizar uma articulação político-social em relação ao momento constituinte, é preciso fazer uma menção especial aos Movimientos Sociales Constituyentes (Movimentos Sociais Constituintes), uma coalizão de movimentos, organizações, assembleias territoriais, sindicatos e grupos que se uniram para participar do processo constituinte e acompanhá--lo dentro *e* fora da Convenção Constitucional. Além da CF8M, as organizações que compunham esse grupo incluíam o Movimiento de Defensa por el Acceso al Agua, la Tierra y la Protección de Medioambiente (Movimento de Defesa do Acesso à Água, da Terra e da Proteção do Meio Ambiente), a Asociación Nacional de Mujeres Rurales e Indígenas (Associação Nacional de Mulheres Rurais e Indígenas) e várias organizações territoriais de Norte a Sul. Esses movimentos passaram a ocupar a presidência do órgão constituinte quando María Elisa Quinteros sucedeu Elisa Loncón como presidente da Constituinte em 7 de janeiro de 2022.[55]

Assim, o feminismo invadiu a Convenção com uma força sem precedentes, sem, contudo, sacrificar sua autonomia em relação ao processo constituinte: enquanto o Congresso Nacional havia se recusado a descriminalizar o aborto, a Convenção garantiu o direito fundamental à interrupção voluntária da gestação, independentemente do motivo. A prática transversal e transnacional possibilitou a dissolução do impasse entre o apoio crítico aos "governos progressistas" e a rejeição generalizada de qualquer participação institucional, preservando a centralidade da greve geral feminista.[56] O que estava em jogo nessa participação feminista na Convenção era "a possibilidade de transformar certas questões dessa estrutura institucional" (Karina Nohales); em outras palavras, a possibilidade de realizar uma *alteração do instituído* por meio de práticas instituintes. O que importava não era a "soberania" *da* Constituinte enquanto instituição específica, mas, sim, a intervenção dos movimentos sociais *dentro* da Constituinte, possibilitada pela continuidade desses movimentos *fora* dela.

Nessas condições, qual a importância da eleição de Gabriel Boric para a presidência em 19 de novembro de 2021? Mais uma vez, é preciso lembrar que essa eleição foi realizada em conformidade com a Constituição de Pinochet e seu presidencialismo autoritário, o que é suficiente para lhe negar qualquer legitimidade. Por outro lado, a vitória no segundo turno deveu-se quase que totalmente à mobilização do setor mais jovem do eleitorado, os menores de 30 anos, que se abstiveram no primeiro turno por achar que a disputa pela presidência não lhes dizia respeito. O que mudou tudo foi a proeza lograda por José Antonio Kast, candidato do partido da extrema-direita pinochetista que subiu de 7,9% nas eleições presidenciais anteriores para 44% em novembro de 2019. Diante desse perigo que ameaçava inviabilizar tudo, assistiu-se a uma formidável mobilização dos cidadãos: contra o boicote organizado pelas empresas de transporte privado, eles se organizaram a fim de permitir que os eleitores se deslocassem para as seções eleitorais distantes de seus domicílios, com alguns motoristas escrevendo no para-brisa traseiro de seus carros "Si vas a votar te llevo" (Se você vai votar, eu te levo), e, em alguns municípios, micro-ônibus gratuitos aguardavam eleitores em potencial em pontos de encontro previamente anunciados. Todas essas iniciativas de solidariedade entre os cidadãos eram parte de um ímpeto magnífico, embora não significassem necessariamente uma adesão a Boric.

Além disso, sua atitude depois de eleito evidenciou a ideia de política que já animava sua aceitação unilateral do acordo de 15 de novembro de 2019: ao declarar em seu discurso "Sou o presidente de todos os chilenos", ele assumiu a postura típica do concertacionismo, a de um político profissional preocupado, sobretudo, em selar acordos entre os partidos ou facilitá-los.[57] É revelador que ele mal tenha mencionado o trabalho da Constituinte e que essa quase indiferença, característica de uma postura arrogante, tenha sido mantida de março a setembro. É ainda mais revelador que, uma vez empossado, ele tenha decidido confiar os principais ministérios (Interior, Saúde, Educação, Finanças, Economia) a personalidades relacionadas à centro-esquerda e aos partidos da ex-Concertação, deixando apenas cargos administrativos para os membros do FA. Entre julho de 2021 e setembro de 2022, o centro de gravidade político se deslocou do governo para a Convenção Constituinte: foi contra esta última que a direita conservadora e a extrema-direita concentraram seus ataques desde o início; foi nesse ponto que os movimentos sociais convergiram por vários meses; foi sobre esse ponto que eles exerceram sua pressão organizada – sobre *esse* ponto, e não sobre o governo. A única virtude que se pode reconhecer ao governo de Boric é de ter protegido com sua existência o espaço da Convenção e de ter-lhe permitido concluir seu trabalho, com a apresentação do texto da proposta constitucional em 4 de julho de 2022.

Notas

[1] Elisa Loncón, discurso na Convenção Constitucional, 5 de julho de 2021.
[2] Ilustra bem a persistência desse racismo a forma com que direita logo critica a presidente por sua pronúncia mapuche da palavra Chile (que, diferentemente da castelhana, não articula um "t" antes do "ch"), alguns, inclusive, chegando a sugerir que ela era analfabeta. Sobre familialismo, ver a seção "Do movimento das mulheres contra a ditadura à greve geral feminista", no capítulo 2; sobre racismo de Estado, ver a seção "O movimento mapuche e a questão do Estado chileno", no mesmo capítulo.
[3] Introduzida, como vimos, pela lei de 20 de março de 2020, essa regra, na prática, favoreceu sobretudo os homens: em 12 dos 17 casos em que foi aplicada, o sexo super-representado foi o feminino, de modo que "12 candidatas tiveram que ceder seus assentos para candidatos, enquanto apenas quatro candidatos tiveram que ceder seus assentos para candidatas" (Carolina Cerda-Guzman. "Une nouvelle Assemblée constituante est née: la 'Convención constitucional' du Chili". *JP Blog*, 2 de junho de 2021, nota 4).
[4] Os 17 assentos incluem sete Mapuches, dois Aymaras, uma Rapa Nui, um Quechua, uma Kawésqar, um Diaguita, um Atacameño, um Chango, uma Colla e uma Yagán. Levando em conta que o Chile era o único país da América Latina cuja Constituição não fazia menção aos povos originários, é possível medir a importância desse reconhecimento em termos de representação.
[5] Desde o início, a regra da diversidade se impôs mesmo entre os povos indígenas no que concerne à representatividade, já que havia dois candidatos indígenas à presidência da Convenção. Adolfo Millabur, o constituinte eleito da lista da organização Identidad Territorial Lafkenche, descreve com perfeição o significado dessas duas candidaturas: "As

Primeiras Nações são diversas, assim como a nação chilena é diversa, e isso se expressa na composição da Convenção. Nesse sentido, não acho que devamos nos surpreender, porque assim será o debate permanentemente". (Vamos nos referir algumas vezes ao boletim informativo *LaBot Constituyente*, publicado em conjunto com o Centro de Investigación Periodística [Centro de Pesquisa Jornalística, Ciper] toda sexta-feira para informar os leitores sobre o progresso semanal da Convenção Constitucional. Aqui, referimo-nos ao primeiro boletim informativo, de 9 de julho de 2021.)

[6] Carolina Cerda-Guzman. "Une nouvelle Assemblée constituante est née: la 'Convención constitucional' du Chili". *JP Blog*, 2 de junho de 2021, nota 4.

[7] Ver Luis Thielemann Hernández. "La 'cabeza política propria': aportes para la comprensión de la alianza social y la politización desigual de clases en el Chile que eligió a Gabriel Boric". *América Latina*, n. 6, 2022, p. 39.

[8] Como vimos no capítulo anterior, a reivindicação de libertação dos presos políticos da revolta permaneceu no centro das mobilizações sociais de outubro de 2019 a julho de 2021.

[9] Ver o relatório do escritório chileno do Alto Comissariado das Nações Unidas para os Direitos Humanos citado na nota 10 da introdução deste livro.

[10] Ver a seção "O movimento mapuche e a questão do Estado chileno", no capítulo 2.

[11] Falando das mobilizações como um processo social de balanço crítico dos últimos 30 anos, Daniela Schroder Babarovic escreve: "Em certa medida, foi também um balanço da própria fundação do Estado chileno na violência colonial, no contexto de um país inteiro que hoje sente na pele a extrema violência policial que é o cotidiano do povo mapuche em *Wallmapu*, seu território ancestral". Daniela Schroder Babarovic. "Un feminismo contra la precarización de la vida: trayectorias y perspectivas ante el cambio de ciclo político en Chile". Instituto Tricontinental de Investigación Social, 19 de setembro de 2022, pp. 9-10.

[12] Quanto aos presos políticos, o argumento foi: "Não estamos na Venezuela ou em Cuba". Quanto ao termo "minorias", era aplicado, em uma manobra retórica, à própria direita, que era muito minoritária na Convenção.

[13] Durante as manifestações estudantis de 1967, um famoso cartaz no prédio principal da Universidade Católica proclamava: "*El Mercurio* mente". Como se vê, nada mudou de lá para cá quanto a isso.

[14] Cristian González Farfán. "Chile. Rumo a uma nova Constituição. Ainda na primavera". *À l'encontre*, 26 de setembro de 2020.

[15] *Idem*.

[16] *LaBot Constituyente*. "El gallito por las platas y un reglamento que avanza como avión". Ciper, 24 de setembro de 2021.

[17] O editorial da revista *Rosa* de 1º de setembro de 2022 afirmava com muita lucidez: "A campanha do *Rechazo* começou no primeiro dia da Convenção Constitucional". Comitê Editorial da revista *Rosa*. "Editorial # 14. Porque ahora no estoy solo, porque ahora somos tantos". *Rosa*, 1º de setembro de 2022.

[18] Carolina Cerda-Guzman. "Une nouvelle Assemblée constituante est née: la 'Convención constitucional' du Chili". *JP Blog*, 2 de junho de 2021, nota 4.

[19] *Idem, ibidem*.

[20] *Idem, ibidem*.

[21] Emmanuel-Joseph Sieyès. "Préliminaire de la Constitution". *Écrits politiques*. Paris, Éditions des archives contemporaines, 2001 [1985], p. 199.

[22] Carl Schmitt. *Théorie de la constitution*. Paris, PUF, 1993 [1928], p. 236 (Col. Léviathan): os poderes do "povo", tal como fixados pelas leis constitucionais, não são os poderes do "povo soberano que se dá uma constituição e estabelece atos de poder constituinte".

[23] *Idem*, p. 219. Trata-se, portanto, de um poder imanente a seus efeitos, mas irredutível a eles: Schmitt faz aí uma significativa referência à força infinita do Deus de Spinoza.
[24] Hannah Arendt. "De la révolution". *L'humaine condition*. Paris, Gallimard, 2012 [1958], pp. 474-475 (Col. Quarto).
[25] Como vimos no capítulo anterior.
[26] Antonio Negri. *Le pouvoir constituant. Essai sur les alternatives de la modernité*. Paris, PUF, 1997 (Série Pratiques Théoriques).
[27] Para ver a crítica desse abuso em Negri, consulte Pierre Dardot & Christian Laval. *Commun. Essai sur la révolution au XXIe siècle*. Paris, La Découverte, 2014, pp. 418-420.
[28] Sobre esse aspecto duplo, ver Pierre Dardot & Christian Laval. *Dominer. Enquête sur la souveraineté de l'État en Occident*. Paris, La Découverte, 2020.
[29] Roberto Gargarella. "Diez puntos sobre el cambio constitucional en Chile". *Nueva Sociedad*, n. 285, janeiro-fevereiro de 2020.
[30] *Idem*.
[31] Ver a seção "O movimento mapuche e a questão do Estado chileno", no capítulo 2.
[32] Além disso, a Constituinte incluirá em seu artigo 15 os direitos e obrigações previstos nos tratados internacionais de direitos humanos ratificados e em vigor no Chile.
[33] Ver capítulo 3.
[34] Desde o início, a Constituinte instituiu um procedimento de eleição em dois níveis: os eleitores se reúnem em assembleias primárias em nível regional e elegiam eleitores de segundo grau, que, por sua vez, se reúnem em nível departamental para eleger representantes (ver Bernard Manin. *Principes du gouvernement représentatif*. Paris, Flammarion, 2019 [1995], p. 133 (Col. Champs Essais)).
[35] Gabriel Salazar confunde as duas exigências e se equivoca quanto à natureza da democracia: ele afirma, por um lado, que a abertura de um processo constituinte deve implicar a derrubada do governo (a soberania do poder constituinte excluiria a manutenção dos poderes constituídos) e, por outro lado, que uma Convenção verdadeiramente "soberana" deveria excluir os partidos políticos (a soberania significando, então, que os constituintes seriam escolhidos entre os cidadãos, e não investidos por partidos, como se apenas uma Convenção apartidária pudesse ser "soberana", no sentido de que ela coincidiria com a auto-organização do povo, ou seja, com a democracia [Mathieu Dejean. "Gabriel Salazar: 'Une autre explosion sociale est probable au Chili'". *Mediapart*, 3 de janeiro de 2022]).
[36] Roberto Gargarella. "Diez puntos sobre el cambio constitucional en Chile". *Nueva Sociedad*, n. 285, janeiro-fevereiro de 2020.
[37] *Idem*.
[38] Charles A. Beard. *An Economic Interpretation of the Constitution of the United States*. Memphis, General Books, 2012 [1913].
[39] Violaine Delteil & Lauréline Fontaine. "Sur l'empreinte économique de la Constitution américaine, lecture croisée de Charles Beard". *In*: Lauréline Fontaine (ed.). *Capitalisme, libéralisme et constitutionnalisme*. Paris, Mare et Martin, 2021, pp. 87-88 (Col. Libre Droit).
[40] Entrevista com Sergio Grez conduzida por Pablo Parry. "Chile. 'A rebelião popular deve aproveitar esses meses para avançar em direção a uma base mais sólida de unidade política'". *À l'encontre*, 15 de abril de 2020.
[41] Essa imagem foi proposta por Jon Elster para ilustrar o que ele considera a forma ideal de criação constitucional: a estreiteza do meio corresponde à redação da Constituição por uma comissão de especialistas, e a abertura, nas partes inferior e superior, aos plebiscitos de entrada e saída (ver Roberto Gargarella. "Diez puntos sobre el cambio constitucional en Chile". *Nueva Sociedad*, n. 285, janeiro-fevereiro de 2020).

[42] Coalizão de organizações sociais que levou Evo Morales ao poder.
[43] Ver Franck Poupeau. *Altiplano. Fragments d'une révolution (Bolivie, 1999-2019)*. Paris, Raisons d'Agir, 2021, pp. 117, 119, 181 e 231 (Série Cours et Travaux).
[44] Roberto Gargarella. "Diez puntos sobre el cambio constitucional en Chile". *Nueva Sociedad*, n. 285, janeiro-fevereiro de 2020. É por isso que parece necessário, como dissemos no capítulo anterior, distinguir o simples referendo do referendo plebiscitário.
[45] É exatamente assim que Aristóteles define o *hexis*, termo que designa a maneira de ser, ou a disposição adquirida por meio da práxis.
[46] O autor gostaria de agradecer a Luis Lloredo Alix, filósofo do direito da Universidad Autónoma de Madrid, por fornecer todas as informações a seguir.
[47] O termo aqui se refere às pessoas que auxiliavam os delegados constituintes a preparar a documentação, aconselhando-os, às vezes também participando de reuniões por delegação, ou redigindo relatórios sobre um determinado assunto.
[48] As normas em questão são normas constitucionais.
[49] "Más de 6 mil Iniciativas Populares de Norma fueron ingresadas a la plataforma de Participación Popular". Convención Constitucional, 21 de janeiro de 2022.
[50] Por exemplo, essas disposições permitiam determinar se as normas da legislação da Catalunha ou de Navarra continuavam a valer após a promulgação da Constituição de 1978.
[51] Ver a seção "Do movimento das mulheres contra a ditadura à greve geral feminista", no capítulo 2.
[52] Camilla de Ambroggi. "Proceso constituyente y huelga feminista en Chile. Una entrevista con Karina Nohales". *Connessioni Precarie*, 5 de abril de 2021.
[53] *Idem*. Observa-se que a contestação do monopólio da política pelos partidos não implica a exclusão dos partidos da esfera da atividade política em geral e da Constituinte em particular.
[54] *LaBot Constituyente*. "Las dificultades para cuadrar el círculo del reglamento". Ciper, 3 de setembro de 2021.
[55] Para todo esse parágrafo, ver Daniela Schroder Babarovic. "Un feminismo contra la precarización de la vida: trayectorias y perspectivas ante el cambio de ciclo político en Chile". Instituto Tricontinental de Investigación Social, 19 de setembro de 2022, p. 18.
[56] Ver Camilla de Ambroggi. "Proceso constituyente y huelga feminista en Chile. Una entrevista con Karina Nohales". *Connessioni Precarie*, 5 de abril de 2021. Foi assim que, no Equador, as feministas defenderam a anulação do voto nas eleições presidenciais de 11 de abril de 2021, em vez de apoiar o candidato de esquerda Andrés Arauz.
[57] Como disse Gabriel Salazar (Mathieu Dejean. "Gabriel Salazar: 'Une autre explosion sociale est probable au Chili'". *Mediapart*, 3 de janeiro de 2022): "Boric não é o presidente de 18 de outubro de 2019, ele é o presidente de 15 de novembro de 2019".

5
A proposta de nova Constituição

É nosso sonho escrever uma nova Constituição.

Elisa Loncón.[1]

O preâmbulo da Constituição proposta define o sujeito coletivo da enunciação, como é de praxe no início de um texto desse tipo: "Nós (nas formas feminina e masculina, *Nosotras y nosotros*), o povo do Chile (*el pueblo de Chile*), composto de diversas nações (*conformado por diversas naciones*), outorgamo-nos livremente esta Constituição...". Esse sujeito é definido em termos que contrastam, por exemplo, com o preâmbulo da Constituição dos Estados Unidos, "We, the people of the United States..." (Nós, o povo dos Estados Unidos): a primeira pessoa do plural se impõe, mas em sentido diferente, pois se refere aqui à totalidade dos cidadãos, e não aos estados em si, tanto que é apresentada como a Constituição de *uma* nação, e não de uma confederação de estados. Apesar disso, ela é obra de 55 constituintes que não foram eleitos pelos cidadãos, mas pelos estados, e que eram membros de uma "oligarquia" bastante seleta. Como o historiador Charles Beard escreveu em 1913: "A Constituição não foi criada por todo o povo (*the whole people*), como disseram os juristas", ela é obra de um grupo consolidado que obteve vantagens econômicas com o estabelecimento do novo sistema federal.[2] No Chile, durante um período de instabilidade política, entre 1823 e 1830, várias fórmulas institucionais foram testadas, incluindo "uma tentativa de federalismo inspirada na Constituição dos Estados Unidos". Redigiram-se constituições em 1822, 1823, 1826 e 1828, todas mais ou menos inspiradas na filosofia do Iluminismo, mas nenhuma delas, com exceção da de 1828, correspondia às reais condições históricas do país.[3]

Nesse sentido, a proposta de nova Constituição chilena de 2022 representa uma ruptura radical. O preâmbulo não só afirma, ao mesmo tempo, a *unicidade* do povo e a *pluralidade* das nações que o compõem, mas também enfatiza a estreita relação entre esse projeto e o processo que levou à sua elaboração: os constituintes pactuaram essa Constituição em "um processo participativo, paritário e democrático", conforme especificado no final do preâmbulo. O povo chileno não foi, a rigor, o autor do texto, mas o processo constituinte implicou a eleição direta e por sufrágio universal dos membros da Convenção e, sobretudo, uma participação cidadã de amplitude sem precedentes na história constitucional. Em que medida o conteúdo do projeto de Constituição e o caráter do processo constituinte se relacionam? Em que medida essa relação preside o encadeamento interno das partes da Constituição, a reciprocidade entre seus diferentes capítulos e a forma com que artigos dispersos pelos vários capítulos se correspondem? Em suma, qual é o "espírito" dessa proposta?

A unicidade do povo e a questão da plurinacionalidade

A definição do Chile enunciada no artigo 1º do capítulo I, intitulado "Princípios e Disposições Gerais", é uma descrição do *Estado* chileno: "O Chile é um Estado de direito social e democrático. É plurinacional, intercultural, regional e ecológico". A segunda frase deduz quatro traços distintivos da definição inicial do Estado, sendo a primeira delas a plurinacionalidade. O artigo 2.1 ecoa o preâmbulo pela reafirmação da pluralidade das nações: "A soberania pertence ao povo chileno, composto de várias nações". O artigo 5.1 especifica que a pluralidade deve ser interpretada não apenas como pluralidade de "nações", mas também de "povos": "O Chile reconhece a coexistência de diversos povos e nações no âmbito da unidade do Estado". O artigo 5.2 enumera, de forma não exaustiva, os "povos e nações indígenas preexistentes".[4] Observa-se que o conceito de plurinacionalidade cresce ao ser mais bem definido, uma vez que se refere não apenas a um povo e a diversas nações, de acordo com a redação do preâmbulo, mas também a diversos povos *e* nações. O próprio conceito de povo, portanto, parece admitir pelo menos duas acepções diferentes, de acordo com a referência *ao* povo chileno (singular) ou *aos* povos que compõem o povo chileno, da mesma forma que as nações (plural). Quais são essas duas acepções e como conciliá-las?

Em primeiro lugar, é preciso considerar a importância desse reconhecimento da plurinacionalidade do Estado chileno. Ele é um divisor de águas na história constitucional do Chile. À exceção de uma breve menção na Constituição de 1822,[5] a *existência* de "povos" indígenas (quanto mais de "nações") nunca foi reconhecida em constituições posteriores. Fato é que o conceito de plurinacionalidade emergiu da recente renovação do constitucionalismo latino-americano, tendo sido incorporado pela primeira vez na Constituição do Equador em 2008 e, depois, na da Bolívia em 2009. Essa incorporação, entretanto, se inscreve em diferentes tradições.

No Equador, a pluralidade de "nacionalidades" é de outra ordem, diferente da pluralidade de "povos" (*pueblos*). O país tem 14 nacionalidades indígenas, que são entidades históricas e políticas com uma identidade, um idioma e uma cultura comuns e que vivem em um determinado território, sendo que vários "povos" podem existir no interior de uma mesma nacionalidade.[6] Mas o reconhecimento dessa pluralidade de nacionalidades e povos não exclui, de forma alguma, a afirmação da soberania *do* povo equatoriano, como evidenciado pelas palavras iniciais do preâmbulo: "Nós, mulheres e homens do povo soberano do Equador...".[7] A Constituição da Bolívia, por sua vez, refere-se a uma "nação ou povo indígena originário" no artigo 30: "É considerada uma nação ou povo indígena originário qualquer coletividade humana que compartilha sua identidade cultural, idioma, tradição histórica, instituições, território e visão de mundo (*cosmovisión*), e cuja existência é anterior à colônia espanhola".[8] Seja qual for a terminologia usada (nacionalidade, nação ou povo), a plurinacionalidade certamente rompe com a tradição do Estado-nação imposta pela *Conquista* e, consequentemente, também com a ilusão de que, uma vez terminadas as guerras de independência, os Estados-nação subalternos poderiam se conformar à estrutura hierárquica das Nações Unidas.[9] Sua ambição é "aproveitar a pluralidade de visões étnicas e culturais para repensar o Estado", o que implica reservar aos direitos coletivos, dos quais os povos e nações indígenas são detentores enquanto sujeitos coletivos e comunitários, seu devido lugar na reconstrução do Estado.[10]

Em que medida a plurinacionalidade declarada pela proposta chilena se inspira nos seus precedentes equatoriano e boliviano e em que medida se diferencia deles? Já se disse o suficiente anteriormente sobre o fato de que o Estado chileno foi historicamente constituído como um Estado-nação unitário e como a classe política e econômica dominante continuou, após o fim da ditadura, a ver o reconhecimento de direitos coletivos para os povos indígenas como "uma ameaça aos próprios fundamentos de uma nação chilena erigida sobre a unidade de um povo".[11] A proposta da Convenção pode ser desconcertante na medida em que se afasta do credo de muitos chilenos: "Uma nação, um povo, um Estado". Ela não identifica povo e nação, pois fala das nações que compõem o Chile, nem identifica Estado e povo, pois faz do povo, *e não do Estado*, o fundamento da soberania. Melhor ainda, como observamos, ela usa "povo" tanto no singular quanto no plural. Todas essas nuances requerem alguns esclarecimentos.

Em primeiro lugar, a distinção feita pela proposta constitucional entre as "diversas nações" que compõem o povo chileno (preâmbulo e artigo 1º) e os "povos e nações indígenas"[12] (artigo 5º) não é determinada univocamente com base em critérios objetivos. A expressão "povos e nações indígenas", que aparece constantemente no texto, foi adotada na fase de harmonização, a fim de padronizar a referência aos povos indígenas em todo o texto. Essa distinção não tem base histórica ou sociológica; ela diz respeito às diferentes maneiras pelas quais os povos *se* reconhecem, pois nem todos os povos originários *se* consideram nações, e essa autopercepção é muito mais importante do que as classificações baseadas na objetivação.[13]

Em segundo lugar, o próprio termo "povo" é ambíguo. Sabemos que a Carta das Nações Unidas de 1945 identifica seus membros com esse termo: "Nós, os povos das Nações Unidas". Mas a Convenção 169 da OIT sobre povos indígenas e tribais também recorre ao termo para designar esses povos "em países independentes", em particular aqueles

> [...] que são considerados indígenas em razão de descenderem das populações que habitavam o país, ou uma região geográfica à qual o país pertence, no momento da conquista ou colonização ou no momento do estabelecimento das fronteiras atuais do Estado e que, independentemente de seu *status* legal, mantêm algumas ou todas as suas instituições sociais, econômicas, culturais e políticas.[14]

Ao mesmo tempo, o texto evita qualquer confusão com o significado de "povo" no direito internacional: "O uso do termo 'povos' na presente Convenção não deverá, de forma alguma, ser interpretado como tendo implicações de qualquer natureza com relação aos direitos que possam decorrer desse termo em virtude do direito internacional".[15] Ao distinguir entre esses dois usos do termo "povo", pode-se dizer, portanto, que somente *o* povo chileno é sujeito no direito internacional, e que *os* povos e as nações indígenas que compõem esse povo não o são.

Vê-se o quanto é infundada a crítica afobada feita pela direita de que a proposta constitucional teria concedido "privilégios" aos povos indígenas. O senador Manuel José Ossandón (RN), por exemplo, declarou que a proposta transformava "os povos indígenas em cidadãos de primeira classe e os chilenos que não são indígenas em cidadãos de segunda classe",[16] crítica repetida *ad nauseam* durante toda a campanha do *Rechazo*. Ela não é exatamente nova; inspira-se em considerações semelhantes às apresentadas pela direita na Bolívia durante o debate sobre a Constituição, que, segundo seus detratores, teria introduzido uma "cidadania de dois pesos e duas medidas", ao estabelecer o advento de um Estado indigenista que privilegiava os "originários" em detrimento dos "mestiços, crioulos e Brancos".[17]

Os direitos como o único fundamento do Estado

Na verdade, o que está em jogo nesse reconhecimento da pluralidade de povos e nações indígenas contida no povo chileno é o reconhecimento de direitos *coletivos*, além dos direitos individuais, como nos precedentes equatoriano e boliviano. Mas quais são esses direitos coletivos? O início do capítulo II (artigo 17) refere-se aos "direitos fundamentais inerentes à pessoa humana", descritos como "universais, inalienáveis, indivisíveis e interdependentes". O artigo 18.1 reconhece as "pessoas físicas" como titulares de direitos fundamentais, mas o artigo 18.2 afirma: "Os povos indígenas e as nações são titulares de direitos fundamentais coletivos". O que merece atenção é a ideia de que os direitos fundamentais podem ser coletivos, ao contrário do dogma jurídico segundo o qual os direitos fundamentais só podem ser reconhecidos aos "homens", considerados como pessoas *individuais*. Mais adiante, no artigo 34, lê-se: "Os povos e nações indígenas e seus membros, em virtude de sua autodeterminação, têm direito ao pleno exercício de seus direitos coletivos e individuais". Em seguida, são enumerados os direitos à autonomia, ao autogoverno, à sua própria cultura, à identidade e à cosmovisão, ao patrimônio, ao idioma, ao reconhecimento e à proteção de suas terras, de seus territórios e de seus recursos, à cooperação e à integração, ao reconhecimento de suas instituições, jurisdições e autoridades próprias ou tradicionais, assim como o direito de participar plenamente, se assim o desejarem, da vida política, econômica, social e cultural do Estado.

Vejamos três das numerosas consequências desses direitos: a propriedade das terras, a autonomia territorial e o pluralismo jurídico. Com relação ao primeiro direito, o artigo 79.2 estabelece que a propriedade das terras indígenas goza de proteção especial, mas essa propriedade é coletiva, e não individual. Em decorrência disso, ela é rigidamente limitada, pois impede que um indivíduo venda uma dessas terras a qualquer pessoa que não seja seu parente.[18] O segundo direito é objeto do artigo 234, que define a autonomia territorial indígena como uma "entidade territorial com personalidade jurídica de direito público e patrimônio próprio, na qual os povos e nações indígenas exercem seu direito de autonomia em articulação com as demais entidades territoriais", e prevê que essas autonomias sejam estabelecidas "a pedido dos povos e nações indígenas interessados, por meio de suas autoridades representativas". Finalmente, o terceiro direito é estabelecido no artigo 309.1: "O Estado reconhece os sistemas jurídicos dos povos e nações indígenas, que, em virtude de seu direito à autodeterminação, coexistem em pé de igualdade com o sistema judiciário nacional", especificando que esses sistemas devem respeitar os direitos fundamentais estabelecidos pela Constituição e pelos tratados e instrumentos internacionais ratificados pelo Chile.

Mas perderíamos de vista o essencial se desconsiderássemos que o reconhecimento da pluralidade de povos e nações indígenas tem como correlato um *dever do Estado*, conforme declara explicitamente o artigo 5.3:

> É dever do Estado respeitar, promover, proteger e garantir o exercício da autodeterminação, os direitos coletivos e individuais dos quais eles [esses povos e nações] são titulares e sua participação efetiva no exercício e na distribuição do poder, integrando sua representação política nos órgãos eleitos pelo povo em nível comunal, regional e nacional, bem como na estrutura do Estado, seus órgãos e instituições.

Se entendemos bem, é porque o Estado chileno tem o dever de garantir o exercício dos direitos coletivos "dos" povos e nações que compõem "o" povo chileno que ele se define como um Estado plurinacional.

Agora, se a pergunta for por que esses povos e nações têm direitos coletivos, a resposta é que se trata de uma obrigação de reparação que funda o reconhecimento de tais direitos: como a situação de inferioridade em que foram mantidos se deve à ação prolongada ou à negligência do Estado chileno, cabe a esse Estado reparar essa injustiça, a fim de garantir uma igualdade real. Desse ponto de vista, a definição do Chile como um Estado plurinacional pode ser interpretada como uma forma de assumir a dívida histórica de reconhecimento dos povos indígenas que habitam o país há séculos, e aparece em retrospectiva como uma consequência previsível dos 17 assentos reservados aos povos indígenas na Constituinte: a atribuição desses assentos já se baseava no mesmo argumento de obrigação de reparação.[19] É lógico, portanto, que a proposta constitucional faça da restituição das terras indígenas um "mecanismo de reparação preferencial" (artigo 79.3).

A fundação do Estado sobre os direitos não se aplica apenas às situações em que se impõe uma obrigação de reparação. Será suficiente dar aqui alguns exemplos da correlação imediata entre o reconhecimento de um direito, seja ele individual ou individual e coletivo, e a subsequente afirmação de um dever por parte do Estado. O artigo 35 diz o seguinte sobre a educação: "Toda pessoa tem direito à educação. A educação é um dever primário e inescapável do Estado". De forma notável, o artigo 44 integra todos os aspectos do direito à saúde. Em primeiro lugar, o direito da pessoa: "Toda pessoa tem direito à saúde e ao bem-estar completos, inclusive à saúde física e mental" (44.1). Em segundo lugar, o direito coletivo dos povos e nações indígenas: "Os povos e nações indígenas têm direito a seus próprios medicamentos tradicionais, de manter suas práticas de saúde e de preservar os componentes naturais que as sustentam" (44.2). Daí, consequentemente: "O Estado deve proporcionar as condições necessárias para a obtenção do mais alto nível possível de saúde, levando em consideração em todas as suas decisões o impacto dos determinantes sociais e ambientais na saúde da população" (44.3).

Essa correlação entre os direitos individuais ou coletivos e o dever do Estado também aparece nos artigos relacionados aos serviços públicos. Pois, se o Estado tem a função geral de administrar estabelecimentos públicos e privados, ele também tem um dever mais específico: "É dever do Estado assegurar o fortalecimento e o desenvolvimento das instituições de saúde pública" (44.8). Esse dever do Estado é logicamente ampliado para *todos* os serviços públicos no artigo 176.1: "É dever do Estado prestar serviços públicos universais e de qualidade, adequadamente financiados". Essa afirmação é prenhe de consequências: os serviços públicos não derivam do poder do Estado, mas de uma *obrigação positiva* do Estado para com os cidadãos e os governados. Nesse sentido, pode-se dizer que o Estado dos serviços públicos se opõe ao Estado soberano.[20]

Embora a definição de Estado (1.1) preceda a referência explícita aos direitos (1.3), ela só faz sentido com base nessa referência aos direitos, que é decisiva: o Estado é democrático e social apenas na medida em que é de direito, e ele é de direito apenas porque se reconhece como fundado por direitos fundamentais que são colocados como primordiais em relação a ele.[21] Essa primazia é expressamente declarada no artigo 1.3, que é, sem dúvida, a pedra fundamental, se não de toda a proposta, pelo menos do capítulo I:

> A proteção e a garantia dos direitos humanos individuais e coletivos são o fundamento do Estado e orientam toda a sua ação. É dever do Estado criar as condições necessárias e prover os bens e serviços que garantam a igualdade no gozo dos direitos e a integração das pessoas na vida política, econômica, social e cultural para seu pleno desenvolvimento.

Estado social *versus* Estado subsidiário

Essa subordinação do Estado aos direitos fundamentais equivale a excluir a *soberania* dos atributos do Estado. Um Estado soberano é aquele que se reconhece como superior[22] a todas as leis existentes. Ele não tem nada acima de si, não reconhece nada como superior e está isento de todas as obrigações para com seus membros e para com as leis que seus representantes promulgam em seu nome.[23] Ao contrário, um Estado de direito que se diz social e democrático se reconhece como fundado nos direitos fundamentais cuja garantia é sua razão de ser. Pode-se objetar que, de acordo com a Constituição, a soberania não reside no Estado chileno, mas no povo chileno (artigo 2.1). O fato é que essa soberania, seja qual for o modo como é exercida (diretamente ou por representação), implica o reconhecimento dos direitos humanos como um atributo derivado da dignidade humana (2.1). A conclusão é: se tomarmos o termo "soberania" em seu sentido estrito, o de um poder absoluto livre de qualquer obrigação, a soberania não tem lugar no esquema geral da proposta constitucional, nem no Estado, nem mesmo no povo.

Embora a definição de Estado exclua implicitamente a soberania, entendida como a soberania do Estado sobre seus cidadãos, sua função explícita é romper com o princípio central da Constituição ainda em vigor hoje, ou seja, o princípio da *subsidiariedade*. Esse princípio estabelece que o Estado só pode intervir nos mercados em que a iniciativa privada é inexistente ou insuficiente.[24] Tal princípio legitima a privatização de serviços básicos, deixando a cargo da iniciativa privada o fornecimento de direitos fundamentais (saúde, educação, moradia, pensões, distribuição de água etc.), dispensando, assim, o Estado dessa responsabilidade. Essa é a essência do neoliberalismo em sua versão pinochetista, e o Estado que se define como social deve romper com esse paradigma.

É preciso discernir a secreta cumplicidade entre o princípio da subsidiariedade e o princípio da soberania do Estado. Pode parecer que o primeiro é, se não incompatível com a soberania do Estado, pelo menos suscetível de diminuí-la: o Estado subsidiário seria, portanto, um Estado "mínimo", na medida em que se absteria de intervir na esfera da economia, e, portanto, nesse sentido, seria um Estado com menos soberania. Por trás dessa interpretação da subsidiariedade está a tese de que a soberania total do Estado, que foi destituída de uma de suas funções essenciais pelo neoliberalismo, deve ser restaurada. Mas essa leitura estatista não leva em conta o fato de que o Estado subsidiário, longe de implicar uma retirada do Estado da economia, só foi possível à custa de um "enorme esforço construtivista", inclusive durante a ditadura.[25] Como vimos no capítulo 1, esse esforço foi mantido pelos governos da Concertação: as mudanças na Lei de Pensões e no CAE são prova de uma ação positiva do Estado subsidiário a fim de organizar as condições de concorrência. Trata-se de uma transformação da função da soberania do Estado; de forma alguma sua diminuição, muito menos sua eliminação.

Em contrapartida, a extensão dos direitos sociais é a marca registrada do projeto da nova Constituição. Uma simples comparação entre a Constituição de 1980 e a proposta emanada da Convenção Constituinte é muito eloquente a esse respeito.[26] O rol de direitos na Constituição de 1980 inclui os chamados de "primeira geração", ou direitos civis e políticos, tais como o direito à vida, a igualdade perante a lei, a liberdade de expressão e de reunião. Ele também inclui alguns dos chamados direitos de "segunda geração", ou econômicos, sociais e culturais, tais como os direitos à propriedade, à educação e à saúde. A proposta constituinte mantém todos esses direitos, mas acrescenta novos direitos sociais, de acordo com o princípio do Estado de direito social. Esses direitos são complementados por direitos inovadores de "terceira geração", como o direito à proteção de dados pessoais e o direito à cidade e ao território. Se considerada a possibilidade dada aos cidadãos de recorrer aos tribunais para exigir o respeito aos direitos fundamentais, evidencia-se mais uma grande diferença: enquanto na Constituição de 1980 apenas determinados direitos são passíveis de recurso que os assegure perante um tribunal (como o direito de escolher entre assistência de saúde pública e privada), na proposta da Convenção esse recurso é estendido a todos os direitos fundamentais (inclusive o livre acesso à saúde) e levado aos tribunais inferiores.

Uma proposta constitucional que ousa ser feminista

Entre todos os avanços em termos de direitos contidos no projeto da nova Constituição, um deles merece ser exaltado: o feminismo. Para analisá-lo, é necessário apreender a coerência geral dos artigos feministas, o que requer um recorte transversal do texto, já que eles estão espalhados por diferentes capítulos.[27]

A pedra angular da proposta a esse respeito é o reconhecimento do princípio da paridade. O artigo 1.2 afirma que a democracia chilena é "inclusiva e paritária". Isso não cai do céu; é a consequência esperada da regra que prevaleceu desde a etapa da eleição para a Constituinte, tanto em termos de candidatos quanto de distribuição de assentos. A paridade adotada nessa eleição é incorporada, assim, à definição de Estado contida na proposta constitucional. Mas é também e sobretudo a consequência de um debate travado desde cedo na Convenção Constituinte sobre a interpretação do princípio da paridade. Foi a Comissão de Regulamentação que propôs que esse princípio fosse aplicado de tal forma que não implicasse uma estrita igualdade de gênero em todos os órgãos da Convenção (mesa, comissões, coordenação etc.), mas que, em vez disso, estabelecesse um limite máximo para a presença de homens (50%), sem estabelecer um limite para a presença de mulheres (elas poderiam ser mais da metade dos membros).[28] A paridade é entendida, portanto, como um *piso* para as mulheres, e não como um teto, o que é constitucionalmente inédito. Essa interpretação da paridade se baseia no conceito de igualdade real ou *substancial*, que vai muito além da "esquelética igualdade perante a lei",[29] na medida em que implica o acesso aos meios para o exercício efetivo da liberdade. Ela se apresenta como a melhor forma de combater os esquemas de dominação masculina que têm prevalecido nesse tipo de instância e levado à exclusão das mulheres da deliberação política. Nesse sentido, essa norma pode ser comparada à estabelecida para os povos indígenas, na medida em que busca *reparar* as injustiças cometidas pelo Estado.[30]

De que forma? O artigo 6.1 afirma a exigência de uma igualdade substancial: "O Estado promove uma sociedade na qual mulheres, homens, as diversidades e dissidências sexuais e de gênero participam em condições de igualdade substancial". Consequentemente, o artigo 6.2 pode generalizar a regra da composição paritária para todos os órgãos do Estado e além:

> Todos os órgãos colegiados do Estado, os órgãos constitucionais autônomos, os órgãos superiores e executivos, bem como os conselhos de administração de empresas públicas ou semipúblicas, devem ter uma composição paritária que garanta que pelo menos 50% de seus membros sejam mulheres.

Melhor ainda, o Estado favorece a paridade assim interpretada "em suas outras instituições e em todas as esferas públicas e privadas" (6.3). Por fim, o item 6.4 obriga os poderes e órgãos do Estado a adotar as medidas necessárias "a fim de alcançar a igualdade e a paridade de gênero". O artigo 163.1 estende essa obrigação às "organizações políticas" (e não apenas aos "partidos"):[31] "As organizações políticas legalmente reconhecidas deverão implementar a paridade de gênero em seus espaços de liderança, garantindo a igualdade substantiva em suas dimensões organizacionais e eleitorais e promovendo a plena participação política das mulheres".

Com esse propósito, essas autoridades e órgãos são solicitados a "integrar de maneira transversal uma perspectiva de gênero em toda a sua estrutura institucional, em sua política fiscal e orçamentária e no desempenho de suas funções" (6.4). Aqui, mais uma vez, o dever de agir a partir de uma "perspectiva de gênero" se assemelha ao dever de agir a partir de uma "perspectiva intercultural" afirmado em relação aos povos indígenas. A perspectiva de gênero é confirmada no artigo 311, relativo à função jurisdicional. O artigo 311.1 afirma que essa função "deve ser exercida por meio de uma abordagem interseccional"[32] e "garantir a igualdade substancial". Ele estipula que essa mesma função será regida pelos princípios de paridade e de perspectiva de gênero, e, portanto, que todos os órgãos e pessoas envolvidos no exercício dessa função "devem garantir a igualdade substancial". Além disso, especifica-se que os tribunais, independentemente de sua jurisdição, devem levar em conta a "perspectiva de gênero" em suas decisões.

Toca-se aí em uma característica fundamental da proposta de Constituição, esclarecida por Claudia Heiss, membro da Convenção: longe de procurar *refletir* as relações de força que existem na sociedade, como fazem outras constituições, esta procura, em vez disso, *alterar* essas relações de força em favor de grupos sub-representados.[33] Haveria nessa ambição uma espécie de fetichização da Constituição? Decerto, uma Constituição define uma estrutura jurídica que cabe *somente* às relações de forças políticas e sociais preencher ou alterar. Nesse sentido, a proposta constitucional abre um espaço jurídico dentro do qual essas relações podem operar, mas que não pode substituí-las. Entretanto, ela não visa, de modo algum, criar do zero uma nova relação de forças; trata-se simplesmente de criar a estrutura jurídica mais favorável à transformação das relações de força na sociedade. Essa ambição se explica pela origem da Constituinte, a revolta de outubro de 2019.

O objetivo é particularmente claro no artigo 25: todos têm direito à igualdade, que inclui "igualdade substantiva, igualdade perante a lei e não discriminação". Esse artigo atribui ao Estado o dever de garantir a igualdade de gênero a mulheres, meninas, diversidades e dissidências sexuais e de gênero. Ele não se limita a simplesmente apontar que todas as formas de discriminação, especialmente aquelas baseadas no sexo ou na "identidade e expressão de gênero", são proibidas. O artigo 25.5 vai além: "O Estado adotará todas as medidas necessárias para corrigir e superar a desvantagem ou a sujeição de uma pessoa ou grupo", acrescentando que cabe à lei determinar "as medidas para prevenir, proibir, punir e *reparar* todas as formas de discriminação".[34] Por fim, a última frase remete diretamente à interseccionalidade: "O Estado levará especialmente em consideração os casos em que mais de uma categoria, condição ou razão convergem, em relação a uma pessoa". O artigo 27 segue a mesma lógica, afirmando o "direito a uma vida livre de violência de gênero" para todas as mulheres, adolescentes e pessoas de sexo ou gênero diversos ou dissidentes. Desse direito, ele deduz o dever do Estado de adotar todas as medidas necessárias para erradicar a violência de gênero "mediante ações para preveni-la e puni-la, bem como para proporcionar assistência, proteção e *reparação* integral às vítimas",[35] levando em conta especialmente sua situação de vulnerabilidade.

Os artigos sobre direitos sexuais são particularmente inovadores. O artigo 40 confere a toda pessoa o "direito de receber uma educação sexual abrangente". O artigo 61, dedicado aos "direitos sexuais e reprodutivos", enfatiza "o direito de tomar decisões livres, autônomas e informadas sobre o próprio corpo, o exercício da sexualidade, a reprodução, o prazer e a contracepção". Segue-se que o Estado deve garantir às mulheres e às pessoas com capacidade de gerar filhos "as condições para a gravidez, a interrupção voluntária da gravidez, o parto e a maternidade voluntários e protegidos". O artigo 64 afirma que todos têm o direito ao livre desenvolvimento e ao pleno reconhecimento de sua identidade, inclusive a identidade sexual e de gênero.

Mas esses não são os únicos artigos que merecem ser creditados ao feminismo. A originalidade desse "feminismo constitucional", de fato, vai muito além dos artigos estritamente relacionados aos direitos das mulheres. Esse é particularmente o caso dos artigos 49, 50, 51 e 52. O artigo 49 reconhece que "o trabalho doméstico e de cuidados é socialmente necessário e indispensável à sustentabilidade da vida e ao desenvolvimento da sociedade", que opera uma espécie de "desprivatização" que vai além do espaço doméstico como espaço privado.[36] O artigo 50 prossegue tratando do "direito ao cuidado", que o Estado garante por meio de um sistema de assistência integral, de regulamentações e de políticas públicas que promovem a autonomia pessoal e integram direitos humanos, gênero e abordagens interseccionais. O artigo 51.4 afirma que "o Estado garante a criação de abrigos em caso de violência de gênero e outras formas de violação de direitos".[37]

Por fim, o artigo 52, sobre o direito à cidade e ao território, assume importância crucial em uma perspectiva feminista: ele afirma o "direito à cidade e ao território" como um "direito coletivo orientado para o bem comum", que o Estado garante "a participação da comunidade nos processos de ordenamento territorial e nas políticas habitacionais" e que ele "promove e apoia a gestão comunitária do *habitat*". Pode-se argumentar que o artigo não trata diretamente de uma questão feminina, o que é verdade, mas ele é profundamente feminista em sua inspiração. É exatamente nesse ponto que o feminismo e o bem comum se articulam. Não se trata apenas dos bens comuns na cidade, ou seja, dos bens comuns urbanos, mas também da cidade *como comum*. Como diz María Eugenia Rodríguez Palop: "A cidade é o espaço social em que vivemos e que imaginamos, um ser, um fazer e um querer em comum". Ao defender o direito à cidade, estamos, portanto, defendendo "as narrativas nas quais se articulam a memória que queremos preservar e os laços que queremos cultivar" e estamos lutando "contra aqueles que querem nos despojar dessas narrativas, dessa memória e desses laços".[38] Os bens comuns são, portanto, antes de tudo, bens *relacionais*.

É por isso que o teor do artigo 52 deve ser entendido em termos de ecodependência e interdependência. Este último conceito é verdadeiramente transversal: aplica-se às pessoas (4), à relação entre as pessoas e entre as pessoas e a natureza (8), aos direitos fundamentais (17), bem como está implícito no que é dito da solidariedade internacional diante da crise climática e ecológica (129.2) e da concepção das relações internacionais (14). Finalmente, ele adquire uma dimensão temporal em virtude de nossa responsabilidade para com as gerações futuras em relação à água (57), ao patrimônio natural e cultural (101) e aos recursos naturais comuns (134). Constanza Núñez resume todos esses aspectos em uma frase: "A interdependência, portanto, contempla a consciência da dimensão relacional de nossa experiência de vida, a ecodependência, a cosmopolítica e a dimensão do tempo".[39]

Em suma, todos esses artigos esboçam não um feminismo que concebe a autonomia como "imunidade" e "autossuficiência", mas sim um feminismo que, ao contrário, é, em si mesmo, relacional. Uma leitura do texto constitucional, ainda que superficial, revela um "feminismo relacional" centrado no corpo, entendido ao mesmo tempo como um objeto de violência ou "campo de batalha",[40] fonte de subjetividade e objeto de cuidado, e constituído na experiência da "vulnerabilidade" e da "incompletude".[41]

A CONQUISTA DE UM "CONSTITUCIONALISMO ECOLÓGICO"[42]

Enquanto os artigos feministas estão distribuídos pelos vários capítulos da proposta constitucional, os artigos relativos à ecologia, em compensação, estão concentrados no capítulo II, precisamente intitulado "Natureza e Meio Ambiente" (artigos 127 a 151). No entanto, toda essa seção é orientada pela afirmação de que a natureza tem direitos, expressa no artigo 18.3, no início do capítulo II, dedicado aos direitos fundamentais: "A natureza é titular dos direitos reconhecidos nesta Constituição que lhe são aplicáveis". O artigo 127.1 simplesmente explicita os deveres que decorrem desses direitos: "A natureza tem direitos. O Estado e a sociedade têm o dever de protegê-los e respeitá-los". O dever que se deduz do reconhecimento de direitos se impõe aqui tanto à sociedade quanto ao Estado. Como no caso da plurinacionalidade, aqui também se pode ver claramente a inspiração do constitucionalismo andino do início do século XXI. Foi a Constituição do Equador de 2008 que deu o exemplo, ao ser a primeira a reconhecer os direitos da natureza, o que implicava entendê-la como um sujeito de direito. A Constituição boliviana de 2009 concede um lugar de destaque não à natureza exatamente, mas à Pachamama, ou Mãe Terra.[43]

Limitar-se a essa comparação, entretanto, seria deixar escapar a originalidade das propostas constitucionais chilenas no campo da ecologia. Pois, embora o reconhecimento dos direitos da natureza tenha sido rapidamente aceito pela plenária da Convenção, o texto inclui uma nova categoria que complementa a anterior, a dos "bens comuns naturais", e foi essa categoria que gerou alguns tensionamentos no debate interno da Constituinte.[44] Na verdade, essas divergências refletem em grande parte as duas principais tensões inerentes à própria categoria: entre o público e o estatal (os bens comuns estariam além da dualidade do estatal e do privado?) e entre o natural e o social (estariam dados na natureza ou seriam sempre instituídos pela sociedade?).

O primeiro relatório[45] elaborado pela Comissão de Meio Ambiente fornece uma definição *naturalista* de bens comuns: "Bens comuns são aqueles que a natureza tornou comuns a todas as pessoas. [...] Os bens comuns não foram produzidos ou fabricados por nenhum ser humano, eles existem como resultado de processos naturais". As oscilações na redação do texto revelavam as tensões mencionadas anteriormente: ora se fazia referência a "bens comuns naturais", o que denotava a existência de um tipo particular de bem comum inserido na categoria de bens comuns, que pode perfeitamente andar de mãos dadas com uma concepção social dos bens comuns; ora se fazia referência a "bens naturais comuns", o que pressupunha a existência de bens naturais que, por suas qualidades intrínsecas, seriam comuns a todas as pessoas. A versão final usa corretamente a expressão "bens comuns naturais": a qualidade dos bens comuns não depende da natureza, mas da "determinação de comunidades humanas auto-organizadas".

Com relação à segunda das divergências mencionadas, a Convenção adotou uma versão muito moderada: os bens comuns naturais são vistos como um "simples complemento corretivo da díade público-privado", o que marca um recuo em relação ao texto inicial, que definia os bens comuns naturais como "não suscetíveis de apropriação". Julguemos por nós mesmos: o artigo 134.4 distingue entre "bens comuns naturais não apropriáveis" e "bens comuns naturais de domínio privado", o que é uma contradição. Essa distinção permitiu evitar a criação de uma obrigação de gestão democrática e participativa de todos os bens comuns naturais e restringi-la aos bens comuns naturais não apropriáveis. Como aponta Luis Lloredo, essa manobra conceitual neutralizou a carga crítica do conceito de bens comuns, escamoteando a diferença entre o estatal e o comum. No entanto, o fato é que o texto estabelece que "a água em todos os seus estados, o ar, o mar territorial e as praias" (artigo 134.3) são bens comuns naturais *inapropriáveis*, o que possibilitaria a proibição do mercado de direitos de água, consagrado na Constituição de 1980.

Duas características da definição de bens comuns naturais merecem destaque aqui. Em primeiro lugar, é preciso saber que essa definição é inspirada na proposta da Comissão Rodotà,[46] segundo a qual todas as coisas indispensáveis ao exercício dos direitos humanos fundamentais são bens comuns. *Analogamente*, a Convenção chilena define os bens comuns naturais como "elementos ou componentes da natureza" cuja proteção se destina a "assegurar os direitos da natureza" (artigo 134.1.): assim como os bens comuns, no sentido de Rodotà, são necessários ao exercício, pela *pessoa*, de seus direitos fundamentais, os bens comuns naturais, no sentido da Constituição chilena, são necessários ao exercício, pela *natureza*, de seus direitos fundamentais. Esse raciocínio por analogia permitiu, pelo menos, sair do impasse em que se encontravam as discussões entre os delegados constituintes em função da resistência de muitos deles ao conceito de bens comuns naturais. Como a ideia de direitos da natureza já havia sido adotada em plenária, era necessário ir até o fim e dar a ela uma base material. Dessa forma, a Convenção conseguiu ir além de uma simples enumeração (praias, geleiras, zonas úmidas etc.) para chegar a uma definição que ancora o conceito de bens comuns naturais no conceito de direitos da natureza, reencontrando, assim, o espírito do constitucionalismo andino por meio de um desvio inesperado e singular.[47] Nesse aspecto, pode-se até dizer que ela ultrapassou esse constitucionalismo. Pois, como Philippe Descola corretamente observa, a Constituição equatoriana de 2008 reconhece os direitos da natureza, mas não garante esses direitos de fato, "por falta de uma maneira de definir os direitos da natureza que não passe pela representação de seus interesses por grupos humanos".[48] Sem chegar a ponto de conceder *status* legal a entidades vivas,[49] a proposta chilena, pelo menos, tem o mérito de garantir os direitos da natureza por meio da proteção dos bens comuns naturais.

Em segundo lugar, a definição de bens comuns naturais traz explicitamente a ideia de um "Estado guardião", ou seja, um Estado que tem um "dever especial de custódia" desses bens (artigo 134.1). Esse conceito de um Estado definido, antes de tudo, por seus deveres, verdadeiro fio condutor do texto constitucional, atinge a "linha d'água da soberania":[50] isso significa que o Estado não é mais o proprietário ou detentor dos bens comuns naturais, como é o caso dos "bens nacionais de uso público", mas sim um mero depositário que deixa de ter direitos e passa a ter apenas deveres em relação a determinados elementos da natureza. O que temos aqui é um desafio à soberania do Estado que é ainda mais interessante na medida em que o submete a limites incontornáveis e a condições que o ultrapassam: a salvaguarda das condições de vida é superior a qualquer contrato social e, além disso, a qualquer contrato, mesmo "natural".

A questão da soberania, entretanto, esteve muito perto de ser resolvida de forma positiva. A deliberação interna da Constituinte tornou evidente a desconfiança com que os delegados mapuches receberam a categoria de bens comuns naturais, não somente por causa de uma desconfiança historicamente alimentada em relação a qualquer proposta institucional vinda do Estado, mas também, e sobretudo, por causa do medo de que eles fossem destituídos dos bens naturais localizados em seus territórios ancestrais em nome dos "comuns", como se o comum fosse outro nome para o universal abstrato que ameaçava os direitos coletivos, exercendo-se numa escala local. Assim, armou-se a soberania territorial local não apenas contra o universalismo com o qual o Estado-nação gosta de revestir sua identidade particular, mas também contra o universalismo dos bens comuns da humanidade.

Uma Constituição com "duas almas"?

Direitos dos povos indígenas, direitos das mulheres, direitos da natureza: a amplitude dos direitos reconhecidos no projeto de Constituição é considerável, para dizer o mínimo, e as inovações introduzidas são evidentes. A questão decisiva que se coloca é, portanto, saber *a quais poderes* compete garantir e proteger esses direitos. Para responder a essa pergunta, é preciso analisar a organização dos poderes prevista nesse projeto. Com efeito, toda Constituição é composta de duas partes principais: a chamada parte "dogmática", que contém o rol de direitos fundamentais, e a parte "orgânica", que trata da organização dos poderes. É essa segunda parte que Roberto Gargarella chama de "núcleo duro" ou, por uma metáfora muito eloquente, de "sala de máquinas" da Constituição.[51] Em sua opinião, o "grande problema" do constitucionalismo latino-americano no início do século XX foi que ele se tornou um "constitucionalismo com duas almas": uma, relacionada aos direitos, que começava a luzir, com um perfil social avançado e democrático em suas ambições, um pouco no espírito da Declaração de Direitos dos Estados Unidos;[52] a outra, relacionada à organização do poder, que conservou as "características elitistas e autoritárias típicas do constitucionalismo latino-americano do século XIX". Em outras palavras, segundo Gargarella, o constitucionalismo latino-americano promove e incorpora uma longa lista de novos direitos, mantendo "a porta da sala de máquinas da Constituição fechada".[53] Esse foi seu grande "erro", a menos que tenha sido o resultado de um cálculo cínico por parte da elite política e social: seus setores tradicionais "preferiram conceder direitos como concessões às reivindicações sociais dos grupos mais negligenciados, como forma de preservar tudo o mais ligado à antiga organização do aparato de poder". Os direitos constitucionais seriam, assim, reduzidos a "subornos" "oferecidos" pelos poderosos para preservar seus próprios poderes.[54]

Será que a Constituinte chilena escapou dessa barganha, que consiste em permitir a proliferação de direitos para preservar a antiga organização concentrada do poder? Será que ainda se tratava de ludibriar a sociedade, ofuscando-a com as "luzes coloridas dos novos direitos", para citar Gargarella mais uma vez? Para descobrir isso, é preciso examinar mais de perto a relação entre as duas partes – a dogmática e a orgânica – da proposta constitucional. Como vimos, a parte dogmática caracteriza-se pelo reconhecimento de novos direitos, a ponto de se poder falar de uma certa exuberância nessa área. A parte orgânica, em compensação, fica em segundo plano. Isso porque o debate interno na Constituinte não encarou a questão decisiva: *qual* organização interna do Estado é *necessária* para a extensão dos direitos, especialmente dos direitos sociais? Seria preciso preservar, com algumas modificações, a organização estatal tradicional, sob pena de sobrecarregar o Estado com uma tarefa que ele seria incapaz de cumprir? Ou seria o caso de repensar completamente essa organização e fazer valer uma invenção democrática à altura das novas responsabilidades atribuídas ao Estado em termos de garantia de direitos?

Opor-se ao Estado subsidiário não é suficiente para estar de acordo quanto ao tipo de Estado que deve substituí-lo, como mostra a discordância provocada pelo artigo 1.1. Em 12 de março de 2022, a definição do Estado chileno como um Estado de direito social foi objeto de uma aprovação extremamente apertada, com 104 votos a favor, mas em 17 de março essa norma fundamental recebeu apenas 100 votos na sessão plenária, o que fez com que retornasse à comissão.[55] Além da ala direita, os delegados da Coordinadora Plurinacional y Popular (um grupo de membros dos povos indígenas e ex-membros da LdP) votaram contra, argumentando que queriam um Estado social garantidor "*de* direitos", em vez de um Estado social garantidor "*do* direito". Segundo eles, a primeira definição tornava mais fácil recorrer aos tribunais para exigir o respeito aos direitos do que a segunda.[56] O pomo da discórdia residia, portanto, na *justiciabilidade* dos direitos sociais, ou seja, no fato de que eram direitos *oponíveis* pelos cidadãos contra o Estado. A pergunta essencial, entretanto, é: *que* tipo de Estado *para* garantir *esses* direitos, e não outros? O risco, então, é de uma distribuição tácita de papéis dentro da Constituinte entre aqueles que estão preocupados principalmente em acrescentar novos direitos oponíveis *ao* Estado, sendo indiferentes à organização deste último, e aqueles que pretendem manter, por meio de certas reformas, uma organização tradicional de poderes *dentro* do Estado.

A esse respeito, é forçoso reconhecer que as propostas relacionadas à separação dos poderes (especialmente entre o Executivo e o Legislativo) não exibem nem originalidade nem radicalidade. Ora, essa separação determina em grande medida a natureza do sistema político. Em que consistem as principais mudanças nessa área? Essencialmente, a transição do presidencialismo "exacerbado" para o "atenuado" e do bicameralismo "simétrico" para o "assimétrico".[57] No que se refere ao primeiro ponto, deve-se observar que, na Constituição chilena ainda em vigor, o Executivo tem a característica de ser um *colegislador* e, em alguns casos, tem até mesmo o poder *exclusivo* de apresentar projetos de lei (por exemplo, quando se trata de gastos públicos). A despeito dos debates internos da Convenção sobre a necessidade de passar a um sistema semipresidencial, a proposta mantém o presidencialismo, com poucas mudanças. Formalmente, não há nenhuma menção a "veto" presidencial,[58] mas o presidente ainda tem o poder de rejeitar ou solicitar mudanças nos projetos de lei enviados pelo Congresso. No que diz respeito ao bicameralismo, a mudança envolve a substituição do atual Congresso bicameral (Câmara dos Deputados e Senado) por um sistema de duas câmaras (Congresso dos Deputados e Deputadas e Câmara das Regiões), no qual a Câmara das Regiões tem poderes mais limitados do que o antigo Senado.[59] A Câmara dos Deputados tem poderes maiores do que a Câmara das Regiões, incluindo o poder de propor projetos de lei relacionados a gastos públicos, mas o patrocínio da presidência é necessário para que esses projetos sejam aprovados. É impossível discordar, portanto, de que o sistema político é o "ponto fraco" do texto constitucional.[60]

Pode-se objetar, no entanto, que a proposta apresenta mecanismos corretivos que tendem a limitar a concentração dos poderes. Por exemplo, a instituição do Defensor do Povo[61] (123-126) e a do Defensor da Natureza (148-150), mas essas instituições dificilmente favoreceriam a participação ativa dos cidadãos na deliberação coletiva e na tomada de decisões, uma vez que, sendo órgãos autônomos com personalidade jurídica, permanecem fundamentalmente *representativas*, e essa é sua principal deficiência. Em suma, embora o texto reconheça (151.2) que é dever do Estado tomar todas as medidas para garantir "a participação efetiva de *toda a* sociedade no processo político e o *pleno* exercício da democracia" e, consequentemente, reconheça (153.1) que "o Estado deve garantir a todos os cidadãos, sem qualquer tipo de discriminação, o pleno exercício de uma democracia participativa por meio de mecanismos de democracia direta", ele ainda é muito vago quanto à forma como cumpriria essa obrigação em relação a todos os cidadãos. Nesse sentido, é possível dizer que o texto da Convenção não tem *um* "espírito", e sim duas "almas".

Presidencialismo ou democracia

Em outras palavras, não faltam "freios e contrapesos" para garantir o equilíbrio de poder no sentido da Constituição dos Estados Unidos, nem mecanismos, tais como a iniciativa popular, para revogar uma lei ou reformar a Constituição, ou, ainda, plebiscitos, referendos ou consultas em nível regional ou municipal (conforme previsto nos artigos 155 a 158 do texto constitucional); o que falta, antes de tudo, são *novos órgãos* cujo modo de composição garanta a participação do maior número possível de cidadãos nos assuntos públicos, indo além do princípio representativo. Mas avançar por esse caminho exigiria uma ruptura com o presidencialismo em *todas* as suas formas, em particular naquela que faz do presidente da República o chefe do Estado *e* do governo (artigo 279). Entretanto, a maioria dos Estados latino-americanos tem regimes presidencialistas, inclusive aqueles cujas constituições foram bem longe na introdução de mecanismos de democracia participativa.

Na história recente da América Latina, a divisão mencionada acima entre a concessão generosa de direitos e o confisco dos poderes centrais do Estado resultou em um presidencialismo reforçado, por meio do qual certos chefes de Estado acabaram violando a Constituição. Assim, o presidente do Equador, Rafael Correa, promoveu a pilhagem, por uma empresa mineradora chinesa, de um território habitado pela comunidade Shuar, em flagrante violação dos direitos constitucionais dos membros dessa comunidade, e chegou a ponto de ordenar uma ofensiva do exército em dezembro de 2016 contra aqueles que estavam defendendo seu território e seus direitos.

Na Bolívia, a violação da Constituição pelo presidente assumiu a forma de "presidencialismo constituinte" com o objetivo de contornar "a proibição da continuidade presidencial".[62] A fim de reverter as disposições da Constituição de 2009 que o impediam de concorrer a um quarto mandato em 2019, o presidente Evo Morales propôs um referendo em 21 de fevereiro de 2016. Com um índice de participação de 84,5%, os bolivianos rejeitaram por 51,3% a proposta de modificação do texto da Constituição para combater o princípio da não reeleição. Embora reconhecendo sua derrota, o Executivo não hesitou em instrumentalizar os órgãos jurídicos e eleitorais a seu favor: em 2017, o Tribunal Constitucional Plurinacional aboliu várias disposições constitucionais relacionadas à reeleição presidencial. E, em outubro de 2018, Morales foi autorizado a se candidatar na eleição presidencial de 20 de outubro de 2019. "O hiperpresidencialismo, favorecido pela Constituição de 2009 e acentuado pela prática de Evo Morales, leva, portanto, a uma subordinação dos poderes constituídos ao órgão executivo, incluindo o juiz constitucional e o órgão eleitoral".[63]

Em 22 de outubro, a publicação de resultados que indicavam a vitória de Morales no primeiro turno acendeu fortes suspeitas de fraude. Manifestações de rua se multiplicaram nos dias seguintes, e protestos de alguns militantes do partido de Morales, mas principalmente da extrema-direita branca e religiosa, tomaram um rumo violento. A crise política acabou levando a uma crise institucional que resultou na renúncia do presidente, do vice-presidente e de outras figuras importantes. Como a Constituição não especificava quem deveria substituir o presidente em caso de necessidade, o cargo permaneceu vago. Foi nesse cenário de agitação e violência que Jeanine Áñez, segunda vice-presidente do Senado, nomeou-se presidente do Senado em novembro de 2019 e, em seguida, presidente interina do Estado, sem investidura formal pelo Parlamento, em violação ao artigo 161 da Constituição boliviana.

A lógica do presidencialismo entabulada por Morales se impôs, em detrimento da lógica da soberania popular, que, no entanto, estava suficientemente presente na Constituição. A Constituição previa vários mecanismos para permitir que o povo controlasse o governo e participasse do processo de tomada de decisões. Além da iniciativa legislativa dos cidadãos, ela reconhecia o referendo revogatório, a assembleia, o *cabildo* e a consulta prévia, no caso dos povos "indígenas".[64] Mas todos esses mecanismos foram neutralizados por um Poder Executivo que submeteu o juiz constitucional e o órgão eleitoral. Ao prevalecer, a lógica do presidencialismo acabou produzindo uma desvalorização das normas constitucionais (ou "desconstitucionalização"), cujas consequências levaram a extrema-direita a assumir o controle do Executivo.[65]

É claro que o Chile não é a Bolívia, mas é razoável duvidar que os mecanismos participativos previstos no texto chileno sejam um baluarte suficiente contra a ameaça do presidencialismo, mesmo que "atenuado". Como bem assinala Gargarella, o risco não é o de uma "revolução de direitos", mas sim de que esses direitos não se concretizem na prática e continuem dependentes da discricionariedade do presidente e dos antigos poderes: o problema reside, portanto, no "tão pouco", e não no "demais"; não no fato de se ter ido "longe demais", mas no fato de ter faltado "tão pouco".[66]

A alternativa do constitucionalismo deliberativo

Partamos do que nos ensina a deliberação praticada pela Constituinte, por meio da qual ela elaborou suas propostas. Mencionamos o processo de deliberação que precedeu a elaboração dos artigos sobre os bens comuns naturais. O que aprendemos com ele? Que a deliberação coletiva resultou em decisões que são, para alguns, fruto de consenso e, para outros, para muitos outros, o reflexo da vontade política de uma maioria qualificada (a de dois terços, nesse caso); que esse processo de deliberação não impediu um debate no qual as diversas partes trocaram argumentos, defenderam suas teses e acabaram por entrar em conflito. A deliberação constitucional é, nesse sentido, uma deliberação *conflituosa*, que pode ou não levar ao consenso; não é e não pode ser uma democracia consensual, ao contrário do que quer fazer crer a ideologia da Concertação.

De modo mais geral, essa concepção de deliberação rompe radicalmente com a ideia de que as constituições seriam uma espécie de "contrato consensual". O pressuposto que subjaz à noção de contrato é o de uma negociação entre as partes com base em seus respectivos interesses particulares, o que pertence à lógica de composição de interesses que rege o direito privado. As constituições, no entanto, são o fruto de uma *decisão* política fundamental.[67] Isso significa que Schmitt tem razão? De forma alguma: uma Constituição não *é* uma decisão; ela *resulta* de uma decisão coletiva, o que não é, de forma alguma, equivalente; além disso, essa decisão fundamental é, em si mesma, o produto da deliberação coletiva e, portanto, não pode ser separada dela. Por outro lado, Schmitt exalta a dimensão existencial da decisão constituinte e dá pouca atenção à deliberação, em razão de sua concepção plebiscitária de democracia.[68] É justamente esse lugar eminente da deliberação coletiva que qualifica o mecanismo da assembleia de delegados eleitos pelos cidadãos como o mais adequado para a elaboração de uma Constituição. Se um procedimento elitista for escolhido, os obstáculos à deliberação coletiva serão ainda mais difíceis de superar, porque "os partidos tenderão a se impor como intérpretes qualificados dos setores que representam e limitar-se-ão a negociar custos e benefícios da forma que considerarem mais vantajosa".[69]

É por isso que Aristóteles, corretamente, faz da deliberação a atividade por excelência da assembleia popular, que é o órgão supremo da Cidade. O objeto da deliberação, portanto, são "assuntos comuns": deliberar em comum sobre assuntos comuns e decidir quais são os assuntos mais importantes – é nisso que consiste a atividade da Assembleia. Qual é a natureza dessa atividade de codeliberação? No capítulo 11 do livro III da *Política*, Aristóteles argumenta a favor da supremacia das massas. Ele defende que muitos indivíduos, entre os quais nenhum é virtuoso, podem, quando reunidos, ser melhores do que um pequeno número de pessoas virtuosas, melhores "não individualmente, mas coletivamente, assim como refeições coletivas são melhores do que aquelas organizadas por uma única pessoa". Mais adiante, no livro III, ele afirma: "Assim como um banquete financiado coletivamente é melhor do que aquele oferecido por uma única pessoa, por essa razão também uma grande massa decide melhor do que qualquer indivíduo".[70] A analogia significa que é a maneira pela qual as contribuições se somam que torna superior a refeição coletiva. Esse é o argumento da "excelência coletiva por composição", muito diferente daqueles que justificam o poder da maioria na era moderna: não é o número, por si só, que faz a diferença; é a qualidade da massa reunida que torna possível essa superioridade do julgamento coletivo, formado pela composição dos julgamentos dos diferentes indivíduos. Essa composição pressupõe que *cada indivíduo* contribui para o banquete com suas qualidades, e essa única condição, evidentemente decisiva, não é, de forma alguma, evidente. Deliberar vem de *librare*, que significa "pesar": deliberar significa pesar os prós e os contras. É pesando os prós e os contras que o julgamento de *cada* cidadão é formado e composto com os julgamentos de *outros* cidadãos.

Essa ideia de deliberação comum é radicalmente incompatível com o conceito de deliberação promovido por toda a tradição do contrato social. Para Rousseau, o ideal é o da unanimidade, que seria alcançado se todas as vontades individuais fossem razoáveis ("gerais"). Os cidadãos teriam, portanto, que deliberar sem "nenhuma comunicação entre si".[71] Ora, o que importa antes de tudo na prática da deliberação coletiva é a formação do julgamento de toda a assembleia por meio da composição dos julgamentos de todos os seus membros. Na tradição contratualista, por fim, a deliberação consigo mesmo tem a primazia sobre a deliberação comum. Isso também pode ser visto na noção de racionalidade deliberativa (*deliberative rationality*), que Rawls toma emprestada de Henry Sidgwick em seu livro *Uma teoria da justiça*,[72] de acordo com a qual um projeto racional seria aquele escolhido ao cabo de uma deliberação racional. Mais precisamente, é o projeto que seria escolhido por uma pessoa ao final de uma reflexão baseada em um conhecimento completo de sua própria situação e das consequências da realização de cada projeto pessoal contemplado. Para Rawls, assim como para Rousseau, a forma suprema de deliberação é a deliberação racional *interior*.

Em compensação, para Aristóteles, cabe aos membros da Assembleia do Povo (*ecclèsia*) deliberar sobre assuntos comuns, sendo que a "deliberação consigo mesmo" nada mais é do que a forma internalizada de codeliberação. A primeira característica da deliberação, portanto, é ser comum tanto como atividade coletiva (*sumbouleuein*) quanto por seu objeto (assuntos comuns). Sua segunda característica é que ela trata do possível, ou seja, do futuro (da melhor Constituição para o Chile de hoje), e não do impossível (uma Constituição que não dissesse nada sobre a organização e a distribuição do poder) ou do passado (a existência da ditadura de Pinochet). Sua terceira característica é que ela se refere à escolha dos meios em relação a um determinado fim, mas o fim só é de fato determinado na e pela escolha dos meios. Os meios são redutíveis a meros instrumentos. Assim, não podemos, ao mesmo tempo, querer uma boa deliberação coletiva e confiá-la a um seleto cenáculo de especialistas que discutam entre si resguardados da intervenção direta dos cidadãos, pois, nesse caso, o meio entra em contradição com o fim.

É somente se esmerando por acomodar essa demanda de participação direta dos cidadãos que se pode esperar superar a tensão entre constitucionalismo e democracia: de um lado, o constitucionalismo tende a impor limites à ação da maioria; de outro, a democracia exige a primazia da soberania do povo.[73] Atualmente, várias correntes tentam remediar essa dissociação. Por exemplo, Mark Tushnet rejeita a ideia de que as cortes supremas ou constitucionais detenham a prerrogativa de decidir, em última instância, sobre a constitucionalidade ou a inconstitucionalidade das leis e defende um "constitucionalismo popular" que favorece outros procedimentos (como plebiscitos sobre decisões específicas).[74] Outra corrente é a do constitucionalismo "dialógico" ou "deliberativo" – à qual se liga Gargarella e que é parcialmente inspirada por Tushnet –, que vê os tribunais constitucionais como catalisadores do diálogo com outros poderes (como o Parlamento) ou com o povo.[75]

Contudo, além da questão das prerrogativas e da composição dos tribunais constitucionais, a questão política fundamental é menos *a* limitação da ação da maioria *pelo* "constitucionalismo" do que o *tipo* de limitação imposta por *uma* determinada Constituição. Com efeito, a Constituição de 1980 não é como as outras. Ela não pode incorporar o "constitucionalismo" em geral e sua desconfiança original em relação à "democracia". Sua principal característica é que ela restringe antecipadamente o campo do deliberável por uma decisão constituinte em favor da ordem do mercado (o princípio da subsidiariedade do Estado). Guzmán não dissimulou o cálculo que estava fazendo sobre o futuro. É por isso que qualquer alternativa política ao neoliberalismo deve começar reabrindo o campo do deliberável, ou seja, o campo do possível. O valor inestimável da experiência constituinte chilena é que ela nos instrui na prática sobre as condições que qualificam a deliberação coletiva, bem como sobre as limitações que a entravam ou, simplesmente, a impossibilitam. O verdadeiro constitucionalismo deliberativo é motivado por uma preocupação de abrir a deliberação constituinte à mais ampla participação cidadã possível, contra qualquer procedimento elitista ou expertocrático. É também o tipo de constitucionalismo que se esforça, até a decisão constituinte e até mesmo além dela, para manter o campo de deliberação aberto, em vez de fechá-lo por medo da democracia.

Notas

[1] Elisa Loncón, discurso na Convenção Constitucional, 5 de julho de 2021.
[2] Violaine Delteil & Lauréline Fontaine. "Sur l'empreinte économique de la Constitution américaine, lecture croisée de Charles Beard". *In*: Lauréline Fontaine (org.). *Capitalisme, libéralisme et constitutionnalisme*. Paris, Mare et Martin, 2021, pp. 81-82 (Col. Libre Droit).
[3] Cristian Gazmuri. "Le Chili et l'influence de la culture française (1818-1848)". *Raison Présente*, n. 93, 1990, p. 60.
[4] Ver "O movimento mapuche e a questão do Estado chileno", no capítulo 2.

[5] "É dever do Congresso cuidar da civilização dos Índios do território" – *apud LaBot Constituyente*. "Las dudas e inquietudes sobre la plurinacionalidad". Ciper, 29 de julho de 2022.

[6] Alberto Acosta. *Le buen vivir. Pour imaginer d'autres mondes*. Paris, Utopia, 2014 [2009], p. 16, nota 1. Assim, a principal "nacionalidade", a dos Quechuas, compreende sozinha 13 povos e está dispersa em vários territórios que se estendem além das fronteiras nacionais do Equador.

[7] *Idem*, p. 173.

[8] Franck Poupeau. *Altiplano. Fragments d'une révolution (Bolivie, 1999-2019)*. Paris, Raisons d'Agir, 2021, p. 184, nota 180 (Col. Cours et Travaux).

[9] Alberto Acosta. *Le buen vivir. Pour imaginer d'autres mondes*. Paris, Utopia, 2014 [2009], p. 118.

[10] *Idem*, p. 105.

[11] Fabien Le Bonniec. "État de droit et droits indigènes dans le contexte d'une post-dictature: portrait de la criminalisation du mouvement mapuche dans un Chili démocratique". *Amnis*, n. 3, 2003, p. 16.

[12] Há 5 ocorrências dessa expressão no capítulo I (artigos 5º, 11, 12, 13, 14) e 11 no capítulo II (artigos 18, 34, 36, 44, 55, 58, 65, 79.1 e 79.4, 96, 102).

[13] *LaBot Constituyente*. "Las dudas e inquietudes sobre la plurinacionalidad". Ciper, 29 de julho de 2022. Nesse sentido, segue-se a recomendação da Convenção 169 da OIT, que faz do "sentido de pertencimento indígena ou tribal" um "critério fundamental" para determinar os grupos aos quais se aplicam as disposições da Convenção (artigo 1.2).

[14] Convenção 169 da OIT, artigo 1.1.

[15] *Idem*, artigo 1.3.

[16] *LaBot Constituyente*. "Las dudas e inquietudes sobre la plurinacionalidad". Ciper, 29 de julho de 2022.

[17] Franck Poupeau. *Altiplano. Fragments d'une révolution (Bolivie, 1999-2019)*. Paris, Raisons d'Agir, 2021, p. 304 (Col. Cours et Travaux).

[18] *LaBot Constituyente*. "Las dudas e inquietudes sobre la plurinacionalidad". Ciper, 29 de julho de 2022.

[19] Arlette Gay; Christian Sánchez & Cäcilie Schildberg. "La hora de la verdad de la nueva Constitución chilena". *Nueva Sociedad*, julho de 2022. (O autor agradece a María Eugenia Rodríguez Palop por fornecer essa referência.)

[20] Pierre Dardot & Christian Laval. *Dominer. Enquête sur la souveraineté de l'État en Occident*. Paris, La Découverte, 2020, p. 615.

[21] Geralmente, o Estado de direito comporta dois aspectos: o requisito de segurança jurídica a que todo Estado de direito deve satisfazer e o reconhecimento dos direitos fundamentais que devem ser garantidos e protegidos.

[22] Lembremos que "soberano" vem do latim *superanus*, que significa "superior".

[23] Sobre esse significado de soberania, Pierre Dardot & Christian Laval. *Dominer. Enquête sur la souveraineté de l'État en Occident*. Paris, La Découverte, 2020, p. 22.

[24] Ver capítulo 1.

[25] Pierre Dardot *et al. Le choix de la guerre civile. Une autre histoire du néolibéralisme*. Montreal, Lux 2021, pp. 43-44 (Série Futur Proche).

[26] Referimo-nos aqui ao gráfico muito claro apresentado em *LaBot Constituyente*. "Cuánto cuesta una Constitución con más derechos?". Ciper, 8 de julho de 2022.

[27] O autor agradece a María Eugenia Rodríguez Palop, filósofa do direito da Universidade Carlos III de Madrid e vice-presidente da Comissão dos Direitos da Mulher e da Igualdade

de Gênero do Parlamento Europeu (Femm), por seus esclarecimentos sobre os artigos feministas da proposta chilena. Os parágrafos a seguir devem muito a ela.

28 Ver *LaBot Constituyente*. "Cuánto cuesta una Constitución con más derechos?". Ciper, 8 de julho de 2022.

29 María Eugenia R. Palop. "Hoy las feministas del mundo queremos ser chilenas". *El Diario*, 2 de setembro de 2022.

30 Como afirma o constituinte Gonzalo García: "O Estado de direito social [...] sempre se justifica pela igualdade substancial, que é válida não apenas para os povos indígenas, mas para qualquer grupo que se encontre em situação desfavorável, como as mulheres ou os pobres" (*LaBot Constituyente*. "Las dudas e inquietudes sobre la plurinacionalidad". Ciper, 29 de julho de 2022).

31 Trata-se, sem dúvida, de uma concessão aos muitos membros independentes (ver Arlette Gay; Christian Sánchez & Cäcilie Schildberg. "La hora de la verdad de la nueva Constitución chilena". *Nueva Sociedad*, julho de 2022).

32 Isto é, levando em conta situações de discriminação múltipla.

33 *LaBot Constituyente*. "El poder se reparte entre más manos". Ciper, 22 de julho de 2022.

34 Grifo nosso.

35 Grifo nosso.

36 Karina Nohales & Pablo Abufom Silva. "Chili: vers la Constitution du peuple?". *Contretemps*, 27 de julho de 2022.

37 Esse é o artigo ao qual Karina Nohales se refere na passagem citada na p. 84.

38 María Eugenia Rodríguez Palop. "Nuestras Itacas: ciudades por el bien común en diez pasos". *Ciudades sin miedo: guia del movimiento municipalista global*. Vilassar de Dalt, Icaria, 2018.

39 Constanza Núñez. "Interdependencia". *La Tercera*, 10 de agosto de 2022.

40 Rita Laura Segato. *La guerre aux femmes*. Paris, Payot, 2022 [2016] (Col. Essais Payot).

41 María Eugenia Rodríguez Palop. "El 8M y la centralidad del cuerpo". *El Diario*, 14 de março de 2018.

42 Tomamos emprestada essa expressão de Luis Lloredo Alix. "Los bienes comunes naturales en el proceso constituyente chileno". *Viento Sur*, 28 de outubro de 2022.

43 Ver Alberto Acosta. *Le buen vivir. Pour imaginer d'autres mondes*. Paris, Utopia, 2014 [2009], pp. 19 e 85.

44 Luis Lloredo Alix. "Los bienes comunes naturales en el proceso constituyente chileno". *Viento Sur*, 28 de outubro de 2022.

45 "Iniciativa convencional constituyente sobre bienes comunales naturales". Carta de Fernando Salinas *et al.* a Maria Elisa Quinteros. Convención Constitucional, 1º de fevereiro de 2022.

46 Comissão criada pelo Ministério da Justiça da Itália em 2007 para definir o conceito de "bens comuns" como uma categoria jurídica.

47 Luis Lloredo Alix. "Los bienes comunes naturales en el proceso constituyente chileno". *Viento Sur*, 28 de outubro de 2022.

48 Philippe Descola. *La composition des mondes. Entretiens avec Pierre Charbonnier*. Paris, Flammarion, 2017 [2014], p. 325 (Col. Champs Essais).

49 Como fez a Nova Zelândia com o rio Whanganui.

50 Luis Lloredo Alix. "Los bienes comunes naturales en el proceso constituyente chileno". *Viento Sur*, 28 de outubro de 2022.

51 Roberto Gargarella. "Diez puntos sobre el cambio constitucional en Chile". *Nueva Sociedad*, n. 285, janeiro-fevereiro de 2020. Essa metáfora é retomada no artigo "El proyecto de dejar atrás la 'Constitución de Pinochet'". *La Nación*, 16 de julho de 2022.

[52] Trata-se das dez primeiras emendas à Constituição dos EUA, adotadas em 15 de dezembro de 1791, que introduziram garantias de direitos e liberdades.
[53] Roberto Gargarella. "Diez puntos sobre el cambio constitucional en Chile". *Nueva Sociedad*, n. 285, janeiro-fevereiro de 2020. (O autor se refere especificamente à Constituição mexicana de 1917.)
[54] *Idem*.
[55] Lembremos que o quórum de dois terços equivale a 103 votos.
[56] Veja *LaBot Constituyente*. "Cómo reemplazar al Estado subsidiario". Ciper, 18 de março de 2022.
[57] Ver *LaBot Constituyente*. "El poder se reparte entre más manos". Ciper, 22 de julho de 2022.
[58] A proposta constitucional refere-se a "leis que requerem aprovação presidencial".
[59] O Senado, bastião do conservadorismo político, tem vetado inúmeros projetos legislativos. A Câmara das Regiões visa à descentralização do poder, o que é, por si só, uma inovação num país como o Chile.
[60] Arlette Gay; Christian Sánchez & Cäcilie Schildberg. "La hora de la verdad de la nueva Constitución chilena". *Nueva Sociedad*, julho de 2022.
[61] Mediador, ou *ombudsman*, termo sueco que significa "representante do povo", cuja função é *representar* pessoas físicas ou jurídicas a fim de garantir sua proteção.
[62] Tomamos emprestada a expressão de Hubert Gourdon, citado por Victor Audubert. "L'interprétation présidentialiste de la Constitution bolivienne au cœur de la crise post-électorale de 2019". *Cahiers des Amériques Latines*, n. 96, 2021, § 8.
[63] *Idem*, § 22
[64] *Idem*, § 12.
[65] *Idem*, § 42.
[66] Roberto Gargarella. "El proyecto de dejar atrás la 'Constitución de Pinochet'". *La Nación*, 16 de julho de 2022.
[67] Para essa oposição entre a Constituição como um contrato e a Constituição como o resultado de uma decisão, ver Luis Lloredo Alix. "Los bienes comunes naturales en el proceso constituyente chileno". *Viento Sur*, 28 de outubro de 2022, p. 67.
[68] Como vimos no capítulo anterior.
[69] Luis Lloredo Alix. "Los bienes comunes naturales en el proceso constituyente chileno". *Viento Sur*, 28 de outubro de 2022.
[70] Aristóteles. *Les politiques*. Paris, Vrin, 1993 [IV a.C.], p. 241.
[71] Jean-Jacques Rousseau. *Du contrat social*. Paris, Flammarion, 2001 [1762], p. 69 (Série GF Flammarion).
[72] John Rawls. *Théorie de la justice*. Paris, Seuil, 1987 [1971], p. 457 (Col. "Empreintes").
[73] Roberto Gargarella. "Diez puntos sobre el cambio constitucional en Chile". *Nueva Sociedad*, n. 285, janeiro-fevereiro de 2020.
[74] Mark Tushnet. *Taking the Constitution Away from the Courts*. Princeton, Princeton University Press, 1999.
[75] Agradecemos mais uma vez a Luis Lloredo Alix por nos fornecer esses detalhes.

CONCLUSÃO
Imaginação política ou a memória do futuro

Em 4 de setembro de 2022, o "não" à nova Constituição venceu de lavada: 61,8% de 88% dos eleitores optaram pelo *Rechazo*. Esse grau de "rejeição" surpreendeu muita gente, inclusive quem tinha feito campanha por essa opção. Ao contrário do plebiscito de entrada, realizado dois anos antes, dessa vez o voto era obrigatório, e é plausível presumir que muitos que se abstiveram em outubro de 2020 escolheram o *Rechazo* em 2022.[1] Mas a pergunta que não quer calar foi feita por Noam Titelman no dia seguinte ao referendo: "Onde foi parar o apoio ao processo constituinte chileno?".[2]

A direita apresentou-se com a face amena da Centroizquierda por el Rechazo (Centro-esquerda pela Rejeição), uma frente de diferentes forças políticas de direita que, aceitando a morte da Constituição de 1980, fez campanha por uma nova proposta de Constituição, elaborada por um comitê de especialistas ou pelo Congresso.[3] Mas a vitória da rejeição de forma alguma significou o apoio da opinião pública a essa plataforma. De maneira geral, a desconfiança em relação aos partidos políticos, tanto de esquerda quanto de direita, era tão forte quanto dois anos antes.[4] Nem adesão maciça aos partidos de direita, nem renascimento do pinochetismo, nem confiança renovada nos partidos. Como, então, interpretar esses resultados?

A grande heterogeneidade do *Rechazo*

Vejamos o que algumas pesquisas de opinião realizadas entre os eleitores revelaram. A mídia alternativa Centro de Investigación Periodística (Ciper) coletou 120 testemunhos de 12 comunas populares da região metropolitana de Santiago. Eles revelaram uma ampla gama de angústias e argumentos que teriam motivado a rejeição. O desassossego mais generalizado foi com a propriedade da casa (29 respostas): alguns eleitores temiam que uma vitória do *Apruebo* significasse a transferência da propriedade de sua casa para o Estado ou que seus filhos não pudessem mais herdá-la. Logo a seguir veio o medo de que a plurinacionalidade dividisse o país em várias nações independentes entre si (21 respostas) ou que os fundos de pensão fossem expropriados pelo Estado (20 respostas). Outros haviam se decepcionado com Boric ou criticaram o comportamento dos membros da Convenção (20 e 15 respostas, respectivamente). Por fim, alguns se recusaram a aprovar uma Constituição que reconhecesse o direito ao aborto ou à dissidência de gênero (13 e 8 respostas, respectivamente).[5]

A todos esses motivos mencionados pelos eleitores da capital, devemos acrescentar aqueles dos eleitores das outras regiões. Sabemos que a rejeição da plurinacionalidade atuou como um catalisador da oposição à nova Constituição em todo o país,[6] e, se considerarmos as três regiões que pertencem ao território ancestral mapuche, veremos que a rejeição triunfou ali em proporções históricas.[7] Sabia-se que essas regiões eram muito conservadoras,[8] mas esses números foram muito além de um conservadorismo local. O racismo antimapuche, sem dúvida, influenciou esse resultado, trazendo à tona o que pode ser descrito como um reavivamento da repressão colonial.[9] Não se pode, contudo, negligenciar o voto dos próprios mapuches pelo *Rechazo*: a desconfiança sistemática com a qual a história os ensinou a receber qualquer coisa vinda do Estado, desconfiança fartamente nutrida pela atitude desse mesmo Estado, certamente pesou. Nas regiões situadas ao norte do país, outros motivos podem ter operado. Por exemplo, na região de Tarapacá, na fronteira com a Bolívia, a rejeição venceu com 68% dos votos, chegando a 94,70% na comuna de Colchane, pela qual os migrantes venezuelanos entram no Chile. Aí, o sentimento de abandono por parte do Estado, combinado com o sentimento de "invasão" migratória, alimentou o voto de rejeição numa mistura de nacionalismo e regionalismo.

Convém acrescentar a esses dados a votação em províncias que são as primeiras vítimas das políticas neoliberais, como Petorca, onde 56,1% da população votou contra o projeto de Constituição, enquanto 90% votaram a favor da mudança de Constituição no plebiscito de entrada em 2020. A província, considerada uma "zona de sacrifício", está em situação de emergência hídrica, e grande parte de seus habitantes é abastecida de água por caminhões-pipa, enquanto os recursos hídricos são monopolizados pela agroindústria. Nesse caso, podemos inferir o medo dos eleitores de perder o pouco que têm, o temor de ataques ao direito de propriedade e a rejeição da plurinacionalidade em nome da unidade do Chile.[10] A rejeição da Constituição ecologista por parte de uma província duramente atingida pela crise hídrica explicar-se-ia, portanto, apesar da situação local, pelos mesmos motivos que prevaleceram em outras partes do país.

Quarenta anos de experiência neoliberal

A heterogeneidade de motivos para a rejeição parece desencorajar qualquer análise. Será que tudo se resume ao impacto da campanha de desinformação contra o projeto de Constituição, com seu cortejo de *fake news*? Poderíamos ceder à tentação de explicar a amplitude do *Rechazo* com o desconhecimento do conteúdo do texto constitucional, mas uma simples leitura do projeto é suficiente para invalidar esses falsos argumentos: o direito à propriedade é garantido, a plurinacionalidade é reconhecida dentro da unidade do Estado etc. Muitos antigos constituintes disseram que a derrota foi, "acima de tudo, uma derrota midiática",[11] e que o contexto não era igualitário, como observou em sua declaração o Comando Movimientos Sociales: Apruebo Nueva Constitución (Comando dos Movimentos Sociais: Aprovo a Nova Constituição): "Embora esse resultado não seja o que esperávamos, é essencial deixar claro: essa é uma derrota eleitoral, não a derrota de um projeto. Perdemos em um cenário de profunda e inaceitável desigualdade".[12] A derrota seria, portanto, decorrente da assimetria de recursos e meios de campanha, de forma alguma do conteúdo do projeto. O argumento implícito que sustenta essa perspectiva é o seguinte: se todos os eleitores tivessem podido ler o texto sem a interferência da abominável e mentirosa campanha adversária, eles teriam percebido que esse texto reconhecia novos direitos sociais para todos os cidadãos e teriam votado a favor dele.

Tal raciocínio, entretanto, parece um tanto simplório. Será que, mesmo sabendo que a unidade do Estado não estava ameaçada, os eleitores desconfiados da plurinacionalidade teriam se convertido em apoiadores da nova Constituição?

A poderosa ficção do Estado-nação uno e indivisível continua a operar e, o que é mais importante, ela foi reforçada durante a ditadura de Pinochet e, depois, durante o concertacionismo. Não nos esqueçamos de que, longe de ser um Estado fraco, o Estado *subsidiário* foi um Estado *hipercentralizado* que se escorou nessa ficção por décadas.

Quanto ao outro motivo predominante da rejeição, o medo de perder o pouco que se tem, provém diretamente da "experiência neoliberal" descrita na introdução deste livro. O que está em questão aí não é uma ideologia, mas, sim, um condicionamento da experiência cotidiana que forjou a ferro e fogo as subjetividades. A relação do indivíduo com a *propriedade privada*, seja moradia ou fundos de pensão, foi profundamente estigmatizada por isso. E nesse caso, novamente, por que a angústia seria dissipada pela simples leitura comentada dos parágrafos do texto constitucional? Por que não admitir que o problema é mais complexo?

Ainda que a enumeração das razões subjetivas para o *Rechazo* não forneça uma explicação, o enraizamento dessas razões no terreno da experiência neoliberal oferece uma preciosa nitidez.[13] Essa experiência não constitui, por si só, um motivo para votar contra a nova Constituição, mas subjaz às variadas motivações para tal voto. Os movimentos sociais certamente deram origem a uma rica e multiforme subjetivação coletiva,[14] mas *os movimentos sociais não são a sociedade*, tampouco seu processo de politização reflete o da sociedade. Eles não eliminam, portanto, as formas de subjetivação individual que a permeiam.

A responsabilidade do governo

Não se deve, entretanto, negligenciar a responsabilidade política do presidente Boric por esse resultado. A derrota do *Apruebo* é também "uma importante derrota política para o governo".[15] Pois, mesmo que a ascensão de Boric à presidência e a abertura do processo constituinte sejam dois processos politicamente independentes, eles tenderam a se confundir na opinião pública, alimentando o *Rechazo*. A opinião pública, que ainda era favorável à nova Constituição no início do mandato de Boric, foi mudando rapidamente à medida que a popularidade do novo chefe de Estado diminuía.[16]

Desde os primeiros três meses do mandato de Boric, os erros e as contradições se acumularam.[17] A primeira contradição foi o fracasso das negociações no conflito de Wallmapu: embora Boric tenha se comprometido a abrir um "diálogo político" e a pôr fim ao "estado de exceção", assistiu-se ao agravamento do conflito, com as organizações mapuches tendo decidido seguir o caminho da insurreição política, enquanto organizações que representavam o setor florestal, profissionais terceirizados, caminhoneiros e comerciantes locais clamavam pelo "estado de exceção". Em 16 de maio de 2022, o governo respondeu anunciando o retorno das forças militares à região. A segunda contradição consistiu no abandono da promessa de recuo do presidente em favor dos vários ministérios e suas respectivas agendas. No final de abril/início de maio, uma série de graves atos de violência foi cometida (incêndios criminosos, o assassinato de uma jornalista, o assassinato de um policial). O governo respondeu com acusações, o que ajudou a impor uma agenda midiática centrada na segurança, na ordem, no combate à violência e ao terrorismo e colocou o presidente sob os holofotes. Em terceiro lugar, o governo de Boric teve dificuldade de obter maioria no Congresso para implementar o programa com o qual havia se comprometido durante as eleições, o que o levou a apresentar propostas aleatórias a fim de ganhar tempo. Por fim, o governo e a Convenção Constitucional tiveram muita dificuldade de dialogar. Em 16 de maio, a Convenção publicou a minuta de seu projeto de normas constitucionais. O governo formulou uma série de recomendações, entre as quais estava a manutenção do atual Congresso (com maioria de direita) até 2026 e a exigência de que os parlamentares respeitassem as novas regras de quórum (ainda de dois terços) se a nova Constituição fosse aprovada. Na opinião do governo, essa opção permitiria contornar os obstáculos que a Constituição em vigor colocava a qualquer programa de transformação. No dia seguinte ao discurso do presidente, a sessão plenária da Convenção rejeitou as duas recomendações do governo.

Um novo processo constituinte dirigido pelo Congresso e por um comitê de especialistas?

Era de esperar que a derrota de 4 de setembro levasse Boric a alguma forma de autocrítica. Ele a fez, mas não como se esperava de um presidente que tinha apoiado publicamente a Convenção. De fato, logo após a vitória do *Rechazo*, um diagnóstico muito específico se pronunciava no discurso do governo: o fracasso da Constituinte, diziam, devera-se ao peso excessivo das "demandas identitárias".

Na verdade, esse diagnóstico não foi elaborado nos círculos do poder. Ele recebeu uma espécie de unção acadêmica em uma "coluna de opinião" de Manfred Svensson publicada em 6 de setembro[18] que afirmava que o fracasso da Convenção se devia em grande parte à ênfase dada à "política da identidade, essa forma peculiar de dar prioridade às agendas étnicas e de gênero". O autor, especialista em Santo Agostinho, identificava cinco características da política identitária que teriam contaminado a Convenção e seu projeto de Constituição. Seu ponto de vista vale menos por sua análise do texto do que pelo modo como ele apresenta certas críticas formuladas contra a Convenção durante o ano em que ela esteve em sessão. A primeira é uma compreensão errônea da democracia: "A democracia requer partidos políticos, mas, em seu lugar, a política identitária propõe movimentos". A segunda é uma confusão entre diversidade e pluralismo: de acordo com Svensson, a Convenção atribuíra aos povos indígenas uma equivocada homogeneidade interna, em vez de reconhecer sua pluralidade. A terceira é que a política identitária promoveria o particularismo em detrimento do universalismo e levaria à fragmentação dos direitos e à multiplicação de seus detentores, "em vez de incluí-los no reconhecimento universal dos direitos individuais".[19] A quarta característica, previsível, é a lógica da "vitimização", que encerraria à força as verdadeiras vítimas da ordem social em um catálogo de identidades no qual os pobres não teriam lugar, porque não constituiriam um grupo identitário. Por fim, a política identitária inviabilizaria qualquer deliberação. Para citar o autor: "O debate político racional pressupõe um tipo de comunicação que a política identitária impossibilita". De fato, não é possível travar um "debate racional" quando uma "identidade", em vez de um "argumento", é posta em primeiro plano.

Essa crítica acadêmica, marcada por um universalismo abstrato, no mínimo pouco original, baseia-se em uma série de confusões. Ela desconsidera que a crítica do monopólio da política pelos partidos não sugere a substituição dos partidos por movimentos, mas, sim, que se reserve às organizações políticas não partidárias um lugar ao lado dos partidos.[20] Além disso, a crítica de Svensson confunde o direito à identidade com o identitarismo, supondo, assim, que qualquer defesa da identidade estaria condenada a seguir a lógica identitária. Ela também finge ignorar que o reconhecimento do pluralismo cultural pela Convenção nunca significou o desconhecimento da pluralidade interna dos povos indígenas e de cada povo indígena.[21] Por fim, Svensson critica a Convenção por ter privado os pobres de seu *status* de excluídos, enquanto uma leitura minimamente cuidadosa do texto constitucional mostra que pobres estão entre os excluídos da mesma forma que mulheres e povos indígenas, o que legitima suas demandas por justiça e reparação.

A debilidade de seus argumentos não impediu que essa "coluna" reverberasse nos comentários feitos por Boric no final de setembro sobre a perspectiva de uma nova Constituinte: "Acredito que a Constituição não precisa responder a cada uma das demandas identitárias que existem na sociedade. Ela deve ser uma estrutura comum que permita que a política se faça as perguntas que ainda não fizemos". A isso o presidente acrescentou que se

> [...] deve vislumbrar uma nova Constituição com limites mais claros, que devem ser definidos em discussões no Congresso, talvez com prazos mais curtos, levando em conta a experiência anterior, e com o apoio de comitês de especialistas ou pessoas que ajudem a tornar a discussão mais fácil e mais palatável para todos.

Desejando que os partidos políticos cheguem a um consenso e finalmente concordem com uma Constituição que seja um ponto de encontro, e não uma linha divisória, ele defende "uma Constituição que [...] seja muito geral".[22]

Deixemos de lado a crítica dirigida aos movimentos sociais e ao lugar que eles conquistaram na Constituinte, fazendo com que novos direitos fossem reconhecidos. Consideremos mais de perto a nova Constituinte que se desenha nesses comentários. Não admira que ela exiba um traço típico do concertacionismo: a valorização do consenso entre os partidos políticos como método de resolução dos problemas e como alternativa sistemática ao conflito. Mas fica ainda pior: continuando a se referir ao mandato dado em 25 de outubro pelo povo chileno, o de uma Constituinte eleita por sufrágio universal direto, Boric justificou sua rejeição de um Congresso Constituinte dizendo preferir que o mandato dessa Assembleia fosse previamente estabelecido pelo Congresso e que lhe fossem concedidos prazos mais curtos do que os concedidos à anterior.[23] Ele também recomendou que o trabalho da futura Constituinte fosse supervisionado por um comitê de especialistas.

Todas essas recomendações, essas muitas restrições feitas de antemão à nova Constituinte, estão em contradição direta com o princípio da deliberação democrática. Uma Constituinte concedida sob essas condições seria ainda menos livre do que a anterior, pois, além de depender da Constituição de 1980, estaria sujeita a outras amarras, relacionadas aos *limites do deliberável*: a discussão sobre os direitos sociais seria em grande parte destituída de sua substância. Tal Constituinte seria tutelada antes mesmo de começar a se reunir, seria policiada e apaziguada, protegida das turbulências sociais e reduzida ao estado de minoridade.

A VERDADEIRA DEMOCRACIA É DELIBERATIVA E CONFLITUOSA

Na Atenas clássica, berço da democracia, os especialistas tinham seu lugar, mas somente na medida em que sua opinião sobre determinada questão pudesse esclarecer os membros da Assembleia e ajudá-los a tomar decisões coletivamente. Os especialistas eram ouvidos pelos cidadãos, mas não decidiam nada. Em outras palavras, em uma democracia, *não há especialistas em política*.[24] A ideia generalizada de que existem especialistas em política serve para legitimar o poder dos políticos e para restringir a participação do povo, que é, por definição, leigo, a opinar periodicamente sobre esses supostos especialistas. Por outro lado, os atenienses aceitavam de bom grado o conselho de um arquiteto, quando se tratava de construir edifícios, ou de um construtor de navios, quando se tratava de construir esse tipo de embarcação, mas tinham o cuidado de não atribuir a esses especialistas uma superioridade política na Assembleia do povo. É preciso insistir neste princípio: qualquer pretensão de *expertise* política é uma falácia, e o mesmo se aplica aos políticos que se apresentam como meros "técnicos". Confiar a direção de um processo constituinte a especialistas, mesmo que sejam especialistas em direito, constitui, portanto, uma violação do próprio princípio da democracia.

Seria então o caso de invocar a democracia "direta"? Nessa expressão, "direta" se opõe a "indireta": a democracia representativa é, portanto, "indireta", na medida em que as pessoas só participam das decisões "por intermédio" dos representantes que elegem. Nesse contexto, "direta" quer dizer, acima de tudo, "não representativa", ou seja, baseada na liberdade política entendida positivamente como a participação de todos os cidadãos no exercício do poder. "Direta" significa, portanto, "participativa". De fato, um processo constituinte verdadeiramente democrático será o mais participativo possível.

Mas "direta" também pode significar "imediata": se eliminássemos a *mediação* dos representantes, estaríamos falando de uma democracia *i-mediata*, de forma que a democracia direta identificar-se-ia com uma democracia imediata. Assim, Carl Schmitt há muito tempo já clamava por uma "democracia direta, plebiscitária, não representativa". Em 1923, logo após a marcha de Mussolini sobre Roma, ele não hesitou em exaltar os méritos da "democracia imediata", na qual "a vontade do povo pode ser expressa por aclamação (*acclamatio*), por sua presença evidente e incontestável".[25] Em 1932, alguns meses antes de Hitler assumir o poder, Schmitt voltou a se referir ao "sistema plebiscitário da democracia direta". Ele distinguiu dois tipos de referendo previstos na Constituição de Weimar: o referendo de tipo legislativo-parlamentar e o referendo de iniciativa popular. Em sua opinião, esses dois tipos de referendo obedecem a duas lógicas muito diferentes: o primeiro, a uma lógica de representação; o segundo, à lógica "plebiscitária-democrática do povo soberano diretamente *presente*, idêntico a si mesmo".[26] Desse ponto de vista, a presença direta do povo e a igualdade a si mesmo caracterizam o sistema de democracia direta. Essa presença é "direta" na medida em que o próprio povo toma uma decisão coletiva por meio de um plebiscito. Aqui também a presença direta, além de não implicar, *exclui* a deliberação coletiva. Interessado em definir a "legalidade plebiscitária-democrática", Carl Schmitt é bastante formal nesse ponto: "O povo só pode dizer 'sim' ou 'não'". Ele não pode aconselhar, deliberar ou discutir; não pode governar nem administrar; tampouco pode promulgar normas, mas apenas sancionar, por meio de seu "sim", um projeto de lei que lhe é submetido. Acima de tudo, "não pode *fazer* nenhuma pergunta, *apenas responder* 'sim' ou 'não' a uma pergunta que lhe é feita".[27]

Em função dessa dissociação entre o imediatismo da presença e a deliberação coletiva, a valorização da "democracia direta" pode se revelar particularmente ambígua. Nosso vocabulário político ainda carrega a marca dessa ambiguidade. A noção que parece predominar é a de que, como a democracia direta não é, por si só, deliberativa, este último qualificativo deveria ser acrescentado a ela como um complemento acessório externo: a democracia deliberativa consiste em um debate de ideias; a democracia direta, em uma consulta a toda a população por meio de um referendo. Essa distinção é emprestada dos teóricos contemporâneos da democracia deliberativa, que distinguem entre o "maxipúblico" (toda a população) e o "minipúblico" (composto de cidadãos escolhidos por sorteio), de modo que, em última instância, a democracia deliberativa, restrita ao "minipúblico", poderia dispensar o apelo ao julgamento do "maxipúblico" por meio de uma consulta direta.[28] Desse ponto de vista, a democracia reduz-se à consulta da totalidade dos cidadãos por meio de referendo, excluindo o processo de deliberação; portanto, a democracia direta não é deliberativa (porque se limita ao voto de todos os envolvidos), e a democracia deliberativa não é direta (porque é praticada entre um público selecionado). A verdade é que a democracia puramente "representativa" e a democracia "plebiscitária" não são dois termos de uma alternativa: são duas *falsificações* da verdadeira democracia, que só pode ser deliberativa. É com essa lógica que é preciso romper de uma vez por todas, considerando a experiência política chilena.

Um "exercício de imaginação política"

Como bem afirmou a declaração do Comando Movimientos Sociales publicada em 5 de setembro, a vitória do *Rechazo* "não resolve nada": "Nenhuma das necessidades e urgências, nenhum dos problemas sociais que deram origem a esse processo é contemplado por esse resultado".[29] Nos dias que se seguiram, os estudantes saíram às ruas para exigir soluções para os problemas da educação e a renúncia do ministro Marco Antonio Ávila. Além disso, a partir de 6 de setembro, grupos de jovens se manifestaram no centro de Santiago para proclamar "Esto no está terminado" (Ainda não acabou!) e para manter vivos o processo constitucional e as demandas por direitos sociais.[30] A vontade popular expressa em 25 de outubro de 2020 deve ser considerada uma conquista:

> O povo chileno já decidiu se livrar da Constituição de Pinochet por meio de um processo constituinte e de um órgão eleito para essa tarefa. Não voltaremos atrás nessa decisão nem nos elementos democráticos mínimos que definimos coletivamente: paridade, assentos reservados para os povos indígenas e listas de

independentes que possibilitem a participação popular, essencial para qualquer processo futuro. [...] Não é possível voltar atrás agora. [...] Nesse processo, o povo aprendeu a representar a si mesmo, o que não é trivial. Depois de décadas de exclusão dos setores populares da política, sermos capazes de representarmos a nós mesmos é uma tarefa da qual não abriremos mão.[31]

A questão agora é como construir uma alternativa política nas condições atualizadas pelo resultado de 4 de setembro. Para começar, é preciso devolver à imaginação política seu devido lugar. Pode parecer estranho falar de imaginação política, uma vez que há muito tempo a política é associada ao realismo, mas não podemos deixar o exercício da imaginação para a política profissional.

A experiência de práticas de autorrepresentação é impossível sem o exercício da imaginação política. Ela desempenha um papel crucial no processo de deliberação coletiva, qualquer que seja sua forma: seja essa forma institucional, de um momento constituinte organizado de acordo com determinadas regras formais, seja ela não institucional, de movimentos sociais que militam para atingir determinados objetivos. Mas é um tipo muito particular de imaginação que a verdadeira deliberação exige: o tipo que Aristóteles chama de "imaginação deliberativa".[32] Durante esse processo coletivo, as imagens criadas por aqueles que participam da deliberação são imagens de coisas que estão ausentes, porque se referem ao futuro, que é justamente o objeto da deliberação. A imaginação deliberativa permite comparar várias imagens para formar uma imagem que "evidencie" a todos os participantes o objeto de seu desejo e, dessa forma, determinar o fim de sua ação. Assim, ela produz a motivação indispensável à ação.

Em segundo lugar, e ainda mais importante, o exercício da imaginação política é imprescindível para que os atores sociais se situem no presente da ação, sem se deixarem confinar ao lugar que ocupam nele. Reconsideremos a famosa frase da revolta: "O neoliberalismo morrerá onde nasceu, no Chile", que é uma luz no fim do túnel para muitas pessoas no Chile, mas também fora do Chile, na América Latina e na Europa. Como aponta Karina Nohales, a pergunta que se impõe é a seguinte:

> Por que desmantelar o neoliberalismo? Para reproduzir o ciclo progressista? Não, nunca! Acho que o feminismo desempenha um papel fundamental nesse exercício de imaginação política, *que não quer restaurar nada*. É o que chamamos

de "memória do futuro": nós nos apropriamos de todas essas lutas, sabendo que o lugar que ocupamos nessas lutas das quais nos apropriamos não é o lugar que queremos ocupar. O lugar que nossas vidas ocuparam nessas lutas e nesses processos anteriores, por mais populares que tenham sido, não é o lugar que queremos ocupar. Então, qual é esse lugar que vamos ocupar nesses processos vindouros, que já estão em curso no Chile? Acho que aí teremos que começar a pensar juntas.[33]

E foi essa necessidade de se situar em relação ao lugar desejado no futuro que levou as feministas chilenas, quando se aproximava a eleição presidencial de 2021, a tecer intercâmbios transfronteiriços que lhes permitissem "deliberar em grupos" (*deliberar en conjuntos*) com feministas do Peru e do Equador, para aprender com suas experiências.

A "memória do futuro" é esse exercício de imaginação política que proíbe situar o desejável em um passado que deveríamos tentar reproduzir ou restaurar, porque exige que situemos sempre o lugar que ocupamos no presente a partir do lugar que desejamos ocupar no futuro. Esse lugar não nos é designado por um sentido qualquer da história que teríamos que descobrir; ele é o lugar que, sempre, nós mesmos temos que determinar por meio da deliberação comum, mirando a ação comum.

Notas

[1] Nina Soyez. "Chile: 'Le corps électoral silencieux s'est exprimé et a choisi massivement le rejet'". TV5 Monde, 5 de setembro de 2022.
[2] Noam Titelman. "¿Adonde fue a parar el apoyo al proceso constituyente chileno?". *Nueva Sociedad*, setembro de 2022.
[3] Andrés Cabrera. "4-S: 'La madre de todas las batallas'". Ciper, 5 de agosto de 2022.
[4] De acordo com uma pesquisa, 82% dos entrevistados preferiam que os membros da nova Convenção não fossem membros de um partido, sem diferença estatisticamente significativa em relação a outubro de 2020 (*apud* Noam Titelman. "¿Adonde fue a parar el apoyo al proceso constituyente chileno?". *Nueva Sociedad*, setembro de 2022).
[5] Equipo Ciper. "120 residentes de 12 comunas populares de la Región Metropolitana explican por qué votaron Rechazo". Ciper, 8 de setembro de 2022.
[6] Ver Claudia Fanti. "Judith Ress: 'A fare paura è stata l'idea di plurinazionalità'". *Il Manifesto*, 6 de setembro de 2022.
[7] Araucanía: 73,70%; Maule: 71,60%; Nuble: 74,26%. Ver Sandra Martínez Tapia. "El Rechazo ganó en todas las regiones de Chile: ¿Cuáles son las tres zonas donde arrasó?". *Biobiochile. cl*, 4 de setembro de 2022.

[8] Como demonstrado pela vitória de Kast em Temuco nas eleições presidenciais de dezembro de 2021.
[9] Ver a seção "O movimento mapuche e a questão do Estado chileno", no capítulo 2.
[10] Susanna de Guio. "Petorca, la provincia chilena en emergencia hídrica que rechazó la Constitución ecologista". *El Salto*, 27 de setembro de 2022.
[11] Nina Soyez. "Chile: 'Le corps électoral silencieux s'est exprimé et a choisi massivement le rejet'". TV5 Monde, 5 de setembro de 2022.
[12] "Declaración pública del Comando Movimientos Sociales Apruebo Nueva Constitución". Colegio de Profesoras y Profesores de Chile, 4 de setembro de 2022.
[13] Em uma versão alterada de seu artigo publicado após 4 de setembro, Daniela Schroder Babarovic afirma, com razão, que "a derrota não pode ser atribuída exclusivamente a problemas de comunicação": a campanha da direita soube manipular o "racismo histórico" e explorar o "terreno fértil" do "individualismo neoliberal". Daniela Schroder Babarovic. "Un feminismo contra la precarización de la vida: trayectorias y perspectivas ante el cambio de ciclo político en Chile". Instituto Tricontinental de Investigación Social, 19 de setembro de 2022.
[14] Ver a seção "A politização das lutas sociais diante do obstáculo neoliberal", no capítulo 2.
[15] Nina Soyez. "Chile: 'Le corps électoral silencieux s'est exprimé et a choisi massivement le rejet'". TV5 Monde, 5 de setembro de 2022.
[16] Roberto Gargarella. "El 'plebiscito de salida' como error constituyente". *Blog* da IACL-AIDC, 6 de setembro de 2022.
[17] Ver Andrés Cabrera. "'Despegue con turbulencias': análisis del diseño estratégico del gobierno durante su 'instalación'". Ciper, 7 de junho de 2022.
[18] Manfred Svensson. "Cómo la política identitaria corrompió el proceso constituyente". Ciper, 6 de setembro de 2022.
[19] O autor desse artigo chega a ponto de invocar a expressão mais do que duvidosa do ensaísta conservador Pascal Bruckner: "hitlerização do passado".
[20] Ver capítulo 3. Assim sendo, é verdade que ela não considera os partidos políticos o fundamento da democracia, e esse é um mérito seu.
[21] Para se convencer disso, basta reler a nota 5, do capítulo 4.
[22] Cristián Meza. "Boric entrega su postura de cara a proceso constituyente: bordes claros, plazos acotados y un comité de expertos". *El Dínamo*, 22 de setembro de 2022.
[23] Como se o prazo de nove meses mais três já não tivesse dificultado o processo de deliberação.
[24] Cornelius Castoriadis. "Experts et citoyens" [1983]. *Écrits politiques 1945-1997*, vol. 3-4, *Quelle démocratie*, t. 2, Paris, Éditions du Sandre, p. 226.
[25] Carl Schmitt. *Parlementarisme et démocratie*. Paris, Le Seuil, 1988, p. 115.
[26] Carl Schmitt. *Légalité et légitimité*. Montreal, Presses de l'Université de Montréal, série "German and European Thought", 2015 [1932], p. 48.
[27] *Idem*, pp. 68-69. Grifo nosso.
[28] Magali Plovie. "Comment la démocratie délibérative renforce le principe du commun". *In*: Samuel Cogolati & Jonathan Piron (org.). *L'écologie en communs. 13 projets politiques pour un nouvel imaginaire de l'action collective*. Namur, Etopia, 2021, pp. 138-140.
[29] "Declaración pública del Comando Movimientos Sociales Apruebo Nueva Constitución". Colegio de Profesoras y Profesores de Chile, 4 de setembro de 2022.
[30] "Organización estudiantil convoca manifestación para el jueves en Santiago: piden renuncia de ministro Ávila y cumplimiento de petitorio". *El Mostrador*, 21 de setembro de 2022; "Chile: nueva protesta estudiantil termina en enfrentamientos". *DW*, 9 de setembro de 2022. (O autor agradece a Alejandro Bilbao por ter-lhe enviado esses artigos.)

[31] "Declaración pública del Comando Movimientos Sociales Apruebo Nueva Constitución". Colegio de Profesoras y Profesores de Chile, 4 de setembro de 2022.
[32] Aristóteles. *De l'âme*. Paris, Vrin, 1969 [IV a.C.], pp. 208-209.
[33] Camilla de Ambroggi. "Proceso constituyente y huelga feminista en Chile. Una entrevista con Karina Nohales". *Connessioni Precarie*, 5 de abril de 2021. Grifo nosso.

SÉRIE DISCUTINDO O BRASIL E O MUNDO

A rebeldia tornou-se de direita?
Pablo Stefanoni

176 páginas

Amazon: trabalhadores e robôs
Alessandro Delfanti

224 páginas

Linha vermelha: a guerra da Ucrânia
e as relações internacionais no século XXI
Felipe Loureiro (org.)

384 páginas

Novos horizontes do Brasil na quarta transformação estrutural
Marcio Pochmann

168 páginas

O olhar ecológico: a construção de uma história da arte ecocrítica
Andrew Patrizio

272 páginas

Reinventando o estado de bem-estar
Ursula Huws

184 páginas

Título	A memória do futuro (Chile 2019-2022)
Autor	Pierre Dardot
Tradução	Clarissa Penna
Coordenador editorial	Ricardo Lima
Secretário gráfico	Ednilson Tristão
Preparação dos originais e revisão	Lúcia Helena Lahoz Morelli
Editoração eletrônica	Ednilson Tristão
Design de capa	Estúdio Bogari
Formato	16 x 23 cm
Papel	Avena 80 g/m^2 – miolo
	Cartão supremo 250 g/m^2 – capa
Tipologia	Minion Pro / Garamond Premier Pro
Número de páginas	200

ESTA OBRA FOI IMPRESSA NA GRÁFICA EME
PARA A EDITORA DA UNICAMP EM DEZEMBRO DE 2023.